連雅堂著

臺灣通史

下册

臺灣通史下卷目錄

卷三十二

卷三十三

卷三十四

表附

圖附

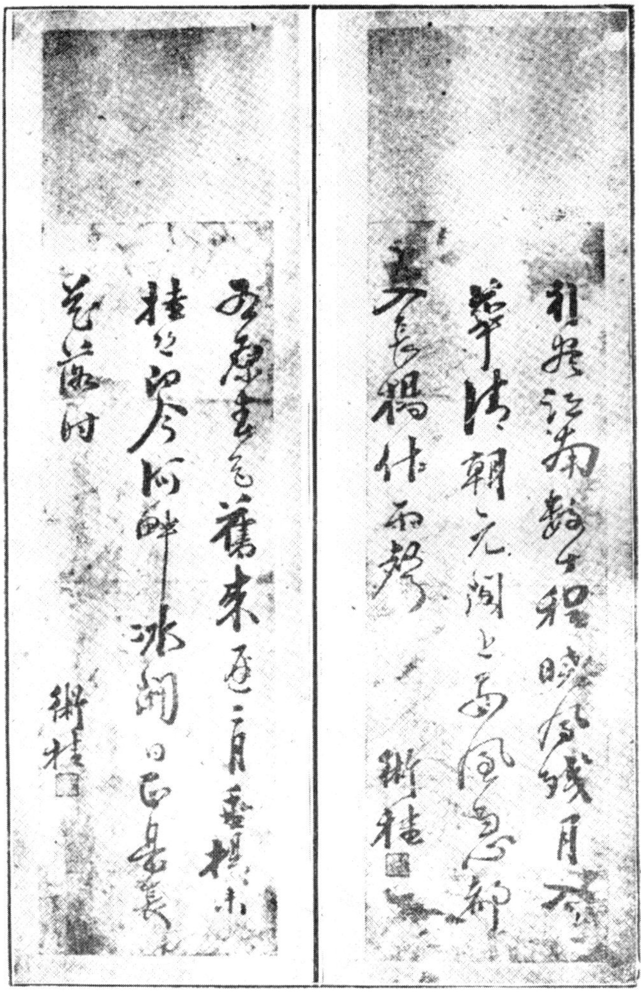

寧靖王之書

吳鳳及阿里山番

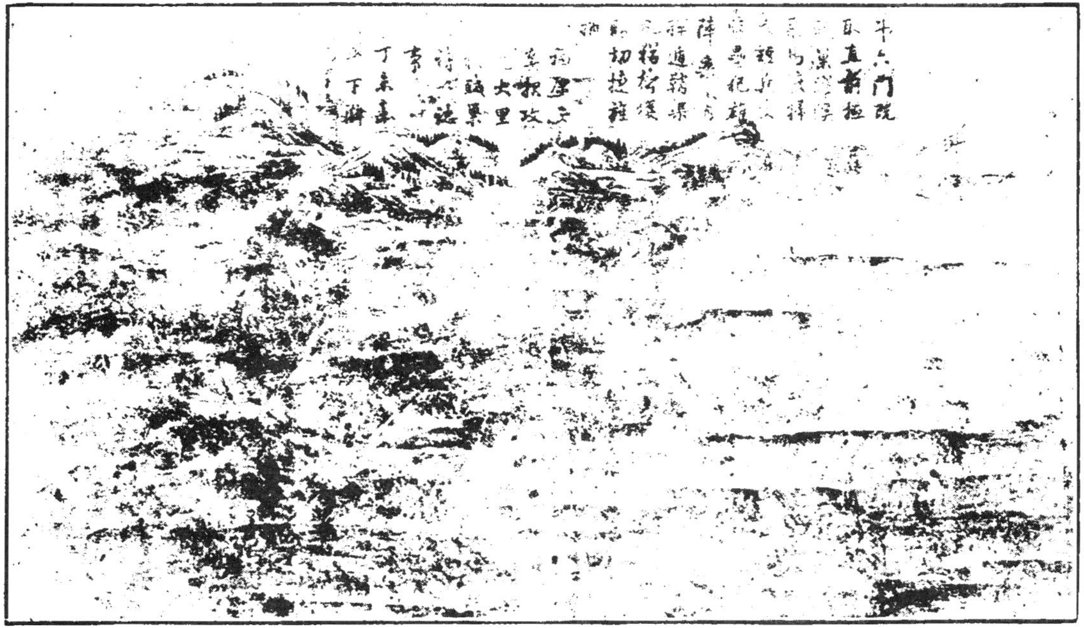

福康安攻克大里杙之圖　此爲乾隆五十二年大將軍福康安攻克大里杙之時繪圖進呈於刊平定臺灣方略現存清室國史館

福康安生祠碑

此碑上刻高宗御製之詩建於臺南府治福康安生祠其旁尙有滿漢文碑各五亦高宗御製之文今祠已毀改爲農園而碑移於園畔風雨飄搖將不免磨滅矣

福建船政大臣沈葆楨

臺灣巡撫劉銘傳

林平侯之像

藍鼎元像

呂世宜之書

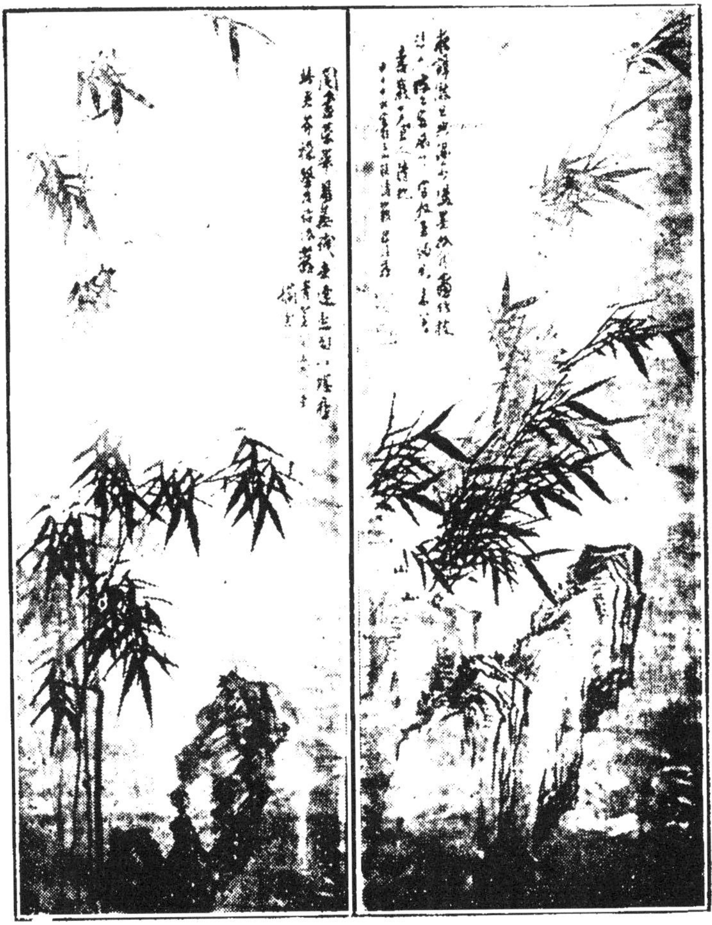

謝穎蘇之畫

林朝英之書

先府君永昌先生遺像

沈鸿傑先生像

邱逢甲像

臺灣通史卷二十五

臺南　連雅堂　撰

商務志

易曰。日中爲市。致天下之民。聚天下之貨。交易而退。各得其所。皇古以還。其來尚矣。連橫曰。臺灣爲宇內奧區。農礦虞衡。各蘊其利。商務之盛冠絕南海。當宋之時。華人已至北港貿易。其詳雖不可考然已開其端矣。方是時馬來人之居此者。勢力忽漲。漸事遠略。駕竹筏。渡大海。以與呂宋通商。轉售於內山之番。其物猶有存者。荷蘭爲商務之國。略地殖民。以侵東海。明天啓二年。據澎湖。四年。復據臺灣。與中國貿易。語在開闢志。初荷人設東印度公司。經略爪哇。不用一兵。不碎一艦。而得數千里之地。握其海權。以肆蠶食。一時無敢抗衡。而臺灣亦隸於公司之下。土田初墾。一歲三熟。出口之貨糖約十五萬盾。米十萬盾。羽毛齒革之屬多售日本。年亦數萬盾。而日本幕府方嚴海禁。唯許荷人貿易。故商務獨大。荷制吏祿薄。不足用。各自爲商。博私利以與民爭。而賦稅又重。日人以先來之故。時與抵抗。其後遂有濱田彌兵衞之事。永歷十五年。延平克臺。與民休息。整軍經武。以待時機。而財用不匱。以有海通之利也。初芝龍駐安平。自爲堅艦。貿易於南洋群島。凡海舶不得鄭氏令旗者。不能來往。每舶例入二千金。歲入以千萬計。以此富敵國。及王入臺。而清廷方嚴海禁。沿海數千里。盡委而棄之。故得獨握其利。通飭金廈銅山達濠諸鎭。與民交易。無相詐虞。凡中國諸貨。海外之人皆仰給焉。故能以彈丸之島。而養七十二鎭之兵。苟非歲入充裕。其以何堪。諮議參軍陳永華又行屯田之制。內興殖產。而外飭軍實。故無患。二十八年。嗣王經命戶都事楊賢監督洋船。往賈暹羅爪哇呂宋。是時華人之在南洋者已數百萬。多遭異族苛待。而清政府不能保之。且以爲叛民。任其殺虐。破家蕩產。莫可籲訴。故延平有征伐呂宋之舉。而經亦有經略南洋之議也。使行其議。鎭撫華僑。用張國力。以開闢外府。則群島皆我有也。而延平無祿。經亦早世。遂致跼蹐一隅。不能展布。豈非天哉。是年英國水師提督奉命東來。八月。駕兩夾舨至安平。求通商。經命禮官待之。許開安平廈門。訂立條約。是爲英國通商之始。方是時。歐州各國之在東海者。葡萄牙有澳門。西班牙有呂宋。荷蘭雖失臺灣。尚有爪哇。而東印度公司之勢未艾也。是諸國者皆與臺灣貿易。歲率數十萬金。而日人之居臺者皆禮之。別以雞籠爲商埠。許其僑住。臺灣所用之銅。來自日本。德川幕府亦輒以寬永錢助餉。歲率數十萬貫。此則鄭氏通商之策也。其所以裨益於國計民生者甚大。故漳泉人爭附之。是臺灣者農業之國。而亦商務之國也。清人得臺。漸開海禁。是年省議以鄭氏之時販運白糖鹿皮。擬照例歲辦鹿皮九千張。白糖二萬擔。往販外洋。下詢其事。諸羅知縣季麒光復以興販一項。寔關國計。唯所用之船。不得不豫爲籌畫。前時鄭氏商船。現多停泊廈門。應請撥用。從之。四十二年。議准出洋商船。許用雙桅。於是漳泉商人貿易於東南洋者。逐年而多。而廷議以漳泉人民。希圖巨利。私販糧米。臺灣之人。又時與呂宋之人來往。皆當嚴防。特召閩浙總督入京會議。五十六年。遂定往販南洋之禁。唯許外人互市。雍正五年。總督高其倬奏言。閩省福興漳泉汀五府。地狹人稠。自平定臺灣以來。生齒日增。本地所產。不敷食用。惟開洋一途。藉貿易之贏餘。佐耕耘之不足。貧富均有裨益。從前暫議停止。今外國之船許至中國。廣東之船亦許至外國。彼此來往。歷年守法。應請開禁。從之。臺灣商務爲之一進。泊乾隆間。貿易甚盛。出入之貨。歲率數百萬圓。而三郊爲之主。三郊者。南郊蘇萬利。北郊李勝興。糖郊金永順也。各擁巨資。以操勝算。南至南洋。北及天津牛莊烟臺上海。舳艫相望。絡繹於途。皆以安平爲往來之港。而南之旗後。北之北港。亦時有出入。四十九年。許開鹿港。五十七年。又開八里坌港。以與泉州互市。而商務乃暫及臺北。及蔡牽之亂。大被刼掠。損失巨萬。一時遂爲停滯。嘉慶十四年春正月。福州將軍賽沖阿入覲。奏言漳泉二郡。向不產米。全仰臺灣。從前商販流通。食貨贍足。皆緣商船高大。梁頭有高至一丈數尺者。又准配帶礮位器械。間遇盜船。克資抵禦。近年洋匪不靖。恐其牽刼商船。梁頭不准過高。又恐礮械出洋。有接濟盜賊之事。不准携帶。商船畏懼。無不裹足。間有出洋之船。多被擄刼。米石既資盜糧。船隻復爲盜有。是以商販不通。漳泉米貴。刻下蔡牽勢已窮蹙。可否仍准用高大梁頭。並配帶火藥器械。則遇盜足以抵禦矣。詔以盜船接濟之源。最重食米。其刼掠既專注臺灣商販之船。則商販往來。首當防範。朕思兵船在洋剿賊。東追西逐。未能肅淸。迨經嚴飭。又往往以海洋遼濶。未能遇賊爲詞。揆厥緣由。或係盜船畏懼兵威。望而却走。或因兵船無可刼掠。故不駛近。若照賽沖阿所議。遽令改易大船。多帶火藥器械。又慮爲賊牽刼。所獲滋多。而商船出洋之後。更難保無不肖奸徒。陰爲接濟。此時欲求其有利無弊。莫若酌派兵船。與之同行。既可無慮盜刼。更可藉以攻剿。唯兵船商船向來各有旗號。不如混爲一色。則盜船駛近。可以乘機注擊。並可剪縛巨魁。且商販流通。漳泉得免米貴。而盜船無由接濟。此爲正本清源之道。但須妥議周詳。不致窒礙。方爲盡善。其速議奏。於是乃定兵船護衛之法。而海寇亦漸平矣。天津之約。許開臺灣互市。英美法德相繼而來。派領事。劃租界。設商行。建棧房。輪船出入。次第漸興。而交涉亦愈繁。咸豐九年。設通商總局於道署。由道辦之。置提調官二員。委員四員。翻譯官二員。稿案書二名。清書二名。以理租界商務。保護游歷。領事往來。教堂傳教。以及華洋互訟之事。滬尾雞籠安平旗後各設分局。駐委員。光緒十三年。藩署亦設通商總局。歸布政使。而臺南仍歸道。當是時貿易雖少。而遞年增加。洎光緒十九年。竟至一千一百十七萬餘兩。可謂盛矣。蓋自劉銘傳巡撫以來。墾田治產。茶腦大興。運至歐美各埠。居民既多。幾至三百萬人。所需洋貨亦盛。出入足以相抵。且有溢過。故能百事俱舉。民戶殷庶。使長此以往。臺灣之富未可量也。夫外國貿易。以英爲首。美德次之。英貨之多。以阿片爲最。每年四千箱。箱值五百圓。則爲二百萬圓。此則臺灣之漏巵也。臺南土產。以糖爲巨。其始多配天津上海。同治九年。旗後陳福謙乃自運至橫濱。歲率二三萬擔。頗贏其利。十三年。又設順和棧於其地。以開臺糖販路。是爲臺人互市日本之始。是年又以夾板裝糖三萬擔至英倫。以前此多由香港轉配也。光緒十一年。劉銘傳任巡撫。官山府海。大拓其利。十二年。設招商局於新嘉坡。委革職道張鴻祿候補知府李彤恩偕赴南洋。考察商務。招徠華僑。以籌興物產。又購駕時斯美兩輪船。航行上海香港。遠至新嘉坡西貢呂宋。而飛捷成利萬年清三艘。則往來沿海及東南各省。運載貨物。無有積滯。夫欲興商務。必速交通。故內建鐵路。而外開航運。以啓闢地利。初天津之約。許開淡水。而範圍廣漠。凡淡水河所至之地。皆可互市。其時竹塹置廳之地。亦稱淡水。而清廷臣工昧於地理。荒忽訂約。淡水德領事欲擴商權。銘傳知之。乃以城外之大稻埕爲商埠。瀕河而居。可通航運。遂說富戶林維源李春生合建千秋建昌二街。爲市廛。內外茶商多僦之。其後日盛。十三年。邀江浙商人集資五萬兩。設興市公司。創建城內之石坊西門新起諸街。以棲商賈。治大路。行馬車。聘日本人鑿井。曰自來水。汲者便之。翼年。設電汽燈。燃煤爲之。凡巡撫布政各署機器局及大街均點之。而大稻埕鐵橋亦以是年成。費款七萬餘圓。上利行人。而下通船舶。設機爲紐。可以啓閉。當是時。省會初建。冠蓋雲集。江浙閩粵之人多來貿易。而糖腦茶金出產日盛。收釐愈多。其後遂改招商局爲通商總局。以董其事。而臺灣商務。乃日。進。矣。

各國立約通商表

英吉利咸豐八年五月十六日天津條約第十一款
法蘭西咸豐八年五月十六日天津條約第六款
美利堅咸豐八年五月初八日天津條約第十四款
俄羅斯咸豐八年五月初三日天津條約第三款
布魯士咸豐十一年七月二十八日天津條約第六款
丹　墨同治二年五月二十八日北京條約第十一款
荷　蘭同治二年八月二十四日北京條約第二款
西班牙同治三年九月初十日北京條約第五款
比利時同治四年九月十四日北京條約第十一款
義大利同治五年九月十八日北京條約第十一款
奧大利同治八年七月二十六日北京條約第八款

日

本同治十年七月二十九日天津條約第一款

臺灣外國貿易表

年分	滬尾及基隆	安平及旗後	合計（兩）
同治二年	二四七、三六六	三四七、八六七	五九五、二三三
同三年	六五九、八八一	九二七、四〇五	一、五八七、二八六
同四年	七一〇、六二八	一、八九三、四五五	二、六〇四、〇三八
同五年	八六二、二五四	一、八六二、三一三	二、七二四、五六七
同六年	七八二、三三九	一、八三二、六四八	二、六一四、九八七
同七年	八二二、八四六	一、二九六、六七九	二、一一九、五二五
同八年	七五九、六五七	一、五三七、七九六	二、二九七、四五五
同九年	九八五、七六六	二、一四四、八九九	三、一三〇、六五五
同十年	一、二三九、八二〇	二、二七七、九六一	三、五一七、七八二
同十一年	一、四九三、九四四	二、一五九、二八〇	三、六五三、二二四
同十二年	一、四四五、九一〇	一、八二九、八九八	三、二七五、八〇八

同十三年	一、六二六、九四五	二、三〇三、二二九	四、二六六、一〇一
光緒元年	一、八四二、二二一	二、二七九、四七〇	四、一二一、六九一
同二年	二、四一〇、三七〇	二、六九八、三二〇	五、一〇八、六九〇
同三年	二、七六六、五九五	二、八三七、七一四	五、五九八、三一一
同四年	三、〇八九、三〇九	二、四九三、三八三	五、五八二、六九二
同五年	三、六三三、一八六	三、七五〇、九二五	七、三八四、一一一
同六年	三、九二六、九九五	四、五二七、五四四	八、四五四、五三九
同七年	四、一六五、八八〇	四、〇五九、三一一	八、二二五、一九一
同八年	四、〇一八、七二三	三、一七〇、六六七	七、一八九、三九〇
同九年	三、五六一、六八二	三、七七二、九九六	七、三三四、六七八
同十年	三、六五三、四一六	三、〇八四、六〇八	六、七三七、四八四
同十一年	四、五三七、四六五	二、四七八、六八一	七、〇一六、一四六
同十二年	五、四六二、五〇三	二、五八三、六二五	八、〇四六、一二八
同十三年	五、六四一、九九〇	二、七六二、五三八	八、四〇四、五二八

同十四年	五、七〇一、一八五	二、八六二、〇二〇	八、五六三、二〇五
同十五年	五、二九四、七九六	二、七四六、四六四	八、〇四一、二六〇
同十六年	五、五七九、七一三	三、五七五、七二三	九、一五五、四三六
同十七年	五、三五二、五五四	三、一三一、二六〇	八、四八三、八一四
同十八年	五、七九六、二八四	二、九三二、三一一	八、七二八、五九五
同十九年	七、八八〇、二〇四	三、二九五、八六九	一一、一七六、〇七三

臺灣糖出產表

年次	出口斤數	自用斤數	合計斤數
同治九年	五九、七四五、二〇〇	一七、九二三、五六〇	七七、六六八、七六〇
同十年	五八、三八五、四〇〇	一七、五一五、六二〇	七五、九〇一、〇二〇
同十一年	六二、八八二、三〇〇	一八、八六四、六九〇	八一、七四六、九九〇
同十二年	五〇、七四六、八〇〇	一五、二二四、〇四〇	六五、九七〇、八四〇
同十三年	六八、六二七、〇〇〇	二〇、五八八、〇〇〇	八九、二一五、〇〇〇

光緒元年	四八、八八九、六〇〇	一四、六七五、二〇〇	六三、五六四、八〇〇
同二年	八八、〇五四、六〇〇	二六、四一六、三八〇	一一四、四七〇、九八〇
同三年	六〇、八〇六、〇〇〇	一八、二四一、八〇〇	七九、〇四七、八〇〇
同四年	四一、三六八、四〇〇	一二、四一〇、五二〇	五三、七七八、九二〇
同五年	七六、五三五、九〇〇	二二、九六〇、七七〇	九九、四九六、六七〇
同六年	一〇六、四一四、六〇〇	三一、九二四、三八〇	一三八、三三八、九八〇
同七年	七五、四八九、二〇〇	二二、六四六、七六〇	九八、一三五、九六〇
同八年	六一、三四五、四〇〇	一八、四〇三、六二〇	七九、七四九、〇二〇
同九年	七七、五七三、一〇〇	二三、二六一、九三〇	一〇〇、八三五、〇三〇
同十年	九六、七一六、八〇〇	二九、一五〇、四〇〇	一二五、八六七、二〇〇
同十一年	五五、八九八、〇〇〇	一六、七六九、四〇〇	七七、六六七、四〇〇
同十二年	三九、〇一五、五二一	一一、七〇四、六五六	五〇、七二〇、一七七
同十三年	五五、四四八、八〇〇	一六、六三四、六四〇	七二、〇八三、四四〇
同十四年	六五、五六七、八〇〇	一九、六七〇、三四〇	八五、四二八、一四〇

同十五年	五七、○一三、五○○	一七、一○四、○五○	七四、一一七、五五○
同十六年	七二、三一八、一○○	二一、六九五、四三○	九四、○一三、五三○
同十七年	五六、九九九、○○○	一七、○九九、七○○	七四、○九八、七三○
同十八年	六○、一一○、一○○	一八、○三三、○三○	七八、一四三、一三○
同十九年	五一、○六七、○八八	一五、三二○、一二六	六六、三八七、二一四
同二十年	七三、五五七、四○○	二二、○六七、二二○	九五、六二四、六二○

此表據海關造報及外人著書而列之唯中有可疑者則光緒六年自用之額爲三千一百九十二萬餘斤而十二年降爲一千一百七十萬餘斤僅以六年之間銳減約三分之一似有不當夫糖市之盛衰雖係收成之豐歉而以臺人用糖程度計之每人年約五斤則全臺三百萬人應用一千五百萬斤故以此額而推算臺灣產糖表之於後

臺灣產糖推算表

年次	斤數	年次	斤數
同治九年	七四、七四五、二○○	同十一年	七七、八八二、三○○
同十年	七三、三八五、四○○	同十二年	六五、七四六、八○○

同　十三年	八三、六二七、〇〇〇	同　十一年	七〇、八九八、〇〇〇
光緒元年	六三、八八九、六〇〇	同　十二年	五四、〇一五、五二一
同　二年	一〇三、〇五四、六〇〇	同　十三年	七〇、四四八、八〇〇
同　三年	七五、八〇六、〇〇〇	同　十四年	八〇、五六七、八〇〇
同　四年	五六、三六八、四〇〇	同　十五年	七二、〇一三、五〇〇
同　五年	九一、五三五、九〇〇	同　十六年	八七、三一八、一〇〇
同　六年	一二一、四一四、六〇〇	同　十七年	七一、九九九、〇〇〇
同　七年	九〇、四八九、二〇〇	同　十八年	七五、一一〇、一〇〇
同　八年	七六、三四五、四〇〇	同　十九年	六六、〇六七、〇八八
同　九年	九二、五七三、一〇〇	同　二十年	八八、五五七、四〇〇
同　十年	一一一、七一六、八〇〇		

臺灣糖出口表

年次	擔數	年次	擔數
同治九年	五九七、四五二	同　十一年	六二八、八二三
同　十年	五八三、八五四	同　十二年	五〇七、四六八

同十三年	六八六、二七〇
光緒元年	四八八、八九六
同二年	八八〇、五四六
同三年	六〇八、〇六〇
同四年	四一三、六八四
同五年	七六五、三五九
同六年	一、〇六四、一四六
同七年	七五四、八九二
同八年	六一三、四五四
同九年	七七五、七三一
同十年	九六七、一六八
同十一年	五五八、九八〇
同十二年	三九〇、一五五
同十三年	五五四、四八八
同十四年	六五五、六七八
同十五年	五七〇、一三五
同十六年	七二三、一八一
同十七年	五六九、九九〇
同十八年	六〇一、一〇一
同十九年	五一〇、六七〇
同二十年	七三五、五七四

臺灣通史卷二十六

臺南　連雅堂　撰

工藝志

連橫曰。吾讀考工記而知古人制作之精也。輪人爲轂。輿人爲軫。輈人爲轅。一車之成。各致其藝。通工合作。其用溥矣。夫人能群者也。群故能相生。相生故能相養。不生不養。群乃日渙。渙則離。離則爭。爭奪而群德敗矣。古者聖人之治天下也。設耒耜以耕之。結網罟以漁之。建宮室以居之。晝衣冠以差之。作弓矢以威之。制鐘鼓以和之。利用厚生。使民不匱。道乃大備。後儒不察。以爲形而上者謂之道。形而下者謂之器。談空說玄。維精維一。而所以福國益民者。乃置而弗講。其道廢矣。秦漢以來。史家相望。而不爲工藝作志。余甚憾之。夫鍾律量衡之設官。陶匠梓輿之相變。進化之跡。可以類推。泰西文明。後於中夏。東來舊法。致效愈宏。降及近代。瀛電併用。工藝之巧。乃可以侔神明而制六合。黃人不慧。自亡其制。是故周公之指南車。

公輸子之飛鳶。張衡之渾天儀。諸葛亮之木牛流馬。藝術之士不能由而傚之。以發皇光大。而且賤之爲器。器亡而道何存。可不痛哉。臺灣爲海上荒島。其民皆閩粵之民也。其器皆閩粵之器也。工藝之微。尚無足睹。然而臺郡之箱。大甲之席。雲錦之綢緞。馳名京邑。採貢尚方。則亦有足志焉。夫大輅成於椎輪。岑樓起於尺礎。後之視今。能不愈於今之視昔乎。故紀其梗概。以資參考。若夫開物成務。則有俟於後之君子。

紡織

臺灣天氣和煥。厥土黑墳。最宜蠶桑。而開闢以來。尚少興者。臺人習尚奢華。綢緞紗羅之屬。多來自江浙。棉布之類。消用尤廣。歲値百數十萬金。其布爲寧波福州泉州所出。商船貿易。此爲大宗。鄭氏之時。曾籌種棉。以自紡織。而封略初建。其議未行。雍正元年。漳浦藍鼎元上書巡臺御史吳達禮。以論治臺事宜。其一條云。臺地不種蠶桑。不種棉苧。故其民多遊惰。婦女衣綺羅。粧珠翠。好遊成俗。則桑麻之政。不可緩也。制府滿公撫閩時。嘗著蠶桑要法。繪十二圖。頒行郡縣。臺土寬曠。最宜樹桑。可倣而行之。漳泉多木棉。俗謂之吉貝。可令民於內地收其核。赴臺種之。並令廣種麻苧。織紝爲冬夏布。婦女有蠶桑紡績之務。則勤儉成風。民可富而俗可美也。然其後至道光之間。蠶桑之業尚未有行。蓋以臺地肥沃。播稻植蔗。獲利較宏。沿山之園始種麻苧。安嘉爲多。新竹次之。配至汕頭寧波。用以織布。乃再配入。而臺人不能自績也。鳳山縣轄素產鳳梨。刈葉繅絲。可織夏布。而臺人亦不能自績也。唯以鳳梨之絲配至汕頭。轉售潮州。歲率十數萬圓。臺地多暑。夏布用宏。而不能自給。天然之利。遺之於人。可謂昧矣。咸豐初。江南大亂。有蔡某者。爲南京織造局工。始來郡治之上橫街。織造綢緞紗羅。號曰雲錦。本質柔紉。花樣翻新。渲染之色。歷久不褪。消路甚廣。馳名各省。凡入京者多以此爲土宜。然其絲仍取之江浙。尚未能自給也。蔡某既死。傳之其子。以爲世業。同治初。廣東人淩定國爲城守營參將。深以臺灣蠶桑有利。自廣東配入其種。租屋於做篾街。延工飼蠶。種桑東門之外。蓋以臺桑葉小。不宜養育。故移其佳種也。然初辦之時。頗小成效。或蠶多而桑少。或桑豐而蠶稀。經營數年。損失不貲。其事遂廢。光緒元年。開山之議既成。臺東亦設官分治。兵民漸至。巡道夏獻綸乃命戍兵種棉。以興地利。而臺東多雨。棉每腐敗。及劉銘傳任巡撫。日以興產爲務。十五年十月。委雲林知縣李聯奎等赴江浙安徽各省。搜集蠶桑之種。及其栽飼之法。編印成書。頒與人民。大爲獎勵。又購棉子。通飭廳縣曉諭農家播種。於是淡水富紳林維源樹桑於大稻埕。以籌養蠶之業。一時頗盛。迨銘傳去而事亦止矣。初雲錦織造綢緞。既聞京邑。光緒大婚之時。內廷命臺灣布政使採貢。爲款數萬圓。帳幃衣褥之屬。皆能照圖織成。內庭大說。以爲江浙官局所織猶有遜色。雲錦得此令譽。不能擴大其業。子孫游惰。日就式微。能不惜哉。當是時。竹塹福林堂尼素蓮亦設織機。以資衣食。素蓮姓黃氏。少失偶。持齋守節。與其徒共事紡織。所出之布。人爭購之。臺灣之番能自織布。以苧雜樹皮爲之。長不滿丈。臺人購以爲袒。善收汗。而水沙連番婦以苧麻雜犬毛爲紗。染以茜草。錯雜成文。謂之達戈紋。道光中。大甲番婦始採藺草織席。質緻耐久。可以卷舒。漢人多從之織。於是大甲席之名聞遠近。其上者一重價至二三十金。大甲人以此爲生。至今不替。

刺繡

臺灣婦女不事紡織。而善刺繡。刺繡之巧。幾邁蘇杭。名媛相見。競誇女紅。衣裳裁緻。亦多自製。綠窓貧女以此爲生。故有家無儋石。而纖纖十指。足供饔飧。近唯淡水少女爭學歌曲。纏頭有錦。而女紅廢矣。臺南婦女尤善造花。或以通草。或以雜綵。一花一葉。鮮豔如生。五都之市。則有售者。

雕刻

雕刻之術。木工最精。臺南爲上。而葫蘆墩次之。嘗以徑尺堅木。雕刻山水樓臺花卉人物。內外玲瓏。栩栩欲活。崇祠巨廟。以爲美觀。故如屏風床榻几案之屬。每有一事。輒値百數十金。蓋選材既佳。而掄藝亦巧。唯雕玉刻石。尙不及閩粵爾。

繪畫

繪畫爲文藝之一。開闢以來。善畫者頗不乏人。而臺南郡治之火畫。其技尤精。南郡附近多檳榔。每取其籜爲扇。畫者又選其輕白者。以線香燃火灶之。四體之書。六法之畫。靡不畢備。又纕以錦緣。飾以牙柄。每把可售數金。或數百錢。視其精粗爲差。西洋人士購之餽贈。以爲臺灣特有之技。然臺灣之中。唯臺南有售。餘則罕見也。

鑄造

臺灣鑄造鐵器。前由地方官舉充。藩司給照。通臺凡二十有七家。謂之鑄戶。所鑄之器。多屬鍋鼎犁鋤。禁造兵。慮藉寇也。同治十三年。欽差大臣沈葆楨奏請解禁。然鑄造小刀者。各地俱有。唯淡水之士林最佳。又臺灣產金。故婦女首飾。多用金。一簪一珥。極其精巧。而臺南所製銀花。質輕而白。若牡丹。若薔薇。若荷。若菊。莫不美麗。故西洋士女購之。以爲玩好。或以餽贈也。

陶製

鄭氏之時。諮議參軍陳永華始教民燒瓦。瓦色皆赤。故范咸有赤瓦之歌。然臺灣陶製之工。尙未大興。盤盂杯碗之屬。多來自漳泉。其佳者則由景德鎭。唯磚甓乃自給。爾鄉村建屋。範土長方。厚約二寸。曝日極乾。壘以爲壁。堅若磚。謂之土墼。費省數倍。光緒十五年。有興化人來南。居於米市街。範土作器。以售市上。而規模甚少。未久而止。唯彰化有王陵者。善製烟斗。繪花鳥。釉彩極工。一枚售金數圓。次爲臺南郡治之三玉。其法傳自江西。而王陵且能製瓶罍之器。亦極巧。惜乎僅爲玩好之物。不能與景德媲美也。

煆灰

灰有兩種。曰蠔灰。曰石灰。沿海之地多種牡蠣。臺人謂之蠔。取其房燒之。色白。用以堊墻造屋。而近山一帶。則掘石煆之。價較廉。

燒煉

山居之民。採伐雜木。積火燒之。而取其灰。煮煉。煉有二種。固者曰煉砣。用以合染。流者曰煉油。可調食。色黃有毒。助消化。燒煉之木。以山蕉貫衆爲佳。亦有配出。

竹工

嘉義產竹多。用以造紙。消用甚廣。編爲器具。亦用宏而水沙連之竹。徑大至尺餘。縛以爲筏。可渡大洋。淩濤不沒。故沿海捕漁皆用之。竹工之巧者。爲床爲几爲籃爲筐。日用之器。各地俱有。

皮工

臺南郡治之皮箱。製之極牢。髹漆亦固。積水不濡。次爲鹿港。售之外省。稱曰臺箱。臺地多皮。惜無製革之廠。以成各器。故但爲枕爲鼓爾。

臺灣通史卷二十七

臺南　連雅堂　撰

農業志

連橫曰。古人有言。一夫不耕。或受之饑。是故國以民爲本。民以食爲天。則農業重矣。臺灣爲海上荒島。古者謂之毘舍耶。梵語也。毘爲稻。舍耶莊嚴之義。故又謂之婆娑世界。是臺灣者。爲農業之樂國。而有天惠之利也。然土番狉榛。未知耕稼。射飛逐走。以養以生。猶是圖騰之人爾。及宋之時。始通貿易。元明以來。移民漸至。崇禎間。熊文燦撫閩。值大旱。謀於鄭芝龍。乃招饑民數萬人。人給銀三兩。三人與一牛。載至臺灣。令其墾田築屋。秋成所穫。倍於中土。以是來者歲多。荷人既至。制王田。募民耕之。所產之物。米糖爲巨。以其有贏。販運中國。遠至日本南洋。歲値數十萬金。鄭氏因之。改爲官田。又布屯田之制。漳泉惠潮之民。望風而至。拓地遠及兩鄙。所產愈豐。土地初闢。厥田上上。播種之後。聽其自生。不事耕耘。而收穫倍蓰。餘糧棲畝。庶物蕃盈。民殷國富。故能以彈丸之島。拮抗中原也。歸清以後。農業愈興。舊額正供徵穀九萬二千一百二十七石。至雍正十三年。新墾田園。增徵八萬零七十五石。而糖亦漸盛。三縣每歲所出之糖約六十餘萬簍。每簍一百七八十斤。靑糖百斤値銀八九錢。白糖百斤一兩三四錢。全臺仰望資生。四方奔走圖息。莫此爲甚。故爲貿易之大宗。然自朱一貴平後。定聯䑸之法。非經數旬不能齊一。及至廈門歸關盤查。一船所經兩次護送。八次掛驗。俱須靡費。是以船難卽行。運費貴而糖價賤矣。當是時。彰化初建。淡水亦開。移住之民盡力畎畝。而施世榜楊志申之流。且投巨資。鑿陂圳以大興地利。臺灣之溪自山徂海。源遠流多。引水入渠。闢圳道之。蜿蜒數十里。以時啓閉。故無旱澇之患。而歲可兩熟。或於山麓隴畔築陂於窪。積蓄雨水。以資灌溉。大者數十畝。而旱田有秋。其瘠者則種番藷。播山菁。故無凶年之患。臺灣之地以田育稻。以園植蔗。植蔗之後。可收兩年。改種雜穀。以休地力。而稻田則以水利之富。壅肥之厚。可歲歲耕也。上田一甲收穀百石。中七十石。下四十石。唯視其力之勤惰爾。雍正九年。部定臺灣徵收正供之穀十六萬九千二百六十六石餘。支給戍臺兵米爲穀八萬九千七百三十石。例運督標兵米爲穀一萬五千五百七十石。福建兵眷金廈兵米五萬五千二百十七石。又運福興漳泉四府平糶之米十二萬二百八十七石。通計徵穀不敷起運。乃以四府穀價發臺分給四縣。糴補足額。語在糧運志。先是雍正元年。巡臺御史黃叔璥以臺灣之米出口日多。恐其接濟洋盜。或以市價騰貴。慮生事端。奏請禁止。從之。於是漳泉之民仰食臺米者大形困苦。四年。閩浙總督高其倬奏言。臺灣地廣民稀。所出之米。一年豐收。足供四五年之用。民人用力耕田。固爲自身食用。亦圖賣米換錢。一行禁止。則囤積廢爲無用。既不便於臺灣。又不便於泉漳。究竟泉漳之民勢不得不買臺灣。之民亦勢不能不賣。查禁雖嚴。不過徒生官役索賄私放之弊。臣查開通臺米。其益有四。一泉漳二府之民有所資藉。不苦乏食。二臺灣之民既不苦米積無用。又得賣售之益。則墾田愈多。三可免泉漳臺灣之民。因米糧出入之故。受脅勒需索之累。四泉漳之民既有食米。自不搬買福州之米。福民亦稍免乏少之虞。至開通米禁。有須防之處。二端亦不可不加詳慮。其一於冬成之時。詳加確查。若臺灣豐熟。即開米禁。倘年成歉薄。即禁止販賣。雖年歲稍豐。而一時偶有米貴情形。亦即隨時查禁。其一泉漳之民過臺買米者。俱令於本地方報明。欲往臺買米若干。載往某處販賣。取具聯保。詳報臣等衙門。即飛行臺灣及所賣之府縣。兩處稽查。如有不到。即係偸賣。必嚴懲聯保。究出本船之人。盡法重處。如此查防。自不至接濟洋盜矣。疏入。從之。漳泉之人深以爲善。然出口既多。市價自騰。已而頒定商船渡廈者。每船限載食米六十石。以防偸漏。漳泉米少人衆。恃臺供給。一旦不足。粒食維艱。於是多至臺灣。歲率數萬人。半爲流民。坐而待食。米價遞起。乾隆七年。巡臺御史書山張湄奏言。臺灣雖稱產米之區。而生齒日繁。地不加廣。兼之比歲雨暘不時。收成歉薄。蓋藏空虛。歷奉諭旨。臺民無不感激。唯是內地臣工未履其地。徒執傳聞。如御史陳大玠生長泉州。尙疑臺郡有歧視漳泉之見。不知臺灣固爲東南之藩籬。八閩之門戶。而與漳泉所係尤非淺鮮。臺灣四面俱海。舟楫相通。唯泉廈爾。而泉廈又山多地少。仰藉臺穀。是臺灣之米有出無入。猝有水患。非如他郡可有鄰省通融。商賈接濟也。臣等蒙皇上畀以巡視重任。豈不知春秋嚴遏糴之戒。況全隸閩省版圖。原無彼疆此界。而於海口之米。不得不責成官吏。嚴其出入。寔由事勢使然也。若任其運載透越。則臺穀指日可竭。而地方不能安謐。日後之漳泉亦無從而仰藉矣。此臣工之籍隸漳泉者。亦宜爲久遠計。而毋徒務爭目前之利也。夫臺地之所出。每歲止有此數。而流民漸多。已耗其半。復有兵米眷米及撥運福興漳泉平糶之穀。以及商船定例所帶之米。則通計不下八九十萬石。此則歲歲豐收。亦斷難望其如從前之價值平減也。是以臣湄同前任滿御史臣舒輅有請建府倉以裕民食之請。工部給事中楊二酉有先定臺倉之奏。臣等於上年十月。亦有請禁透越私渡之摺。卽今閩省督撫二臣議復科道楊二酉等條奏。亦以臺倉之積貯不充。則內地之轉輸易竭。海外設有緩急。他處難以接濟爲慮。但督撫所議今臺灣四縣貯粟四十萬石。恐一時買足爲數太多。爲期太迫。應定三年之限。照數購買。而部臣議復以採買倉穀。定例年歲豐稔。應全數採買。並無逾限三年之期。臣等伏思臺灣上年收成定止七分。既非豐稔。似不得全數採買。且楊二酉原奏請先定臺倉。然後買運內地。該督撫等以內地兵糈民食。無從措辦。關係非小。仍請照舊撥運。部議既准其奏。而本處貯穀又不寬其期限。未免米價更昂。轉於民食有碍。是不若督撫所請三年之議爲得也。再楊二酉所稱內地發買穀價僅三錢六分或三錢不等。裝運腳費俱從此出。從前穀賤之年。原足敷用。今則不免賠累。嗣後必依時價運費發買。該督撫亦請以後按歲豐歉。酌量增減。所見相同。而部臣拘於成例。謂從前並無以歲之不齊。稍議加減。恐啓浮冒捏飾之端。是猶以從前之臺灣視今日也。查上年臺灣於收成之際。米價每石尙至一兩五錢。則穀價亦在七錢上下。與從前大相懸殊。可知原議穀價卽不論裝運脚費。已不抵時價之半。倘仍不議增。必致因循歲月。互相觀望。若勒以嚴限。迫之使趨。非縣令受賠償之累。卽閭閻羅價短之苦。小民終歲勤勞。至秋成而賤買之。旣失皇上愛民重農之意。若使有司賠墊。勢必那移虧空。亦非皇上體恤臣下之心。伏乞准照督撫所議。按年豐歉。酌量價値。及時採買。庶於海外地方。寔有裨益。於是減運四府平糶之穀七萬二百八十七石。以寔臺倉。而內地窮民無所得食。來者愈多。二十年。始悉停運。來者益衆。遂侵越界石。爭墾番地矣。臺灣熬糖之廠。謂之廍。一曰公司廍。合股而設者也。二曰頭家廍。業主所設者也。三曰牛犇廍。蔗農合設者也。每犇出牛三。爲園九甲。一廍凡九犇。以六犇運蔗。三犇碾蔗。照鬮輪流。通力合作。其法甚善。各鄉莫不設之。製糖之期。起於冬至之前。淸明而止。每甲竹蔗可得靑糖六七十擔。製糖之時。須用糖師。以蔗漿入鑊煮之。候其火色。入以石灰。俟糖將成。又投萆麻油。恰中其節。乃移於槽。以棍攪之。漸冷漸堅。是爲靑糖。最佳者曰出類。次曰上斗。又次曰中斗。又有白糖。其法以成糖時。入於碥內。下承以鍋。而受其汁。謂之糖水。上蓋以泥。約十四日。其色漸白。易泥蓋之。凡三次。悉白。唯下稍赤爾。白糖之佳者曰頭擋。色皎味香。從前盛消蘇州。次曰二擋。又次曰三擋。色稍遜。而味甘。臺南郡治所製白糖。謂之府玉。馳名各埠。糖水再熬之糖曰赤沙。性涼可解毒。又以釀酒。白糖再熬成塊。剖而爲片。其堅若冰。謂之冰糖。亦曰糖霜。價較貴。歸淸之後。部議歲採臺糖。諸羅知縣季麒光慮其病官損民。上書督撫。略曰。白糖興販。關係軍需。在國賦爲最重。在民力爲最難。二十四年。臺灣辦糖一萬一千石之額。派於臺灣縣者六千石。派於鳳山縣者一千五百石。派於諸羅縣者三千五百石。鳳諸兩縣以車少糖虧。興販需時。皆挪移正項。重價購買。自知有累考成。不敢計及利害。但明年糖數又復倍增。六千石者將一萬二千石矣。一千五百石者將三千石矣。三千五百石者將七千石矣。查民間蔗車並未添設。若取足於民。斷不能使窮山荒海之殘黎。堪此重困。若取足於官。更不能使蹈險履危之貧吏。賠此累賠。卽立加參處。而終無所濟。卑縣等悉心籌畫。不得已欲照內地按田辦課。援今年漳泉之例。計三縣田園之數。照甲勻辦。庶幾衆擎易舉。計按田辦糖。其便有三。而應議者亦有三。每田園一甲。出糖數十斤。給以部價。不致賠累。一便也。種蔗之園。有糖可完。不煩別買。未種蔗之田。零星買納。不須躉辦。糖價不至頓昂。二便也。佃丁知今年之糖。出之於田。明年不煩督勸。皆急公插蔗。糖額自敷。三便也。其所應議者。一。水田與旱田之分也。官佃田園。多係水田。

不宜插蔗。其收倍厚。文武官田皆屬旱地。雖可種蔗。其收甚薄。故鄭氏之糖。皆辦於水田之佃丁。今總計三縣水田幾何。應辦糖幾何。旱田幾何。應辦糖幾何。斯則難易均矣。一官田與民田之分也。民田者。令佃耕無主之地。按甲而納糖。衆所願從。自將軍以下。各自管耕督墾。卽爲官田。其數已去臺灣田園之半。今使之急公辦課。不特事難勢格。仰觸忌諱。卽佃丁管事亦非縣令所能制。縱目前自認均辦。在民田竭蹶而供之。而官田之糖。臨時違悞。咎將誰任。一官車與民車之分也。種蔗之人。旣豎車熬糖矣。若使之一無供辦。反可昂價轉售。是利歸車戶。而累及百姓也。查三縣民車舊額。計五十張。而各衙門新立之車。亦不下五十張。按車而責以一百石。在民車較今年之徵。已省三分之一。卽官車之糖。現有部價支領。誰敢阻撓。而佃丁亦不必拘每甲一石之議。可以少紓貧民衣食之資矣。卑縣臆見。以官車與民車均派。官田與民田勻辦。再爲分別水田旱田之輕重。約計官民之車百張。爲率可得糖一萬石。官佃田園八千三百九十一甲。文武官田一萬六十二甲九分。就田勻派。以審乎輕重之宜。毋誤賦。毋厲民。立一時之計。垂萬世之規。則小民頌德。下吏沾仁。共爲不朽矣。夫臺灣產糖。三縣爲多。彰化尙少。及至乾嘉之際。貿易絕盛。北至京津。東販日本。幾爲獨攬。郡中商戶至設糖郊。以與南北兩郊相鼎立。謂之三郊。挹注之利。沾及農家。年豐物阜。生聚日衆。一時稱盛。洎蔡牽之亂。傲擾海上。凡十數年。帆檣斷絕。貨積不行。價乃愈落。而農家損矣。當是時噶瑪蘭初啓。產米多。糖價亦漸復。續以英人之役。海上又警。自是以來。開口互市。暹羅安南之米。爪哇呂宋之糖。配入中國。以與臺灣爭利。然臺灣之地漸拓漸廣。每年產米猶七八百萬石。糖亦七八十萬擔。運販各埠。尚得與之抗衡也。顧自開口以後。外商雲集。臺北之茶因之而盛。臺灣產茶。其來已久。舊志稱水沙連之茶。色如松蘿。能辟瘴却暑。至今五城之茶。尚售市上。而以崠頂爲佳。唯所出未多。臺北產茶。近約百年。嘉慶時。有柯朝者。歸自福建。始以武彝之茶。植於鰈魚坑。發育甚佳。既以茶子二斗播之。收成亦豐。遂互相傳植。蓋以臺北之地多雨。一年可收四季。春夏爲盛。茶之佳者。爲淡水之石碇文山二堡。次爲八里坌堡。而至新竹者。曰埔茶。色味較遜。價亦下。其始僅消本地。道光間。運往福州。每擔須納入口稅銀二圓。方可投行發賣。迨同治元年。滬尾開口。外商漸至。時英人德克來設德記洋行。販運阿片樟腦。深知茶業有利。四年。乃自安溪配至茶種。勸農分植。而貸其費。收成之時。悉爲採買。運售海外。南洋各埠。前消福州之茶。而臺北之包種茶。足與匹敵。然非薰以花。其味不濃。於是又勸農人種花。花之芬者爲茉莉素馨梔子。每甲收成多至千圓。較之種茶尤有利。故艋舺八甲六八隆同一帶。多以種花爲業。夫烏龍茶爲臺北獨得風味。售之美國。消途日廣。自是以來。茶業大興。歲可値銀二百數十萬圓。廈汕商人之來者。設茶行二三十家。茶工亦多安溪人。春至冬返。貧家婦女揀茶爲生。日得二三百錢。臺北市況爲之一振。及劉銘傳任巡撫。復力爲獎勵。種者愈多。時臺邑林朝棟方經營墾務。闢田樹木。爲永久計。亦種茶於乾溪萬斗六之山。未及十年。而朝棟解兵去。戎馬倥傯。剪伐殆盡。惜哉。初銘傳籌興物產。尤欲大啓水利。以資灌漑。當是時大嵙崁新設撫墾。以其土沃。欲闢水田。光緒十三年。命德國工師墨爾溪往查水源。議鑿巨圳。以潤海山桃澗等堡。未行而去。又以臺灣紡績皆仰外省。歲需巨萬。亦勸農家種植桑棉。語在工藝志。故事直省有司。歲以仲春之日行藉田禮。銘傳自涖任後。卽率僚屬行之。集老農。詢豐歉。使課其子弟盡力農功。勿荒勿嬉。勿爲淫辟。其勤勞者則獎賞之。著爲例。夫臺灣農產。以米爲首。糖次之。茶又次之。其所以裨益國計民生者。至深至大。管子曰。倉廩實而知禮義。衣食足而知廉恥。夫國之所恃者民爾。民之所重者農爾。故正其經界。薄其賦歛。平其輕重。勉其勤勞。使民得盡力於田疇。而不有所奪。此其所以强也。

稻之屬

粳稻即食米有早晚其種甚多

白殼粒長而大蒸飯最香十月收之

烏殼同白殼唯皮略黑

早占種出占城有烏占白占兩種粒小而尖蒸飯最佳清明種之大暑可收

埔占米色略赤種於園八九月收

三杯皮薄粒大形如早占可以久藏早季以六月收晚季以九月收

花螺有高脚低脚二種殼微斑粒大

清油有大粒小粒二種又分白脚紅脚兩類早晚俱種

銀魚草早春種之七十日可收故又名七十日早

圓粒粒短而肥種如埔占

羗猴粒長有紅白二種

唐山種出福建粒長皮薄色白味香有兩種曰含穗曰厚葉煮粥極佳

潤種種出潤州有三種一曰高脚潤種一曰低脚潤種一曰軟枝潤種播於水田霜降後收粒長皮薄色白味香

格仔有高脚低脚紅脚三種略同潤種均米之佳者

棉仔粟尾有紅鬚長五六寸不畏鹽水可種海濱

齊仔種於瘠土可以收成乾隆間始自中國傳入

鳥踏赤米微赤略如齊仔可種瘠土

銀硃紅外紅心白種後七十餘日可收

園早卽陸稻種後百餘日可收

白肚早米肚甚白故名

一枝早

安南早種出安南

呂宋早種出呂宋有赤白二種粒小而尖播種同埔占但不堪久藏

萬斤獻

大伯姆米白而大種於窪田水不能浸

天來

大頭婆粒圓味香

香稻一名過山香粒大倍於諸米色極白以少許雜他米蒸飯盡香稻之最佳者

糯稻卽朮用以釀酒並製糕餌其種亦多

鵝卵形如鵝卵粒短皮薄色白性軟朮之最佳者

鴨母潮性黏朮之佳者

紅殼有高脚低脚兩種一名金包銀又名占仔朮皮稍厚米微赤田園俱種

虎皮皮赤有紋粒白而大

芒花皮微黑大暑後種霜降後收朮之下者

火燒粒長皮厚色微褐

猪油有高脚低脚二種粒長皮薄色白

葉下藏粒長皮稍厚味香色白

烏占粒長皮薄味香色白大暑後種霜降後收朮之佳者

烏踏略如烏占秫之最佳者

竹絲狀米微綠故名

圓粒有黑白二種田園皆可種粒肥皮薄味香色白蒸糕最美

番秫粒大土番種以釀酒

紅米色紅味香彰化淡水有種之者

烏米色黑味香鳳山縣下有種之者炒之微焦用以代茶

菽之屬

土豆　即落花生有數種曰大花曰二花曰鴛鴦曰鈕仔蔓生花黃結實土中故名種於沙園澎湖最多嘉彰近海次之用以搾油消用甚廣或佐食或以子煮糖充茶品臺人莫不嗜之

白豆粒圓又名珠豆

黃豆粒圓以製豆腐

黑豆　四五月種八九月收以造醬油甚甘竝爲鹽豉

青仁豆爲黑豆之類皮黑肉青性溫以火炒之煎湯爲茶

綠豆正二月種四五月收性涼解毒夏時多以充食竝爲餠餡

米豆皮白粒微彎和米煮食故名八九月收

菜豆白紫兩種莢長尺餘蔓生下垂秋時盛出合莢炒之佐食味美紫者又名裙帶豆

肉豆即扁豆亦名蛾眉豆有青白兩種一穗十數莢冬時盛出煮以佐食

黃莢豆亦名皇帝豆冬時盛出一莢二三子煮食甚美臺南產之

虎爪豆形如虎爪故名或稱筊仔豆煮食亦美

肥猪豆筊長而碩人無食者飼豚易肥

荷蘭豆種出荷蘭花有紅白二種冬時盛出其色新綠其味香嫩

麥之屬

大麥臺灣地熱種麥較少唯嘉彰近海有種用以充糧

小麥有兩種一九月種正月收一十二月種三月收用以碾粉製麵

蕎麥出產亦少

黍之屬

黍穗垂粒細番地多種又有鴨蹄黍穗如鴨蹄故名釀酒甚美

蘆黍高六七尺葉如蘆故名北方名爲高粱釀酒甚美澎湖種以爲糧

玉蜀黍一名番麥高七八尺葉大如蔗實若黃豆各地俱種以充食

芝蔴卽胡蔴出產多炒以搾油性熱或用以製餠餌消用甚廣

稷之屬

稷有細米黃粟二種番地及澎湖多種之用以充食或釀酒

枲之屬

苧卽紵山地種之一年四收剝皮取絲以績夏布出口頗大

蔴山地多生取絲績布幹可爇火

藍之屬

山藍亦名大菁山地多產塹田甚肥子售泉州幹以爇火

木藍亦名小菁種出印度荷人移植宜於高燥之地一年可收三次以製藍泥每四百斤可得藍三十斤

諸之屬

番藷一名地爪種出呂宋明萬歷中閩人得之始入漳泉瘠土沙地皆可以種取蔓植之數月即生寔在土中大小纍纍巨者重可斤餘生熟可食臺人藉以爲糧可以淘粉可釀酒其蔓可以飼豚長年不絕夏秋最盛大出之時掇爲細條曝日極乾以供日食澎湖之糧依此爲生多自安鳳二邑配往藷有數種曰鸚哥皮赤肉黃爲第一曰烏葉皮肉俱白曰青籐尾曰雞膏最劣又有煮糖以作茶點風味尤佳

豆藷蔓生實如番藷皮肉均白切片炒肉味如荸薺

馬鈴藷種出西洋近始傳入蒸食甚佳

蔗之屬

竹蔗皮白而厚肉梗汁甘用以熬糖

紅蔗皮紅而薄肉脆汁甘生食較多並以熬糖

蠟蔗皮微黃幹高丈餘莖較竹蔗大二三倍肉脆汁甘僅供生食

茶之屬

包種茶葉細味清出口甚多

烏龍茶葉大味濃出口甚多

蓏之屬

西瓜種自西域沙地爲宜色綠其瓤有白有紅味甘性冷臺南地熱十月則熟舊時入貢園在小北門外

王瓜一名刺爪以皮有微刺臺地早熟

苦瓜味微苦後甘或名諫瓜煮食甚佳夏時盛出

菜瓜一名絲瓜元宵種之夏秋盛出又有一種曰七葉瓜蔓生七葉則生人家多樹架種之

冬瓜夏時最盛大者二三十斤性涼佐食或切小條和糖煮之以作茶點消用甚多

金瓜一名南瓜大如斗皮黃有瓣肉亦黃忌與羊肉合食又有一種大如碗色紅可愛僅供玩好

涵瓜有青白兩種夏時盛出漬鹽佐食又有纖小如指者漬以豆醬謂之醬瓜臺南最佳

匏有兩種一曰長匏亦名蠟條匏長可三尺一曰勁匏亦名葫蘆匏皆以佐食而勁匏老則堅剖以爲器

葫蘆別爲一種較小僅爲玩具或以盛藥

蔬之屬

薑春種夏熟山地最多

芥秋種冬熟子製芥末又有油芥子可搾油

葱有風葱香葱麥葱三種風葱爲藥可治風疾

韮四時俱有秋初開花

蒜有軟莖硬莖二種味惡

菘即白菜有兩種一曰土白菜味微苦一曰山東白菜種出山東味甚肥美冬時盛出

芹有水陸兩種

茄有紫白兩種又有野生者實黃如球謂之黃水茄不可食

迦藍俗稱隔籃菜又有番迦藍葉紫而硬不可食

菠薐種出西域頗陵國誤爲菠薐或稱赤根菜臺南謂之長年菜以度歲須食之也

莙薘俗稱厚末菜

冬荷爲菊之類味香

莧有紅白二種忌與鼈同食

甕菜種出東夷古倫國以甕盛入故名水陸俱種

莚荽種出西域漢時傳入中土俗稱烟荽葉小莖柔細根多鬚味辛而香

茴香即小茴葉如蒝荽幹高數尺

蘿蔔俗稱菜頭

高麗菜種出高麗傳入未久其形如菘

芋有紅心白心二種又有紫紋者曰檳榔芋尤佳

葭荻筍種於塘沼九月盛出

萵苣俗稱鍋仔菜

辣椒俗稱番薑種出南洋有兩種曰雞心粒小曰羊角粒長均以形名味極辣又有甘椒粒大有稜炒食甚美

香菰產於內山

木耳產於內山集集爲多

紫菜產於海濱石上澎湖爲多

滸苔產於海濱石上

果之屬

檨即檬果種出南洋荷人移植至今尙有存者舊志以爲傳自日本非也樹大合抱花小微白夏時盛出有肉檨柴檨

香檨三種肉檨先出味稍遜柴檨最多青者切片和醬代蔬或漬鹽藏之以時煮魚味尤酸美可醒酒黃者生食內山則晒乾用糖拌蒸配售閩粵香檨肉脆味香最後出又有牛心檨大如牛心產檨之地臺南爲多彰化以北則少見

梅嘉義盛出以製蜜餞

桃有甜桃苦桃二種又有水蜜桃種自上海

李有紅李黃李血李夫人李而紅李爲多嘉義以製蜜餞

柑有仙柑紅柑盧柑虎頭柑四種紅柑佳者以西螺爲第一虎頭柑實大皮粗酸不可食

橘有金橘月橘四時橘金橘以製蜜餞月橘一年相續或名公孫橘

柚有紅柚斗柚皮山柚文旦柚數種而文旦柚產於蔴荳莊皮薄肉白汁多而甘如蜜馳名內外舊志不載種之他處則味不及

橙味酸臺人謂之雪柑

柿嘉義新竹出產較盛有大小兩種將熟時採下針以焿油數日肉軟謂之紅柿若浸以灰水可棄澀則肉黃爽若梨謂之浸柿八月盛出或曝爲柿餅又有毛柿種自西域

梨有烏梨牛心梨楼包梨

栗雲林內山野生頗多唯實較小

棗有酸棗甜棗紅棗

椰子鳳恒二邑較多臺東番社亦有種者樹高數丈直立無枝結實纍纍利用甚廣其幹可以爲柱葉可蓋屋絲可索綯肉可製餅漿可釀酒殼可作器蓋爲熱帶之植物樹之海濱可以生財

椎子新竹內山野生頗多實如金橘有紅點帶皮可食

橄欖一名青果出產未多

油柑實小如鈕色微黃味澀漬鹽可食能消食積

黃彈實如彈子色黃味酸

番柑卽檸檬種出歐洲荷人移植大於橘肉酸皮苦夏時搗汁和鹽入水飲之可解暑渴

楊梅味遜潭泉

枇杷新竹較多以製蜜餞

甘蜜形如柑煮糖以作茶點

葡萄出產不多味亦遜

薏苡鳳山有種之者

無花果葉可作藥藥毒收濕

南無或稱歎霧譯音也種出南洋傳入臺灣未及百年故舊志不載樹高至三四丈葉長而大春初開白花多髭結實纍纍大如茶杯有大紅粉紅大白小青四種味甘如蜜夏時盛出臺南最多彰化以北則少見實曝乾煎茶可治痢疾

釋迦種出印度荷人移入以子種之二三年則可結實樹高丈餘實大如柿狀若佛頭故名皮碧肉白味甘而膩夏秋盛出

菩提一名香果種出印度葉如南無而薄花白多髭實如蠟丸中空有子味極香夏時盛出

波羅蜜一名優鉢曇種出印度荷人移入如安邑歸仁里舊社所種者至今尚存樹高數丈寔生於幹纍纍若贅疣大如斗重至七八斤剖開其皮肉黃有瓤氣甚芳郁每房有核大如棗仁可食乾苞者液不濡濕者則否瓤可生食以子煨肉風味殊佳全臺唯安嘉二邑有此他邑不見

佛手柑狀如香櫞唯瓣長如人指五六月初熟載赴江浙發售

香櫞樹如佛手柑實熟之時切片漬鹽以佐食或曝乾煎茶味甘而香可消積解酲臺北出產較多

賓婆種出西域漢代傳入中土樹巨葉大春初開花成穗結實有房外青內紅熟時自剖有子二三剝皮見肉如卵黃故亦名鳳皇卵煮湯和糖味勝栗子

香蕉臺產甚佳味極香美又有紅蕉實小可治喉疾

鳳梨一名黃萊葉長攢簇有如鳳尾可劈絲以織夏布實生叢心皮有鱗甲棄皮食味甘微酸夏時盛出採後以足踏碎叢心至秋再生實較小味尤甘脆置之室中清芬襲人臺人以鳳梨炒肉亦珍羞也鳳山彰化出產最多

荔支臺產較遜閩粵

龍眼有大中小三種嘉雲兩邑所產特盛曝乾者謂之福圓剝肉焙乾者謂之福肉每年配售上海天津爲出口大宗

木瓜種出爪哇樹高及丈亭亭直上開花甚小結實於幹或以醃醬或煮糖味尤美臺人以木爪煮肉產婦食之通乳

石榴種出西域漢時傳入臺俗納采之時女家須酬以蓮蕉石榴二株乃植於庭以其多子也

奈茇或稱番石榴有紅心白心兩種自生郊野幹堅花白結實如榴熟時色黃味香切片棄心煮以猪油和糖少許佐食尤美

羊桃有甘酸兩種又有廣東種者寔大多汁樹大葉細而密春時着花於幹朵小色紅實有稜五六酸者以製蜜餞或漬糖水泡湯食之可治肺熱止嗽

檳榔高一二丈直幹無枝葉大上竪四圍展布苞可爲扇花小淡黃味香實如大棗色綠一莖數十粒自秋徂冬發生不絕剖實爲二和以蔞籐石灰臺人多嗜食之謂可辟瘴

蔞籐即扶留籐採葉與檳榔和食長年不絕

愛玉子產於嘉義山中舊志未載其名道光初有同安人某居於郡治之媽祖樓街每往來嘉義採辦土宜一日過後大埔天熱渴甚赴溪飲見水面成凍掬而飲之涼沁心脾自念此間暑何得有冰細視水上樹子錯落挼之有漿以爲此物化之也拾而歸家以水洗之頃刻成凍和以糖風味殊佳或合以兒茶少許則色如瑪瑙某有女曰愛玉年十五楚楚可人長日無事出凍以賣飲者甘之遂呼爲愛玉凍自是傳遍市上採者日多配售閩粵按愛玉子即薜荔性淸涼可解暑

臺灣各屬陂圳表

安平縣

參差陂在文賢里荷蘭時鄉人王參差所築

公爺陂在新豐里鄭氏某公爵所築

甘棠潭在保大東里鄭氏時鄉民合築以潭邊多甘棠樹故名

王有潭在仁和里鄭氏時鄉人王有所築
鴛鴦潭在文賢里兩潭相連
鯽魚潭在永康里延滙三十餘里多生鯽魚以灌永康廣儲長興三里一望如湖故縣志有鯽潭霽月之景今已淤小
蓮花潭在文賢里以灌田
崁下陂在永康里
新港陂在新化里鄉民合築有東西二陂

鳳山縣

王田陂在嘉祥里荷蘭時築今廢
大湖陂在長治里鄭氏時築
三鎮陂在維新里鄭氏戎旗三鎮所築
中衝陂在仁壽里鄭氏中衝鎮所築
北領旗陂在維新里鄭氏侍衛領旗協所築
左協陂在維新里鄭氏時築今廢

赤山陂在赤山莊周百餘丈鄭氏時築

烏樹林陂在維新里鄭氏時築

新園陂在長治里周二百餘丈鄭氏時築

草陂在觀音上里蓄水多灌田廣

三老爺陂在維新里鄭氏時築

大陂在嘉祥里鄭氏時築

角宿陂在觀音上里鄭氏角宿鎭所築

仁武陂在仁武莊鄭氏仁武鎭所築

將軍陂在鳳山下莊靖海將軍施琅築

眠牛湖陂在觀音山官莊大小兩陂雍正四年築

鳳山陂在鳳山莊乾隆間築

二濫埔陂在維新里

林內陂在興隆里

石壁陂在興隆里

石湖陂在觀音山下

賞舍陂在鳳山莊今廢

硫磺陂在硫磺港康熙四十五年知縣宋永清募民修

菱角潭東灌嘉祥里西灌長治維新二里之田

曹公圳道光十八年知縣曹謹募民築以灌小竹觀音鳳山等里之田越年復築一圳曰新圳事載循吏列傳

嘉義縣

番子陂在縣治之北康熙三十四年番民合築引北香湖之水以溉

台斗坑陂在縣治之北康熙四十五年築以灌負郭之田

諸羅山大陂即柴頭港陂源出八掌溪長二十餘里大旱不涸

柳子林陂源出八掌溪分流長十餘里

埔姜林陂源出八掌溪分流長十餘里

馬稠陂源自內山由土地公崎流出

楓子林陂在下茄荖莊東引白水溪之水以漑
佳佐林陂源出草潭
安溪寮陂源出白水溪長十餘里以灌安溪寮等莊
王公廟陂在下茄荖莊東南引白水溪之水以漑
新營陂源由白水溪長三十餘里以灌新營等莊
哆囉嘓大陂源出九重溪長二十餘里以灌哆囉嘓等莊
大脚腿陂在大脚腿莊源出十八重溪長十餘里
新陂在北新莊源出番子坑長十餘里
大溪厝陂在大溪厝莊源出番子坑長十餘里
朱曉陂在外九莊引荷包嶼之水以漑
樹林頭陂在外九莊引八掌溪之水以漑
牛桃灣陂在外九莊引龜仔港之水以漑
土獅子陂源出牛椆溪南灌六加甸北漑土獅子

狗咬竹陂源出牛椆山長二十餘里以灌狗咬竹等莊

打猫大潭莊民合築以灌打猫靑埔二莊

打猫大陂源出三疊溪長十餘里以灌打猫南路厝火燒莊等

虎尾蓁陂在打猫莊北源出三疊溪

雙溪口大陂在崙仔莊源出三疊溪

西勢潭陂源出三疊溪分流以灌西勢潭柴林脚二莊

洋子莊陂在茅港尾莊東

番子溝陂莊民合築以灌佳里興茅港尾二莊

龍船窩陂莊民合築以灌龍船窩烏山頭三鎭等莊

北社尾陂莊民合築以灌北社尾水牛厝二莊

大目根陂源出牛椆溪以灌大目根堡之田

槺榔陂莊民合築以灌大小槺榔二莊

頭橋陂在打猫莊東

中坑仔陂在打猫東北

龍湖即赤山莊大潭莊民引水以溉

恒春縣

柴頭陂一名竹橋陂莊民合築引阿猴林之水以灌

萬丹陂在港西里

臺灣縣

快官圳在快官莊業戶楊曾二氏合築灌田四千餘甲

猫兒高圳即快官下陂業戶張陳二氏合築以灌半線堡之田一千餘甲

二八圳康熙間業戶楊志申築水源與快官圳同灌田一千餘甲

猫霧捒圳一名葫蘆墩圳乾隆間業戶張振萬與藍秦二氏合築引大甲溪之水以灌捒東堡之田一千餘甲

大甲溪圳莊民合築引大甲溪之水以灌牛罵頭沙轆等莊之田

險圳在南北投堡乾隆十六年業戶池良生築引烏溪之水以灌堡內七十餘莊之田工事甚大

萬丹坑圳在南北投堡之東

萬斗六圳在猫羅堡業戶吳伯榮築引萬斗六溪之水以灌堡內之田千數百甲

馬龍潭陂在猫霧捒流長二十餘里大旱不涸溉田甚廣

南投圳在南投堡引哮猫之水以灌堡內之田

馬助圳在險圳之下引烏溪支流以灌上下茄荖之田五百餘甲

阿轆治圳在馬助圳之下源同烏溪以灌石頭埔莊等之田五百餘甲

聚興莊圳在捒東堡光緒十六年業戶林朝棟築引葫蘆墩圳支流以灌聚興莊之田

內國姓圳光緒十七年業戶林朝棟築引北港溪之水以灌內國姓莊之田

彰化縣

打馬辰陂在西螺社東引虎尾溪支流以灌西螺之田二千餘甲

引引莊陂在西螺社康熙五十三年諸羅知縣周鍾瑄募築

打廉莊陂在東螺社西北康熙五十五年諸羅知縣周鍾瑄募築

燕霧莊陂在半線社南康熙五十五年諸羅知縣周鍾瑄募築

施厝圳一名八堡圳在東螺堡康熙五十八年業戶施世榜築灌田甚廣事載世榜傳中

埔鹽陂業戶施氏築引施厝圳支流以灌好收莊等田數百甲

十五莊圳在大武郡堡康熙六十年業戶黃仕卿築

二八水圳在東螺堡橫亘施厝圳十五莊圳之間

王田圳在大肚堡業戶董顯謨築引大肚溪之水以灌山麓七莊之田

中渡頭圳在大肚堡業戶王綿遠築引大肚溪之水以灌龜山等莊之田

福馬圳業戶施世榜築引大肚溪之水以灌李厝莊等之田千數百甲

大肚圳雍正十三年業戶林戴石三氏合築引大肚溪之水以灌百順莊之田六百餘甲

福口厝圳在馬芝堡業戶陳士陶築引快官施厝兩圳支流以灌上下寮之田

雲林縣

斗六圳在縣治近附

大竹圍圳在大竹圍莊

鹿場圳雍正間築引虎尾溪分流至溪州堡吳厝莊外入圳復分爲二灌田四千餘甲

他里霧圳在他里霧社番民合築

埔姜崙圳在他里霧社之西
猴悶圳在他里霧社之北
柴裡圳在柴裡社源出庵古坑
尖山圳在尖山社
走猪圳源出石龜溪以灌走猪排仔路二莊
荷包連圳源出石龜溪灌田約三百甲
加冬脚圳在他里霧社之南源出石龜溪
石龜溪圳源出石龜溪
水碓圳在斗六堡分爲上下二圳
六十甲陂在新廍仔莊源出庵古坑
觀音陂源出小坑仔溪
社口陂源出溪邊厝溪
林內圳源出濁水溪以灌林內石榴班等莊

頂下橫溝圳
海豐圳
老發圳
番子圳
虎尾圳源出陂仔頂溪以灌虎尾溪莊
和溪厝圳在沙連堡源出清水溪
東埔蠟圳乾隆二十一年業戶劉氏築灌田二百餘甲
坪仔頂圳道光元年業戶張天球築源出清水溪
清水溝圳嘉慶二十四年佃戶廖阿禮築源出清水溪
三角潭圳道光二十四年業戶陳希亮築
大水窟陂源出崠頂山下泉邱董二氏合築
羌仔寮圳乾隆五年業戶葉初築
隆興陂乾隆間業戶張天球陳佛照合築以灌濁水溪南岸之田四百餘甲

茄苳湖陂源由梅仔坑溪灌田四百六十甲

林仔陂在崙仔莊灌田四百五十餘甲

溝心陂源由林仔陂

石圭溪陂源由大湖口

阿丹陂源出崁頂厝溪

竹頭角陂

將軍崙陂

新陂

南勢陂

十三莊圳源出西螺溪灌田一千餘甲

通濟圳源出虎尾溪至赤坵仔分爲南北中三圳凡二十八莊灌田八百餘甲同治十二年大坵園開堡莊民合築

大有圳在布嶼堡雍正十三年業戶張方高等姓合築引虎尾溪分流以灌大有莊等與鹿場圳通

崁頂厝圳源出大湖溪

苗栗縣

猫裡圳在後壠堡乾隆三十四年佃戶合築引合歡坪之水灌田四百四十八甲猫裡卽今之縣治

蛤仔市圳在後壠堡乾隆五十二年佃戶合築源出合歡坪灌田六百餘甲

嘉志閣圳在後壠堡乾隆三十三年佃戶合築源出合歡坪灌田一百四十甲

獅潭圳在後壠堡佃戶合築源由獅潭灌田三百餘甲

四成陂在苗栗一堡光緒十六年帮辦撫墾林維源築引大安溪之水以灌月眉六份等莊之田五百餘甲

馬龍陂在後壠堡

大安溪圳在大甲堡源出大安溪灌田約四百甲

火焰山脚圳在大甲堡

新莊陂在大甲堡

瀨施陂在大甲堡

九張犂圳在大甲堡

日南圳在大甲堡

七張犂圳在大甲堡

安寧莊圳在大甲堡

西勢圳在苑裡堡源由大安溪

苑裡圳在苑裡堡

古亭笨圳在苑裡堡

淡水縣

大安圳在擺接堡溪東乾隆間業戶林成祖築引三叉河之水以灌大安蓁等莊之田一千餘甲

永豐圳在擺接堡亦林成祖所築以灌枋蓁莊之田一百九十餘甲

暗坑圳與永豐圳毘連嘉慶間業戶林登選築

瑠公圳一名金合川圳乾隆間業戶郭錫瑠築引大坪林溪之水以灌拳山大佳臘兩堡之田一千餘甲

大坪林圳在拳山堡莊民合築源出青潭溪灌田四百六十五甲

內湖陂在拳山堡莊民合築源出內湖以灌大佳臘堡西畔之田七百餘甲

頂陂頭陂在大佳臘堡莊民合築灌田百餘甲又有下陂頭陂灌田較少

雙連陂在縣治近附灌田百餘甲

雙溪圳在芝蘭堡雍正間業戶鄭維謙築引七星墩之水以灌堡內之田

番仔井圳在芝蘭堡乾隆間業戶潘宗勝築灌田百餘甲

七星墩圳在芝蘭堡雍正間業戶王錫祺築

水梘頭圳在芝蘭堡乾隆四十一年番民合築

靈潭陂在桃澗堡乾隆十二年霄裡社通事知母六募佃合築

霄裡大圳在桃澗堡乾隆六年業戶薛奇龍偕知母六募築以灌番仔寮六莊之田後因溉水不足佃戶張子敏等再築一圳以接之

永安陂在海山堡乾隆三十一年業戶張必榮張沛世合築源出擺接溪灌田六百餘甲

福安陂在海山堡業戶張必榮吳際盛合築源出擺接溪灌田三百餘甲

隆恩陂在海山堡源出擺接溪以灌隆恩之田三百十餘甲

萬安陂一名劉厝圳在海山堡乾隆二十六年業戶劉承纘募佃築源出擺接溪灌田二百六十餘甲

七十二份陂在海山堡灌田七十二份故名今多淤爲田

十八份陂在海山堡十八份莊業戶林啓泰等築今多淤爲田

新竹縣

隆恩圳一名四百甲圳在竹塹堡雍正初業戶王世傑募佃合築引九芎林溪之水以灌竹塹埔一帶之田約二千甲

振利圳在竹塹堡道光初業戶吳振利築引隆恩圳分流以灌縣治近附之田

花草林圳在竹塹堡同治間業戶金惠成築引五指山溪之水以灌花草林莊之田

藤蓁坑圳在竹塹堡同治間業戶錢朝拔築引五指山溪之水以灌新莊仔莊之田

九層頭圳源出油羅溪道光間業戶劉萬政築

謀人崎圳源出油羅溪道光間業戶徐元官築

猴毫圳源出油羅溪道光間業戶劉萬政築

坪林圳源出花草林溪嘉慶間業戶金惠成築而樹杞林圳雞油林圳亦惠成所築

石壁潭圳源出油羅溪咸豐間業戶劉阿成重修

高梘圳源出石壁潭

九芎林圳源出九芎林溪道光初業戶姜勝祉築灌田四百餘甲又五塊厝圳亦勝祉所築

項員山圳源出樹杞林溪道光初業戶陳徹築

下員山圳源出樹杞林溪乾隆間新社番通事某築

七份仔圳源出九芎林溪

蔴園圳源出九芎林溪

隘口圳源出九芎林溪

六張犂圳源出九芎林溪乾隆間業戶林先坤築以灌六張犁等莊田一百六十餘甲

泉興圳在蔴園堵莊後引隆恩圳之水以漑嘉慶間業戶林泉興所築未成而款絀何勝成之故亦名何勝圳

二十張犂圳源出九甲埔溪灌田百餘甲

新陂圳源出九芎林溪乾隆間新社番築

翁厝圳源出九芎林溪業戶翁氏築灌田一百二十餘甲

烏瓦窰圳源出金門厝溪業戶金永和築

土地公埔圳源出新埔溪灌田百餘甲

塗溝仔圳源出隙仔溪

南埔圳源出五指山道光間墾戶金廣福築又南埔溪底圳北埔崁下圳中興莊圳均其所築

月眉圳源出五指山

隆恩圳在竹南堡源出內灣溪乾隆間業戶陳曉理林耳順等合築灌田一千一百餘甲

番佃圳源出頭份溪北岸灌田四百餘甲

南莊圳源出大東河溪光緒初業戶黃流民築又田尾圳南埔圳亦其所築

三灣圳源出南莊溪咸豐九年業戶徐昌讃築又腰堵角圳亦其所築

內灣圳源出二灣溪咸豐七年莊民合築

牛欄堵圳源出內灣溪咸豐四年業戶林梅二築

茄苳坑圳源出內灣溪道光間業戶徐九二築灌田一百五十餘甲

水流潭圳源出頭份溪道光間業戶劉煥文築

鹹菜甕崁上圳在竹北堡又有崁下圳

蛤子窟圳源出鹹菜甕溪道光間築

石岡子圳源出鹹菜甕溪灌田百餘甲

水汴頭圳源出鹹菜甕溪嘉慶間築

新埔圳源出鹹菜甕溪乾隆間築

四隻厝圳源出霄裡溪道光十八年業戶林坤築

枋寮圳源出霄裡溪乾隆間築灌田二百餘甲

猫兒椗圳源出鳳山崎溪乾隆十二年業戶合築

菁埔圳源出三脚寮溪墾戶徐國華築

三七圳在竹北堡大溪漘南岸乾隆八年墾戶曾昆茂築分灌大竹圍等莊田七百甲又灌隘口寮等莊田三百甲故稱三七圳

宜蘭縣

陂頭圳在珍珠里簡社源出羅東

冬瓜山圳源由山脚大陂

武荖坑圳源出西畔溪以灌南興廣福等莊之田

馬賽圳源出武荖溪

金大成圳業戶合築源出濁水溪長二千餘丈分灌三鬮二四鬮二等莊之田九百餘甲。

羅東北門圳業戶合築引羅東西北之水灌田百餘甲又有南門圳亦灌溪州莊田

萬長春圳業戶合築引鹿埔溪之水灌田千甲

大湖圳源出大湖山麓之陂

四鬮二結圳源出梅州圍山灌田二百餘甲

豆仔罕圳源出西勢大溪

四圍圳源由大陂

三十九結圳源出四圍山麓之水

三圍圳源出三圍山麓之水

臺灣通史卷二十八

臺南　連雅堂　撰

虞衡志

連橫曰。天下之富。在於土著。生殖之源。出於庶物。是故天不愛其時。地不愛其寶。人不愛其力。則國可以强。而家可以給。昔者太公治齊。官山府海。管仲因之。齊以稱霸。臺灣爲南海之國。天時溫煦。地味膏腴。兼之以山林之饒。藪澤之富。金石之美。漁鹽之利。羽毛齒革之豐。飛潛動植之庶。取之無涯。用之不竭。是造物者之無盡藏也。而土番據之。島夷攘之。洪維我先民。渡大海。入荒陬。以拓殖斯土。爲子孫萬年之業。厥功偉矣。古者虞衡設官。以作山澤之材。周禮職方氏。相天下物土之宜。蕃九穀。別六畜。所以裁成輔相。俾上下草木鳥獸咸若也。後王失道。賦斂不時。而山澤之利涸矣。甚者與民爭利。搜粟摸金。以肥其上。閭閻條敝。瑣尾流離。漠然而不顧者。吁可傷已。臺灣爲天府之國。蓄積豐。人民庶。加以無數年水旱兵燹之災。其爲道易興。而爲治易平也。是篇所載。多屬天然之物。其大者則著於農工榷賣諸志。非所以博異懷奇也。經之營之。用啓我後。

草之屬

臺灣之草。多至五千餘種。原隰邱谷。茂育叢生。舊志所載。半屬土名。山經之所不記。岐伯之所未嘗。猗歟盛矣。是篇特舉其有用及爲藥材者列之。

茅野生。鄉人取以盖屋。爲用極大

藺大甲種。以織席。極柔紉

蒲俗稱鹹草。以織席

艾爲藥

蘋

萍

藻

藜葉嫩可食。幹老爲杖

篔類多沓有毒唯雨後生於竹下者曰竹菰凊早採之煮食味美過午則蟲生

茯苓蔓生產於松林之下集集最多有重至三四十斤

蓖麻子可搾油用極廣

香茅味香可製香水

仙草高五六尺晒乾以水熬之成凍色黑和糖飲之解暑夏時消用甚多

通草野生甚多截取其心切爲薄片以製花可染五色並消外省

風草春初生葉農人以驗颶風

茜草用以染色

烟草內山野生近亦有種之者味濃

薑黃葉如薑花白成莖狀若雞毛撢根可染黃安邑之嗹吧哖一帶野生甚多配消外洋

芊蓁葉大於茅取幹張壁歷久不朽

澤蘭爲藥

菖蒲爲藥端午插於門上謂可辟邪

紫蘇

薄荷

木通

沙葠

香附

白麴草取以製麴釀酒

鼠麴草製粿用之

龍舌草俗稱露薈葉長徑尺厚約半寸旁有刺狀如舌人家種之其漿極粘取以潤髮無異膏澤

書帶草或稱七絃草葉色微綠如稻秧上有白紋七畫至冬則變紅花若蘭或云藏之書中可以辟蠹

含羞草高四五寸葉如槐以指撓之則含垂花黃而小

車前子即芣苢俗稱五根草嬰兒產後搾汁和蜜飲之以祛胎毒

夏枯草冬生夏枯爲藥

虎耳草治耳疾

金銀花可解毒

雞舌紅葉紅如雞舌

珍珠紅葉小花紅如珠人家種之治喉疾

金石斛內山野生頗多

金線蓮葉如新荷上有金紋治傷暑埔里社山中野生頗多

仙人掌葉大如掌色綠乳毒入眼每致失明

鳳尾草

天門冬中路近山野生較多有用以製蜜餞

麥門冬

蒲公英

益母草

馬尾絲生於濕地以根擦蛇傷立愈

羊角草

木賊草爲藥並以拭銅木諸器
金鎖匙治疳
一枝香一名馬蹄金
葉下紅一名消息草
萬年松葉如松而小曝乾漬水復青可治腹痛
鹹酸草治喉痛
蚶殼草治痧
猪母草治瘵
曼陀花善醉人服之至狂然其葉以湯泡之敷癰可愈
蒼耳子
白蒺藜
天南星
九層塔治打傷

鴨嘴黃一名定經草可以調經

雞屎籐治風

水燭草生池沼中葉如蒲花若燭可治刀傷

羊甘草可治黃疸

姑婆草治毒

馬鞍藤治癰

木之屬

臺灣處熱帶之地。林木之多。指不勝數。崇山大嶽。峻極於天。海拔至萬二三千尺。如玉山者。長年積雪。佳木挺生。故凡寒帶溫帶之木。莫不兼備。信乎天然之寶藏也。然自百數十年。林政不修。斧斤濫伐。郊鄙之地。芟夷盡矣。而東望內山。蒼蒼鬱鬱。氣象萬千。猶足以興巨利。往者英人瑞諷來游南北。曾撰臺灣植物志。以爲森林之富。得未曾有。且多有用之材。余亦好游。數入番界。跋涉溪谷。佳樹茂林。每爲考究。故得略知梗槪。是篇所載。多屬目逢。參以群書。表其作用。較之舊志。精粗見矣。

桑有家桑野桑實紅可食皮以作藥曰桑白

樟臺產甚多有兩種香樟以熬腦臭樟以作船材器具

檜阿里山最多有大至四五圍者建屋作器爲用極宏

榕各地俱有葉極密有蔭至四五畝者乳可爲膠

松內山極多子可食

柏內山亦多又有扁柏以葉爲藥

杉內山亦多別有油杉紅杉材尤堅緻

楠有香楠奇楠臭楠石楠等種爲用極廣又有虎皮楠皮若虎文

梓俗稱大中黃埔里社較多製器特佳色潤如象牙

柳有水柳垂柳數種

檉卽絲柳葉如絲而綠植於庭畔裊裊可人

楊

楝俗稱苦楝以子苦也晚春開花朶小色絳一穗數十朶植之易長材可製器

楮俗稱鹿好樹以鹿好食之皮以製紙

樸木可作器葉粗而利以拭銅錫極光

楓木可作器又有青楓石楓葉皆五出入秋變紅

槐

楡俗稱白葉樹

椶皮以索綯

椅葉如桐而小阿里山及紅頭嶼較多

柃俗稱油葉茶

樣俗稱杆仔皮木可造車

桐有梧桐白桐等種又有油桐產於臺嘉二邑山內子特大可以搾油

櫸俗稱雞油樹有數種木質極佳可爲車輛

柯新竹較多木堅以作斧柄又有水柯皮爲染料

杜葉如蒲荊幹直徑大至三四尺木心暗赬

椿幹高葉爲藥

菻荼一作林投番語臺南以南野生極多樹高及丈直幹無枝葉簇生長四五尺刺利列如鋸齒擘葉爲絲可用結實若鳳梨不可食子如金鈴年久木堅有文理可作碗箸歌板月琴諸器根可織屨

山杉卽竹柏木之最佳者色澤若象牙作器最美

石柳生長甚緩材極美色澤若象牙

烏柏臺北較多晚秋之時葉變紅色材可作器子可搾油又可製蠟

埔梀樹如梀無實

山茘樹如茘無實

梢楠葉似松或稱黃肉樹材極堅美

茄苳樹大木色黑極堅緻製器難杇葉可爲藥

木綿俗稱斑梔以花紅也實可爲棉安嘉二邑內山野生甚多

厚栗或作校力質堅可爲棟梁

水松性好近水皮濕厚如棉枝喬而上勾葉碎披粉

鐵樹幹黑葉尖而梗不易開花故臺人有鐵樹開花之諺幾於俟河之淸也

槺榔幹直無枝葉可爲箒

石柃木極堅緻

山漆別有水漆生海泥中葉有粗毛觸之腫痛或名咬人狗

刺桐似桐有刺臺南郡城未建之時植以爲藩

蒲荆卽蔓荆葉如楊易長

肉桂樹皮如桂有油味香

烏松卽赤榕葉較榕而大初生之時苞含如筆新葉鮮紅

茄萣生海濱木可爲薪皮色赭以染網安邑有茄萣莊

藷榔產於內山根如藷色赭染布

枸杞嫩葉爲蔬子爲藥

破布子葉如桐而小秋初結實若楝子以鹽漬食味甘

黃日樹卽無患樹高二三丈實如枇杷色黃皮縐用以澣衣漿若肥皂

百日青卽羅漢松採伐之後而皮仍青以製几榻甚佳
爛心木質極堅唯心空如腐故名
相思樹葉如楊木堅花黃結實若紅豆左思吳都賦載之臺灣最多近山皆種之用以燒炭
八角樹木質堅緻皮可染黃實曰八角味香爲藥
烏心石葉如夜合花若含笑質堅如石而色暗黃製器特佳
紅厚殼質極堅緻可造舟車恒春沿海有產
紅淡樹葉如榕木可作器基隆較多有地曰紅淡林
紅豆樹卽相思子俗稱雞母眞珠子鮮紅可愛或言有毒土番用以粧飾葉可作茶
金剛纂俗稱火秧巨幹直立爲三角形稜有刺葉小花黃亦小乳極毒植爲籬落牛羊不敢越又有一種大者曰奇楠以其久能結香味如奇楠也
綠珊瑚枝幹如珊瑚折之有乳甚毒植爲籬落
苦林盤生於海岸可以防風制水亦可爲藥煎葉洗之以祛濕毒
海茄苳臺南沿海有產

土沈香花白五瓣子黃如豆大根香赤嵌筆談謂打鼓山有香木色類沈香味尤烈不知何香人不知貴聞昔年有蘇州客商能辨載數十擔後有某官作爲杖今所存碎木有爲扇器者

金龜樹以金龜多宿之故名

山胡椒實小而香北番取以爲鹽

饅頭樹幹如梧桐但不直聳春夏開花朶小色綠一穗三四十朶

番豆樹樹大如槐結實有莢肉白可食或稱刺豆

竹之屬

刺竹土產各地俱有高至四五丈節有刺如鷹爪質堅難朽鄉村皆環植之險不可越郡城未建之前亦種此竹以爲衛築屋製器多用其材唯笋苦不可食凡種竹以五月八日植之則活謂之竹醉日

綠竹臺南尤多每簇數竿葉大無刺笋極甘脆夏秋盛出

麻竹高如刺竹葉幹俱大林圯埔產者尤巨用以縛筏切笋曝乾味極酸美消售外省

筆竹徑大二尺高至四丈

黑竹幹黑大如指產於嘉義山中以製几榻

紅竹高數尺葉大而紅幹可爲丈亦有綠者植之庭中開花成穗
石竹大如筆竹以作器具
棕竹淡水有產皮似棕節密高四五尺
蘆竹卽蘆產於水濱筍可食
斑竹產於嘉義皮有斑點以製簫管床几
白竹諸羅縣志謂諸羅有產今未見
黃竹高不及丈幹黃產於臺邑之黃竹坑北溝坑一帶筍極佳
貓兒竹嘉雲二邑所產較多冬時生筍曰冬筍味美
長枝竹高二三丈節長一尺餘以製几榻
空涵竹產山中高二丈許徑二三寸無旁枝
觀音竹高不及丈幹細葉小植以爲籬密綠可愛
珠籬竹一名簍籬竹高丈許大如指用以編籬
金絲竹一名箭竹大如小指質紉土番用以爲箭

七絃竹高及丈幹白有青紋六七

人面竹嘉義有產高四五尺節密狀如人面

藤之屬

水藤內山野生甚多一莖長數十丈以製椅榻諸器利用極廣

風藤狀與藤異似木通浸酒服之可治風疾

黃藤爲藥可治腹痛

鈎藤爲藥一莖雙鈎者尤佳

魚藤葉竝生性毒服之死鄉人用以毒魚

乳藤葉如扶留藤折其莖則流乳花淡黃有香

蔞藤即扶留藤以葉與檳榔子合食

紫藤種出中國花美

三葉藤生長甚速花三瓣若葉色絳中有黃心

花之屬

梅臺灣地熱嘉義以北較多而臺南頗少延平郡王祠有古梅一株相傳爲王手植十月卽花先是臺南府署之右有鴻指園爲承天府署之內此梅則在其中枝幹槎枒必爲鄭氏遺物光緒初年建祠之時乃移於此至今寶之

桃有重瓣單瓣數種

李嘉彰二邑甚多

櫻淡水竹仔湖及埔裡社內山野生頗多

桂有月桂丹桂兩種

杏淡水及埔裡社內山野生頗多有紅白二種

牡丹每年自上海移種花後卽萎

夜合各地俱有

仙丹有丹白二種

木槿白者臺人稱爲水錦

佛桑一名扶桑有紅黃般數種

紫荆白者臺人稱爲九芎木堅可作器

山茶有紅白八寶八角數種彰化最多

玉蘭種自廣東傳入未久樹高數丈花白若蘭味極淸芬

木筆卽辛夷

梔子重瓣者爲玉樓春臺南北種之春季盛開採以薰茶子可染色臺北謂之蟬薄

木蘭一名樹蘭高數丈葉如山礬花小而黃一穗數十朶味香若蘭臺南用以薰茶

木蓮產於內山花大若蓮

薔薇種多有野薔薇花白而小臺人稱爲刺仔花劚其根作茶

玫瑰爲薔薇之類味尤香花可點茶

長春亦薔薇之類花較小四時不絕

唐棣花如李色紅春時滿樹皆花

賴桐花如仙丹有髭色極紅亦有白者五月盛開俗稱龍船花

杜鵑雞籠山上野生頗多開時如火

木香花如茉莉香烈

海棠臺灣地熱花開較小淡水之三貂嶺有秋海棠甚多俗稱山海棠花紅幹綠

含笑臺南最多

貝多羅種自西域俗稱番花樹高二三丈葉長及尺花白六出心黃味極香可以辟蠹

七里香卽山礬花白香烈

木芙蓉俗稱九頭芙蓉或稱霜降花

番胡蝶花似蝶有鬚中紅外黃一莖數蕊四時長開舊志以爲臺產

夾竹桃有紅白二種

指甲花一名水木樨花白小於丁香搗葉以染指甲色極鮮紅

馬纓花花如馬纓淡水較多

刺球花高數尺有刺植爲籬落秋冬開黃花細攢如絨臺人稱爲消息花可製香水結實如豆筴根可染絳或名番蘇

木

虎子花花黃鬚長狀若虎首

山躑躅花較杜鵑而小色紅苗栗山中野生極多

馬蹄花葉如梔子花白味香

紅蠟花種出西域幹多刺折之有乳花紅如海棠

山芙蓉葉細花黃香味極烈九月盛開

山茱萸野生

卉之屬

蘭一莖一花者爲蘭一莖數花者爲蕙臺地蕙多蘭少或傳自福建內山野生者香較遜唯淡水觀音山產者爲佳

菊種有數十臺南較暖自秋徂春花開不絕故有荷花獻歲菊迎年之詩又有萬壽菊味劣

荷淸明則開秋晚始謝有午時蓮種盆中花小如錢至午始開過時則萎

葵有大小二種

水仙每年自漳州移種花後卽萎

芍藥臺灣少種之者

曇花種出西域有紅白二種白者臺人稱爲隱水蕉

蘭蕉或稱蓮蕉葉如蕉而花若蘭有紅黃二種

月桃葉如蘭蕉而大取以裹粽花白若桃一莖十數朵

繡球花白團簇如球

噴雪花小如雪

鹿葱卽萱花一名宜男草單瓣者爲金簪花可佐食

茉莉一名抹麗有單瓣重瓣兩種花開四季夏時尤盛淡水種以薰茶每甲可收益千金又有番抹莉木本花大如菊

香遜

素馨俗稱四英花開四季淡水種以薰茶

鳳仙有紅白二種紅者搗染指甲

石竹俗稱錦竹

剪絨卽剪秋羅

瑞香蔓生花微綠有尖瓣圓瓣二種

荼蘼

燕支色有數種向晚始開結實棄皮可以製粉

玉簪葉如萱草

罌粟種自印度花有數色結實之時劃取其漿以爲阿片子細如黍可食殼可爲藥光緒間嘉彰二邑有種之者兵備道劉璈亦稟總督請准民間自種以塞漏卮唯風味不及印度爾

兎絲野生俗稱燭仔花

玉葱葉如韮一莖一花有紅白兩種雨後盛開

百合臺北有產僅用爲藥

珍珠蘭俗稱雞爪蘭花如金粟味若蘭

胡蝶蘭產於恒春山中寄生枯木一本五六葉春秋開花一莖多至十數蕊花白狀若胡蝶爲熱帶植物他處不見移植室內根不着土但灑以水

鶴頂蘭產於嘉義山中葉大如初種檳榔一莖十數花狀若蘭瓣有紅點如鶴頂故名

百子蘭種出南洋傳入未久葉長二尺環簇而生利能禦人中心吐莖高至三四尺着花百數十蕊花白若蘭較大惜無香

鷹爪蘭蔓生葉如菩提向晚始開花五六瓣色微黃狀若蘭而香更烈枝幹有刺若鷹爪故名結子如橄欖數十成團

臺人植爲籬落高不可越

倒垂蘭幹如火秧附墻而生入夜始開花白如蓮自上倒垂採置瓶中揷以燭可爲燈

晚香玉一名月下香種出西域有單瓣重瓣二種

西番蓮一名天竺牡丹種出印度傳入未久花如菊有十數種播子揷枝皆可發生

夜來香蔓生花微黃小若丁香一穗數十朶入夜極香

子午花一名金錢花種出眡尸沙國午開子落

美人蕉似蕉而小花紅若蓮

雞冠花有高低紅白各種

胡蝶花一名金莖花葉長如蒲花黃若蝶有紅點有髭臺人以根爲藥

日日春花五瓣有大紅淺紅粉白三種長開不絕

水鴛鴦生於水上葉略圓花作絳色一莖十數朶浮游池沼生長甚速

一丈紅有紅白兩種

老來嬌一名雁來紅

畜之屬

牛有水牛黃牛兩種耕田輓車均藉其力唯水牛力大一隻可載千斤黃牛不及荷蘭之時南北各設牛頭司放牧生息歸淸以後尙多野牛千百成群擒而馴之其後開闢日廣野牛漸減淸律禁屠牛唯祀典始宰之鄉村貨牛之處曰墟定日一開

馬臺產較少悉自北省移入爲軍營之用

羊黑色毛短爲中國傳入農家畜之放牧山野

豚飼畜最多滋長亦速牝牡悉閹之有重至四五百斤者

犬有家犬獵犬又有洋犬通商以後始自外國傳入

雞有土產有外種又有火雞傳自外國

鴨有田鴨傳自福建番鴨爲土產又有土番鴨則兩種合生者道光中始傳人工孵化之法故滋育甚盛

鵝有白黑兩種

禽之屬

鷲似鷹而大展其翼長可三四尺

鷹每年清明有鷹成群自南而北至大甲溪畔鐵砧山聚哭極哀彰人稱為南路鷹

鳶

鵲鄉人以鵲巢之高低驗暴風之有無

鳩有火鳩又有羽綠喙紅者曰金鳩而白鳩澎湖為多能知更

鴿有家鴿俗稱粉鳥野鴿俗曰斑鴿

雀巢於簷下俗稱粟鳥

鶯

燕

雉

鷗俗稱水鴨

鷺

鳧

鴃

鵂

鴟俗稱貓頭鳥晝昧夜明好食鳥

鶺鴒

鸕鶿

鴐鴒或作迦陵色黑如鵲產於臺南畜之馴能學人言則鸜鵒也

畫眉善鳴蓄之以鬭

鵪鶉畜之以鬭

竹雞似雞而小

華雀似雀而小鳴聲唧唧飼之甚馴能自來去

布穀

烏鶖形如鴝鵒喙利尾長飛疾惡鳥不敢近

翡翠俗稱釣魚翁

鴛鴦

練雀俗稱長尾三娘翠翼朱喙光彩照人
鵻鶬土番出草聞聲則返
鵃鶬俗稱食蛇鳥似鶴而小羽色淡紅
海鵝俗稱南風鷇翮可作箭
孔雀來自越南人家有畜之者
鸚鵡來自香港人家有畜之者
信天翁彭佳嶼最多
海雞母產海嶼中色黑脚綠比雞較大
白頭翁
倒掛鳥種出呂宋足短爪長

獸之屬

鹿臺產者有斑稱梅花鹿荷蘭以來鹿脯鹿皮爲出口之貨至今漸少人家亦有畜者歲取其茸
麞似鹿而大

羌似鹿而小

豹俗稱石虎

熊產於內山

兔有白黑赤三種人家飼之以食其肉

鼠有家鼠田鼠飛鼠錢鼠又有白鼠身長寸餘眼紅若朱人家以厨飼之厨內置一鐘輪旁置一鍾鼠在輪中旋轉則鐘自鳴別有大者長及尺種自粤東然不能轉輪

貓有家貓野貓菓子貓

獺產於溪傍

猴種多亦有白猴

山猪毛粗牙鋭能噬人重至三四百斤獵人以銃斃之

山羊沿山多有

蟲之屬

蜂有蜜蜂人家畜以取蜜有野蜂竹蜂黑蜂又有虎頭蜂巢如虎首體大刺毒傷人較劇

蟻有赤者黄者黑者又有白蟻生於濕處一巢數萬匹棟宇器物每被損蝕爲害頗烈

蝶種極多埔裡社最盛有大如蝙蝠者

蟬

蜩俗稱紅蒲齊卽燕人所謂齊了者也

螗似蟬而大色灰俗稱吉黎謂其聲也

蛇種多曰山辣長至丈餘能食鼠曰草花長一二尺俱不傷人曰龜殼花背如龜紋曰飯匙倩頭扁如飯匙見人則昂首逐之曰青竹絲長一二尺色靑如竹曰百步癀最毒曰雨傘節

蛙俗稱水雞有兩種

蚊

恙極小生於草中人如被嚙則發熱

蚤

蠅

螢

蛾
𧕋
樹蛤似蛙而小色青產於樹上又有生於田中者曰田蛤
蟋蟀
梭雞俗稱龜雞
螽斯
螳螂
蟳蛉
蜾蠃俗稱鶩鴛蜂
蜘蛛
蛸蟰
蜻蜓
蜈蚣

蜥蜴似蛇身扁有四足長及尺俗稱四脚蛇說文在草曰蜥蜴在壁曰蝘蜓

蝘蜓卽守宮俗稱神蟲入夜能鳴其聲似雀唯南過下淡水溪北越大甲溪西渡澎湖則不鳴

蚯蚓

蠅虎

蟳蟲生於樹中矢可爲藥曰蟳蟲沙

水蛭俗稱蜈蜞蜈食者飲醋可化又有樹蛭生木上

蟯螂

土猴形如蟋蟀身肥髭短而色白炸油可食

蔗龜生於蔗中炸油可食

蜂虎

蜉蝣

毛蟲

金龜狀如龜色綠而光六足有翼能飛生於樹上

蝦蟆俗稱蟑蜍

蝙蝠俗稱蜜婆巢於古屋臺南郡治赤嵌樓井中最多又有巢於樹上者以爪倒掛樹枝俗曰倒吊連嗜食果實

魚之屬

臺灣四面環海。熱潮所經。魚類之多。不可計數。而有鹹水淡水之分。淡水者生於溪澗。或畜池沼。而鹹水則取諸海者也。捕魚之器。有網有罟有繒有罾有縺有箔。鳥魚旂者亦謂之藏。每歲捕魚之時。向官給發。曩皆有稅。光緒三年。巡撫丁日昌乃奏除之。民以爲惠。塭者築隄海濱。以養魚者也。曩亦有稅。十四年。清丈之後。乃降於下則之園。而第爲天地人三等。臺南沿海。素以畜魚爲業。其魚爲麻薩末。番語也。或曰。延平入臺之時。泊舟安平。始見此魚。故又名國姓魚云。郡治水仙宮之前。積水汪洋。帆檣上下。古所謂安平晚渡者。則臺江也。自道光以來。流沙日積。淤蓄不行。人民給以爲塭。稅輕利重。繼起經營。其大者廣百數十甲。區分溝畫。以資蓄洩。至今臺江之跡。僅見港道一條。以通安平而已。夫養魚之業。起於臺南。南自鳳山。北暨嘉義。莫不以此爲務。信乎天時之所錫。而地利之所興也。澎湖群島錯立。以海爲田。歲之凶稔。視魚豐嗇。故其民衣食之源。皆資於此。然捕魚之法。尙未啓明。苟能研求其理。精良其器。以從事海國。尤爲無疆之利。唯臺灣之。魚多屬土名。玆特列其雅馴者。其不詳者。乃以土名釋之。

鯧有黑白二種

鱖

鱸

鰣

鰛

鯊有十餘種大者至千餘斤肉粗而翅極美消售外省東港澎湖所產較多

鯨俗稱海翁重萬斤舟小不能捕時有隨流而入斃於海澨者漁人僅取其油

魴有十種錦魴身圓有花點大者三四百斤

鰷長約寸餘色白

鯙比鰷尤小色純白刺弱或名飼兒飯以孩提食之毋憂骨硬也

鯿身薄晒乾炸之味尤香美鳳邑較多

鮀鮘爲海魚之最佳者重十餘斤皮潤微黑身無鱗刺僅一脊骨骨亦脆肉美味甘作膾尤好每冬初則至晚春始稀然唯臺南澎湖有之他處未見或曰延平入臺之後某都督以此魚進因不識其名故錫爲都督魚臺音與鮀鮘相似

烏魚卽本草之鯔有江鯔河鯔二種臺南六七月間塭中所飼者上市長及尺無卵味略腥則江鯔也故老多言烏魚產於黃河避寒而來則河鯔矣每年冬至前十日則至安平味美卵肥謂之正頭烏自是而南至於恒春之楓港生卵至後而來則瘦而味劣謂之囘頭烏過是則不見矣故又名曰信魚謂其來去不爽也各港俱有唯安平東港最多每來時團結海中高出水面漁者以篙擊散方可下網一舉輒數千尾烏魚之卵結爲一胎略分爲二長及尺重十餘兩漬鹽曝乾以石壓之至堅可久藏食時濡酒又火烤之皮起細胞不可過焦切爲薄片味極甘香爲臺南之珍羞

敏魚俗稱鮸魚春冬盛出重二十餘斤臺南以魚和靑樣煮之味極酸美

虎魚狀如虎頭巨口無鱗長不盈尺肉嫩而美

飛烏狀如江鯔有翅能飛

海鯉俗稱紅膏鯉

赤鯮色紅如海鯉而大春夏盛出基隆最多

銀魚

黃魚

魡魚

鮡魚生海濱泥中長三四寸色黑善跳俗稱花鮡以身有白點也

花鈴身有花點

獨魚大如掌皮粗晒乾可磨木器

烏鰂俗稱木賊一名黑魚

鰇魚狀如黑魚而身長瘦曝乾味美又有小者曰小卷基隆較多

章魚狀如烏鰂而大澎湖較多

沙蠶生海泥中狀如蠶晒乾炸油味美

沙梭狀如梭

馬鮫狀如鮀魠略小味遜

金精細鱗花點

秋姑

三鬠身薄小多刺

金錢狀如花鮯體薄多刺

花身

旗魚色黑背翅如旗鼻一長刺大者二三尺極堅利重至六七百斤泳水如飛

鯸魚俗稱海豎首如豕大至千餘斤嘗於水面躍起高及丈餘噴水如雪

魟魚狀如章魚八足中有一足極長腹大無骨

海參小琉球花蓮港有產

水母

河豚肝臟有毒食之致死

魚虎俗稱刺鯢體圓口小遍身有刺毒不可食唯張其皮爲燈

海龍產於澎湖首尾似龍無足長及尺冬日雙躍海灘以之入藥功倍海馬

海馬亦產澎湖狀如馬頸有鬃四翅漁人網之以爲不祥

麻薩末淸明之時至鹿耳門網取魚苗極小僅見白點飼於塭中稍長乃放之大塭食以豚矢或塭先曝乾下茶粕乃

入水俾之生苔則魚食之易大至夏秋間長約一尺可取賣入冬而止小者畜之明年較早上市肉幼味美臺南沿海均畜此魚而鹽田所飼者尤佳然魚苗雖取之鹿耳門而海中未見嘉義以北無有飼者可謂臺南之特產而漁業之大利也

比目魚俗稱貼沙味美狀如編上黑下白唯身較狹長

龍舌魚狀如舌

白帶魚亦名裙帶魚無鱗

鐵甲魚鱗硬如甲去皮方可食

狗母魚長尺餘多刺與醬瓜煮之湯極甘美

鸜哥魚狀如鯉色綠嘴尖曲故名

獅刀魚狀如長刀無鱗多刺然味美

三牙魚色微黃有三齒

田鴿魚體圓

梳齒魚色黑花點齒如梳肚有毒食之立死

龍尖魚澎湖多產晒乾尤美
烏鵁魚
石首魚
赤海魚色紅
安美魚細鱗味美
交網魚
歸秉魚
牛尾魚狀如牛尾
五色魚產於基隆海中　以上鹹水
鯉俗稱魟有紅黑二種飼於池沼
鯽產於溪中或飼於沼仲春最肥
鰱每歲自江西購入魚苗飼於池沼
鯁飼於池沼

鱱海產者尤大

鱳俗稱國姓魚亦曰香魚產於臺北溪中而大嵙崁尤佳

鰻鹹水亦有別有蘆鰻產內山溪中專食蘆茅徑大及尺重至數十斤力強味美

鱔即鱓臺俗凡持觀音齋者禁食之

草魚飼於池沼

金魚畜於池中

鬭魚俗稱三斑產於溪沼狀如指長二三寸紅綠相間尾鮮紅有黃點性善鬭

塗虱頭扁身黑長五六寸產於溪沼

塗鰍以鱔而小多涎難握　以上淡水

介之屬

介類亦多。沿海一帶。多種牡蠣。其殼可以煆灰。爲利甚溥。同治九年。英人某曾來打鼓蒐集介類化石。攜歸其國。惜余學陋。未能研求。然是篇所載。多屬有用之物。非泛泛也。

黿俗稱鼊大者數百斤漁人得之不敢殺好善者購放諸海

鼊產於海上尤大俗禁食之

鼅產於溪澗

鱟殼堅可作杓

螺有香螺花螺响螺肉螺數種而香螺最美爲海錯之佳者响螺可吹賣肉者用之又有珠螺甚小產於澎湖醃食味甘

蟹產於溪者曰毛蟹產於海者曰沙錐色黃殼有兩刺甚銳曰沙馬色赤善走曰大廣仙則擁劍也一螯特大曰虎獅蟹遍體紅點曰青蚶蟹兩螯獨大曰金錢蟹身扁色略赤

蟳似蟹而大亦名蟳蟹膏多者紅蟳無者曰菜蟳或畜於塭飼以鴨子則膏易肥

蠘狀如蟹殼多白點螯甚銳

蠔卽牡蠣種於石者曰石蠔竹曰竹蠔

蚶有血蚶毛蚶數種產於海濱

蟯卽蜃

蛤有花蛤

蚌沿海有產

蜆沿海有產

蟶有竹蟶

蝦有龍蝦紅蝦草蝦沙蝦數種而龍蝦最大紅蝦最美

九孔肉美如螺其殼九孔故名淡水出產頗多基隆亦有

空豸產於海濱甲絕薄前時一斤値錢數文近來較少

蛤蜊

鬼蟹狀如傀儡

瑇瑁似龜產於澎湖

蝦姑似蝦而身寬卵尤美

海蜇

水龜一名龍虱醃食甚美

石螺產於溪沼又生水田者較大曰田螺唯大甲之鐵砧山沼中所生田螺皆斷尾

海蒜殼似蛤肉垂三寸餘色白上有黑點食之多患腹瀉

陵鯉一名穿山甲生山谷中臺人食其肉謂可淸毒甲可爲藥

江瑤柱臺南有產

西施舌打鼓鹿港所產較多

夜光貝產於小琉球嶼可作鈕

寄居蟲如螺而有脚形似蜘蛛生固無殼入空螺中戴以行觸之縮入以氣嘘之乃出

日月蟶則蛤類其殼一紅一白爲窓鏡

礦之屬附

金淡水臺東有產見権賣志

銀淡水之瑞芳有產唯不及金之多

銅臺東有產尙未開採

鐵淡水近山及臺邑之火焰山麓有產

鉛

水銀

玉　相傳玉山之內有玉然未發見

石　其類頗多有火山岩石有水層岩石唯質頗粗脆不合彫琢故建屋刻碑之石來自泉州寗波而取以煆灰者利甚廣又淡水　音山之石頗美可用

硯石　彰化縣志謂東螺溪石可作硯色青而玄質堅而栗有金沙銀沙水紋之別然佳者頗少

石棉　臺東內山有產

瓦石　諸羅縣志謂內山有鬆石鑿之成片方廣一丈以代陶瓦望之天然石室也按宜蘭之蘇澳有石色黑可爲硯盤亦可作瓦

文石　產澎湖海濱有花紋五色相錯可製玩具

空青　產於澎湖海中大如卵中有淸水可治眼疾

海靑　宜蘭海濱有產爲海水所結

水晶　噶瑪蘭志略謂玉山之麓有水晶

硓砧　產於淡水澎湖海濱狀極離奇用以築隄煆灰

硫磺產於淡水之北投見權賣志

煤炭各地有產基隆最多見權賣志

煤油苗栗及嘉義之十八重溪有產見權賣志

海棉澎湖有產

珊瑚產於澎湖海中爲蟲聚處之巢高或數尺唯色不純紅

臺灣通史卷二十九

臺南　連雅堂　撰

顏鄭列傳

連橫曰。臺灣固海上荒島。我先民入而拓之。以長育子姓。至於今是賴。故自開闢以來。我族我宗之衣食於玆者。不知其幾何年。而史文零落。碩德無聞。余甚憾之。間嘗陟高山。臨深谷。攬懷古跡。憑弔興亡。徘徊而不能去。又嘗過諸羅之野。游三界之埔。田夫故老。往往道顏思齊之事。而墓門已圮。宿草蕭蕭。烏乎。是豈非手拓臺灣之壯士也歟。而今何如哉。故余敍列傳。以思齊爲首。而鄭芝龍附焉。思齊福建海澄人。字振泉。雄健精武藝。遭宦家之辱。憤殺其僕。逃日本。爲縫工。數年家漸富。仗義疎財。衆信倚之。天啓四年夏。華船多至長崎貿易。有船主楊天生。亦福建晉江人。桀黠多智。與思齊相友善。當是時。德川幕府秉政。文恬武嬉。思齊謀起事。天生助之。游說李德。洪陞。陳衷紀。鄭芝龍等二十有六人。皆豪士也。六月望日。會於思齊所禱告皇天后土以次爲兄弟芝龍最少年十八材略過人思齊重之芝龍南安石井人少名一官字飛黃父紹祖爲泉州太守葉善繼吏芝龍方十歲常戲投石子誤中太守額太守擒治之見其狀貌笑而釋焉居無何落魄之日本娶平戶士人女田川氏生成功思齊旣謀起事事洩幕吏將捕之各駕船逃及出海皇皇無所之衷紀進曰吾聞臺灣爲海上荒島勢控東南地肥饒可霸今當先取其地然後侵略四方則扶餘之業可成也從之航行八日夜至臺灣入北港築寨以居鎭撫土番分汎所部耕獵未幾而紹祖死芝龍昆仲多入臺漳泉無業之民亦先後至凡三千餘人五年秋九月思齊率健兒入諸羅山獵打歡飲大醉傷寒病數日篤召芝龍諸人而告曰不佞與公等共事二載本期建立功業揚中國聲名今壯志未遂中道夭折公等其繼起言罷而泣衆亦泣思齊死瘞於諸羅東南三界埔山其墓猶存卒哭之日天生議舉一人爲主衆曰可乃奉盤鍉割牲而盟以劍插米各當劍拜共約拜而劍躍起者爲主至芝龍而劍躍出地衆乃服推爲魁然大權仍歸衷紀衷紀亦海澄人最桀驁芝龍猶陽奉焉六年春二月芝龍謀出軍召諸部計議曰夫人惰則弱衆合則强今臺灣庶事略備勢可自守宜爲進取之計吾欲自領師船十艘前赴金廈若乘其虛而據之

則可爲臺之外府。公等以爲何如。衷紀曰善。乃命諸部。以芝虎芝豹爲先鋒。芝鶡芝豸次之。芝彪張泓爲左軍。芝獬李明爲右軍。芝鵠芝蛟爲衝鋒。芝莞芝蟒芝燕衷紀爲護衞。芝麟陳勳爲游哨。芝麒吳化龍爲監督。楊天生洪陞爲參謀。每船戰士六十。皆漳泉習水者。既定以林翼楊經李英方勝何斌等十餘人留守。三月初十日。伐金門。十八日。伐廈門。官軍莫能戰。已而薄粵東。沿海戒嚴。朝議招撫。以葉善繼習芝龍。爲書招之。芝龍感激歸命。及降善繼坐軍門。令芝龍兄弟泥首。芝龍屈意下之。而一軍皆譁。竟叛去。復居臺灣。刼截商民。往來閩粵之間。崇禎元年春正月。泊於漳浦之白鎭。巡撫朱之馮遣都司洪先春擊之。鏖戰自晨及晡。未有所致。會海潮夜生。先春漂泊失道。芝龍陰度前山。繞先春後。先春腹背受敵。身被數刃。芝龍故有求撫意。乃佚先春。又趣中左所。中左所者廈門也。督師俞咨臯與戰敗。又佚之。中左人開門納之。於是芝龍威名震於南海。七月。泉州太守王猷遣人招撫。芝龍從之。率所部降於督師熊文燦。授海防游擊。當是時。衷紀在澎湖。勢稍弱。爲海寇李魁奇所殺。魁奇惠安人。素習水力。舉千斤。集漁舟刼商舶。既殺衷紀。遂據之。二年夏四月。魁奇犯金門。泊遼羅。芝龍擊之。魁奇亦善戰。終被殺。三年。以平粵盜。征生黎。焚荷蘭。收劉香功。遷都督。於是成功在日本已七歲矣。芝龍屢遣人請歸。不能得。乃使使者齎金幣。圖寫芝龍爲大將秉鉞軍容烜赫之狀。幕吏受賄歸之。北京破。福王立江左。改元弘光。封芝龍南安伯。二年。鄭鴻逵黃道周共迎唐王。卽位福州。改元隆武。晉同安侯。加太師。昆仲亦多封。芝龍幼習海。群盜多故盟。或在門下。就撫後。海舶不得鄭氏令旗。不能往來。每舶例入二千金。歲入以千萬計。以此富敵國。自築城於安平。舳艫直通臥內。所部兵自給餉。不取於官。凡賊遁入海者。檄付芝龍。取之如寄。以故鄭氏威權。振於七閩。旣而成功陛見。帝奇之。賜姓朱。改名成功。封御營中軍都督。芝龍以擁立非本意。日與文臣忤。又以偏安一隅。不足以拒淸師。密有反顧意。時招撫江南者內院洪承疇。招撫福建者御史黃熙胤。皆晉江人。與芝龍通音問。及兩浙敗。關門不戒。帝議親征。芝龍亦以不出關無以壓民望。十二月。命水師先鋒副將崔芝齎書至日本請兵。別以書貿甲二百。領日本幕府不從。當是時。淸軍已迫福建上游。芝龍乃分兵爲二。聲言萬人。寔不滿千。以鴻逵爲元帥。出浙東。鄭彩爲副。出江右。帝倣淮陰故事。築壇郊送之。旣出關。疏稱餉缺。駐不發。詔書切責。不得已。踰關行四五里而還。二年春三月。帝親征。六月。晉芝龍平國公。鴻逵定國公。成功忠孝伯。芝龍疏請航海。拜疏卽行。遣使止之。不及。武毅伯施福撤關兵歸。駕陷汀州。成攻走金門。方清軍之未至也。芝豹入泉州。大索富民餉。不應立梟之。抵暮。得數萬金。俄而貝勒博洛及韓固山猝至。乃走田川氏不去。伏劍死。成功大號。悲不自勝。芝龍退保安平。軍容甚盛。以洪黃之信未通。猶豫未敢迎師。博洛命泉紳郭必昌招之。芝龍曰。我非不忠於清。恐以立主爲罪爾。會固山兵迫安平。芝龍曰。既招我。何相逼也。博洛乃檄固山離三十里而軍。以書邀之曰。吾所以重將軍者。以將軍能立唐藩也。人臣事主。苟有可爲。必竭其力。力不勝天。則投明主而事。乘時建不世之功。此士之一時也。若將軍不輔立。吾何愛將軍哉。且兩粵未平。今鑄閩粵提督印以相待。吾所以冀將軍來者。欲商地方人才故也。芝龍得書大喜。召成功計事。成功泣諫曰。父教子忠。不聞以貳。且北朝何信之有。芝龍曰。喪亂之天。一彼一此。誰能常之。若幼惡識人事。鴻逵亦力諫。不聽。遂進降表。過泉州。大張文告。豔投誠之勳。至福州。見博洛。握手甚歡。折矢爲誓。命飲酒三日。夜。博洛知成功雄俠。以俱行。久而不至。芝龍歎曰。此子不來。清朝其道敝乎。夜半忽拔砦。挾芝龍以北。成功遂起師。清人莫敢侮。永歷八年。清廷遣使至泉州。欲封成功海澄公。芝龍同安侯。成功不從。於是置芝龍於高牆。成功不顧。十五年。克臺灣。十月。清廷棄芝龍於柴市。子孫在北京者皆被殺。成功聞之。大慟曰。吾固知有今日也。令諸部舉喪。設位以祭。

連橫曰。西人有言。中國人無冒險進取之心。烏乎。如思齊者。豈非非常不羈之士哉。成則王。而敗則寇。固猶不失爲男子。若夫芝龍以一俠少年。倔起而至通侯。亦足豪矣。而末節不彰。稽首再拜於異族之馬下。抑足羞焉。始如脫兎。終如處女。人之度量何自反也。孟子曰。富貴不能淫。貧賤不能移。威武不能屈。此之謂大丈夫。

寧靖王列傳

寧靖王名術桂。字天球。別號一元子。明太祖九世孫遼王後也。始授輔國將軍。崇禎十五年。寇破荊州。術桂偕惠王及宗室避湖中。十七年。北京破。帝殉社稷。福王立南京。改元宏光。術桂與兄長陽王入朝。晉鎭國將軍。令隨長陽守寧海。翌年夏。浙西復亡。長陽率眷入閩。時鄭遵謙從紹興迎魯王監國。未知長陽存沒。乃以術桂襲封。既而鄭芝龍保閩。尊唐王爲帝。改元隆武。術桂奉表賀。帝亦如監國封。嗣聞其兄尚在。已襲封遼王。乃具疏請以長陽之號讓兄子。不許。改封寧靖王。仍依監國。督方國安軍。五月。清軍渡錢塘。術桂奔寧海。乘海船出石浦。監國亦自海門來會。同至舟山。十一月。鄭彩率舟師迎。偕監國南下。歲暮抵厦門。而帝已陷汀州。芝龍亦降清去矣。當是時。芝龍之子成功起師安平。進泊鼓浪嶼。勢頗振。鄭鴻逵亦迎淮王於軍。請術桂監其師。遂會成功伐泉州。不克而還。鴻逵載淮王至南澳。術桂從焉。先是粵東故將李成棟奉桂王之子卽位肇慶。改元永歷。術桂入揭陽。帝令居鴻逵軍中。二年春。復命兼督成功師。四年冬。粵事又潰。越年春。與鴻逵旋閩。取金門。是時成功已開府思明。禮待避亂宗室。術桂遂居兩島。成功待以王禮。十八年春三月。經奉術桂渡臺。築宮西定坊。供歲祿。術桂見臺灣初闢。土壤肥美。就萬年縣竹滬墾田數十甲。歲入頗豐。有餘則賜諸佃。已而元妃羅氏薨。葬焉。術桂狀貌魁偉。美鬚眉。善文學。書尤瘦勁。承天廟宇匾額多所題。至今寶之。三十二年。聞降將施琅請伐臺。鄭氏諸將無設備。輙暗自痛哭。三十七年夏六月。清軍破澎湖。克塽議降。術桂自以天潢貴胄。義不可辱。召姬妾而告曰。孤不德。顚沛海外。冀保餘年以見先帝先王於地下。今大事已去。孤死有日。若輩幼艾。可自計也。皆泣對曰。殿下旣能全節。妾等甯甘失身。王生俱生。王死俱死。請先驅狐狸於地下。遂冠笄被服同縊於室。是月二十有六日也。於是術桂大書於壁曰。自壬午流寇陷荆州。携家南下。甲申避亂閩海。總爲幾莖頭髮保全遺體遠潛外國今已四十餘年六十有六歲時逢大難全髮冠裳而死不負高皇不負父母生事畢矣無愧無怍次日冠裳束帶佩印綬以寧靖王印交克塽再拜天地列祖列宗之靈招耆舊從容飲別附近老幼皆入拜各以家財贈之又書絕命詞曰艱辛避海外總爲數莖髮於今事畢矣祖宗應容納遂自縊死侍宦二人亦從死臺人哀之曰王孫與北地爭烈矣自是明朔遂亡越十日葬於竹滬與元妃合不封不樹而姬妾別葬於承天郊外桂子山臺人稱爲五妃墓五妃者袁氏王氏荷姑梅姑秀姐也術桂無子以益王之後儼鈐爲嗣方七歲淸人入臺遷於河南杞縣初成功克臺優禮宗室魯王世子朱桓瀘溪王朱慈曠巴東王朱江樂安王朱俊舒城王朱著奉南王朱熺益王朱鎬等皆先後入臺待之如制及施琅至奪其册印遷於各省

連橫曰余如竹滬竹滬人多朱氏子孫每年六月祭寧靖王甚哀余又謁其墓徘徊而不忍去悲哉夫王以天潢之貴躬逢亂世避地東都終至國破家亡毅然抱大節以隕明社雖墟而王之英靈永存天壤矣

諸臣列傳

連橫曰。明亡久矣。我延平郡王之威靈。尙存天壤。而一時忠義之士。奔走疏附。間關跋涉。以保存故國者。若而人。以吾所聞。諮議參軍陳永華。尤其狡狡者也。永華以王佐之才。當艱危之局。其行事若諸葛武侯。而不能輔佐英主以光復舊物。天也。然而開物成務。締造海邦。至今猶受其賜。偉矣。顧吾觀舊志。每饑延平大義。而諸臣姓名。且無有道者。烏乎。天下傷心之事。孰甚於此。清同治十三年冬十月。福建將軍文煜總督李鶴年巡撫王凱泰船政大臣沈葆楨。始從臺灣紳民之請。奏建專祠。春秋俎豆。以明季諸臣配。詔曰可。於是從祀者百十有四人。而潛德幽光。乃揚東海。矣是篇所載。僅擧其名。而林圮之開拓番地。林鳳之戰沒海隅。竟不列於祀典。豈一時之失歟。若夫沈徐諸公。禮爲上客。分屬寓賢。故別傳之。

太子太保文淵閣大學士路振飛

東閣大學士曾櫻

尙書唐顯說

都察院左副都御史徐孚遠

兵部侍郞總督軍務王忠孝

太僕寺卿沈光文
兵科給事中辜朝薦
兵科給事中謝元忭
御史沈佺期
南京主事郭符甲
諮議參軍陳永華
舉人李茂春
定西侯張名振
定南伯徐仁爵
仁武伯姚志倬
閩安侯周瑞
懷安侯沈瑞
平西伯吳淑

興明伯趙得勝
崇明伯甘輝
中書舍人陳駿音
浙江巡撫盧若騰
監紀推官諸葛斌
內監劉九皋
內監劉之淸
戶官楊英
惠來縣知縣汪滙
吏部主事攝同安縣知事葉翼雲
同安縣敎諭陳鼎
參軍柯宸樞
參軍潘賡鐘

建安伯張萬禮

建威伯馬信

忠振伯洪旭

慶都伯郝興

五軍都督張英

五軍戎政陳六御

征北將軍曾瑞

總練使王起鳳

督理江防柯平

戎旗鎮林勝

義武鎮邱煇

智武鎮陳侃

智武鎮藍衍

殿兵鎭林文燦
進兵鎭吳世珍
正兵鎭盧爵
正兵鎭韓英
中權鎭李泌
侍衛陳堯策
前鋒鎭張鴻德
參宿鎭謝貴
斗宿鎭施廷
大武鎭魏其志
同安守將林壯猷
同安守將金縉
同安守將金作裕

以上從祀東廡

副將洪復

副將林世用

副將蔡參

副將魏標

副將楊忠

副將黃明

江南殉難楊標

江南殉難張廷臣

江南殉難魏雄

江南殉難吳賜

水師三鎮林𡚒

中提督中鎮洪邦柱

折衝左鎭林順
中提督前鋒鎭陳營
中提督後鎭楊文炳
右提督後鎭王受
後勁鎭黃國助
總兵沈誠
戎旗二鎭吳潛
戎旗五鎭陳時雨
火攻營曾大用
援剿後鎭劉獻
援剿後鎭萬宏
援剿後鎭陳魁
援剿後鎭金漢臣

右先鋒鎮楊祖
右先鋒鎮後協康忠
水師四鎮陳陞
水師後鎮施舉
侍衛中鎮黃德
潮州守將馬興隆
左鎮衞江勝
右提督右鎮余程
宣毅左鎮黃安
宣毅左鎮巴臣興
護衞右鎮鄭仁
援剿右鎮黃勝
親隨一營王一豹

親隨一營黃經邦
龍驤左鎮莊用
奇兵鎮部將呂勝
定海守將章元勳
銅山守將張進
厦門守將吳渤
澎湖殉難張顯
澎湖殉難廖義
澎湖殉難林德
澎湖殉難陳士勳
海澄殉難葉章
定海殉難阮駿
東石殉難施廷

東石殉難陳中

祖山殉難張鳳

懷安侯弟沈珽

殉難世子裕

殉難世子溫

殉難世子睿

以上從祀西廡

連橫曰。吾讀野史。載鄭氏故將事。心爲之痛。以彼其才。足建旗鼓。以樹立功名。而乃國破家亡。竄身流俗。至隱其名而不道。亦足悲矣。夫敗軍之將不足言勇。然世之秉節鉞。寄封疆者。豈皆豪傑之士哉。際會風雲。乘時起爾。烏乎。成敗論人。吾所不忍。屠釣之中。儘多奇才。亦遇之。與不遇而已。豈以此而衡其得失哉。東寧既亡之後。江蘇無錫有華氏者。居於蕩口。一日至某里。見衆環堵。一賣卜者。儀容俊偉。顏色微赬。似久歷患難者。聞其語。精奧若不可解。異之。日暮衆散。賣卜者行。華尾之。至一古廟入焉。華問曰。先生何許人。曰。賣卜者。又問之。答如前。華曰。敝廬在邇。先生能一過乎。不答。乃要之行。至家。略坐。卽欲去。舉止傲岸。強之坐。呼子弟出拜。請受業門下。顧而嘻曰。賣卜人能爲皐比師乎。華曰。先生道貌岑古。必非常人。如不棄寒微。請設帳於此。俾子弟得受益也。不可。良久乃許之。初。里中有巨盜刼人越貨。莫敢攖。一日。華戚某持盜刺來。言夜將被刼。今事急。可奈何。盜刺者。盜欲刼某家。先以刺來。以寓先禮後兵之意。且示勇。受者不敢報官。報亦無益。故盜愈無忌。華曰。家有子弟師。異人也。請詢之。若可。當無害。乃偕入告以故。其人俯首自循其髮曰。事亦易易。然使人慮不勝任。必親往。某曰。先生與若有故耶。嗜曰。彼盜安得故我。我豈與盜故哉。怒欲止。某跪而謝。華亦代請。乃曰。勉爲若一行。旣至。環相居宅。曰。盜當從此來。取磚甓列門外。爲數壘。誡家人閉戶寢。勿聲。彼亦就寢。久之。聞有人馬聲自遠至。火炬照耀如白晝。家人潛起窺之。盜衆數百。劍戟有聲。勢張甚。及壘而聘。旋繞不息。自初更至於黎明。竟不知其何爲。其人亦寤。問盜來乎。曰。來矣。來何在。曰。在門外旋繞。曰。然則吾當遣之去。衆於門外設坐。俟之出。坐定。以麈尾麾盜。若寐盡仆。顧曰。縛之。衆次第反接其手。驅之前。跪其人。大言曰。男子負膂力。不能爲國家效命。乃棄身匪類。以汚辱鄉里。罪當死。吾今且貸汝。須改過。勿妄動。顧某取百金來。命解其縛。叱之去。賣卜者既居華家。賓主甚相得。課授之餘。獨處一室。不與人士往來。歲暮饋修贄。亦不受。強之曰。吾今固無事此也。華氏兄弟與談文史。應答如流。而每至玄黃之際。君亡國破之慘。則悲從中來。潸然欲涕。乃強爲歡笑。一日趣華治具。作飯四斛。曰明旦有客至。如其言。至則兩僧。儀狀雄偉。操閩南音。始見皆伏拜。起而肅立。命之坐。不敢坐。有問則跪答。賣卜者曰止。今豈可以昔禮比耶。吾之在此。而具知之。而之行止。吾亦無不知。自今各以心喻。毋瑣瑣顧而可卽去。勿再來。吾已爲而治飯矣。出具食之。二僧袒衣大啖。俄頃而盡。撫腹曰。徑飽自此至彼。可免再餐也。再拜告別。出門逕去。賣卜者亦黯然。後值重九。生徒散學。華兄弟邀出游逍遙隴畔。意甚得也。已而指一地。問誰氏。有具答之。曰後日可葬我。於是華訝其不祥。笑曰修短有命。吾已盡於明日矣。華兄弟驚而泣曰。自得先生。親承杖履十有二年矣。尚未識里居姓氏。固知先生有隱痛者。是以未敢強問。今日月淹逭。先生寧終忍無一言乎。賣卜者亦泣曰。薄命人何足言。必欲識吾者。吾腰帶中藏有小佩囊。沒後可取視。翌日竟卒。啓之。果有寸帛。字模糊不可讀。略得一二。蓋鄭氏故將。臺灣亡後。隱憫遁世。而兩僧則爲其舊部。故在播遷。猶不失禮。乃葬於其地。建一室以祀。惜仍不識其姓名爾。烏乎。懷忠蹈義之士。豈僅一。

賣卜也哉吾撰通史吾甚望爲之表彰也

諸老列傳

連橫曰正氣之存天壤也大矣論語誌逸民而冠以伯夷叔齊孔子稱之曰不降其志不辱其身烏乎此則孔子之微意也當殷之衰武王伐紂會於牧野一戎衣而天下定八百諸侯罔不臣服而伯夷叔齊獨恥其行義不食周粟隱於首陽山及餓且死此則所謂求仁得仁者也明亡之季大盜竊國客帝移權縉紳稽顙若崩厥角民彝蕩盡恬不知恥而我延平郡王獨伸大義於天下開府思明經略閩粵一時熊羆之士不二心之臣奔走疏附爭趨國難雖北伐無績師沮金陵而闢地東都以綿明朔謂非正氣之存乎吾聞延平入臺後士大夫之東渡者蓋八百餘人而姓氏遺落碩德無聞此則史氏之罪也承天之郊有門散石虎之墓者不知何時人亦不詳其邑里余以爲明之遺民也墓在法華寺畔石碣尙存而舊誌不載巖穴之士趨舍有時若此類湮沒而不彰者悲夫漢司馬遷曰伯夷叔齊雖賢得夫子而名益顯余感沈盧諸賢之不泯而臺灣之多隱君子也故訪其逸事發其潛光以爲當世之

範。詩曰。雖無老成人。尙有典型。有以哉。

沈光文字文開。號斯菴。浙江鄞人也。少以明經貢太學。福王元年。豫於畫江之師。授太常博士。明年。浮海至長垣。再豫琅江諸軍務。晋工部郞。隆武二年秋八月。閩師潰。扈從不及。聞桂王立粤中。乃走肇慶。累遷太僕少卿。永歷三年。由潮陽航海至金門。閩督李率泰方招徠故國遺賢。密遣使以書幣聘光文。焚書返幣。而是時粤事亦不可支。乃留閩中。思卜居泉州之海口。浮家泛宅。忽遭颶飄至臺灣。時臺爲荷人所踞。受一廛以居。極旅人之困。弗恤也。遂與中。土音耗絕。亦無以知其生死者。十五年。延平郡王克臺灣。知光文在。大喜。以客禮見。而遺老亦多入臺。各得相見。爲幸。王令麾下致餼。且以田宅贍之。亡何。王薨。子經嗣。頗改父之臣與政。光文作賦。有所諷。或讒之。幾至不測。乃變服爲僧。逃入北鄙。結茅羅漢門山中。或以言解之於經。乃免。山外有目加溜灣者。番社也。光文於其間教授生徒。不足則濟以醫。常歎曰。吾廿載。飄零絕島。棄墳墓不顧者。不過欲完髮以見先皇帝於地下。爾而卒不克。命也夫。已而經薨。諸鄭復禮之如故。三十七年。淸人得臺灣。諸遺臣皆物故。光文亦老矣。閩督姚啓聖招之。辭。又貽書問訊。曰管寗無恙。欲遣人送歸鄞。會啓聖卒。不果。諸羅知縣季麒光。賢者也。

爲粟肉之繼。旬日一候門下。時寓公漸集。乃與宛陵韓又琦關中趙行可無錫華袞鄭廷桂榕城林奕丹霞吳蕖輪山楊宗城螺陽王際慧等結詩社。所稱福臺新詠者也。尋卒於諸羅。斃焉。光文居臺三十餘年。自荷蘭以至鄭氏盛衰。皆目擊其事。前此寓公著述。多佚於兵火。惟光文獨保天年。以傳斯世。海東文獻。推爲初祖。著有臺灣輿圖考一卷。草木雜記一卷。流寓考一卷。臺灣賦一卷。文開詩文集三卷。邑人全祖望爲訪而刋之。志臺灣者多取資焉。同時居臺者有徐孚遠王忠孝辜朝薦沈佺期等。亦一國之賢者。

徐孚遠字闇公。江蘇華亭人。崇禎十五年舉於鄉。與邑人夏允彝陳子龍結幾社。以道義文章名於時。會寇亂亟。陰求健兒劍客而部署之。蓄爲他日用。子龍爲紹興推官。引東陽許都見之。使募義勇西行殺賊。又請何剛薦之。既而東陽激變。子龍單騎入都營。許以不死招之降。大吏持不可。竟殺之。孚遠貽書曰。彼以吾故降。今負之。天下誰復敢交子龍哉。故子龍以功遷給事中。辭不赴。宏光時。馬阮亂政。養晦不出。及南都亡。允彝起兵。而爲之輔。授福州推官。進兵科給事中。閩亡。浮海入浙。是時義旅雲興。不相統屬。孚遠周旋其間。說以國恤。而悍將鄭彩周瑞之徒。咸不聽。乃返浙東。入蛟關。結寨定海之柴樓。比監國入舟山。往賀。以勸輸貢賦。遷左僉都御史。及舟山破。監國入閩。航海從之。當是時。招討大將軍鄭成功開府思明。禮待朝士。搢紳耆德之避地者。皆歸之。而孚遠領袖其間。軍國大事。時諮問焉。永歷十二年。帝在滇中。遣漳平伯周金湯晉成功延平郡王。遷孚遠左副都御史。餘各授爵。冬。隨金湯入覲。失道越南。越王要以臣禮。不從。曰。我爲中朝大臣。何可辱。越王嘉之。乃歸。克臺之歲。從入東都。禮之尤厚。常自歎曰。司馬相如入夜郎。教盛覽。此乎世事也。以吾亡國大夫當之。傷如之何。十月。清廷詔遷沿海居民。各省騷動。兵部尚書張煌言寓書成功。以乘勢取福建。幷遺孚遠書。勸其代請出師。時東都初奠。休兵息民。故未行。久之。卒。或曰。永歷十七年。清軍破思明。孚遠遁入饒平山中。提督吳六奇匿之。完髮以死。居臺生一子。扶櫬至松江。未葬。子亦死。

張煌言字元箸。浙之鄞人也。崇禎時。登賢書。從魯監國。監國敗。率殘兵數百。飄蕩海上。延平郡王招之。至思明。表爲兵部左侍郎。永歷十四年。北伐至金陵。王謂煌言曰。蕪湖爲上游門戶。倘留都不日夕下。則江楚之援日至。控扼要害。非先生不可。七月初七日。煌言率師至蕪湖。馳檄郡邑。江南北相來附。未幾。鄭師敗績。煌言走銅陵。與楚師遇。兵潰。變姓名。從建德祁門山中出。走天台入海。仍與王同定臺灣。當是時。東都初建。軍旅未精。煌言見王。無西意。爲詩刺之曰。中原方逐鹿。何暇問虹梁。又曰。祗恐幼安肥遯老。藜床皂帽亦徒然。王一笑而已。無何王薨。子經嗣。知不足與謀。鬱鬱不樂。乃散其部曲。拂衣竟去。浮海涉江。至杭州西湖。覓山僻小庵隱焉。瞻望藩籬。猶有所冀。爲杭守吏所偵。與健僕楊貫玉愛將羅自牧同被執。二人皆勇絕群倫者。煌言烏巾葛衣。不言不食。啜水而已。臨刑。二卒以竹輿舁至江口。煌言出。見青山夾岸。江水如澄。始一言曰。絕好江山。索紙筆賦絕命辭三首。付刑者。端坐受刃。貫玉自牧同斬。略一振臂。綁索俱斷。立而受刃。死不仆。刑者唯跪拜而已。時永歷十八年中秋之日也。煌言所著詩詞。貯一布囊。悉爲邏卒所焚。唯絕命辭在。

王忠孝字長孺。號愧兩。福建惠安人。崇禎元年。登進士。以戶部主事榷關。劾太監忤旨。廷杖下獄。復戍邊。士卒千餘赴都送。留三年。免。福王立。授紹興知府。擢副都御史。隆武元年。召見。陳光復策。帝大喜。授兵部左侍郎。總督軍務。賜尚方劍。便宜行事。已而福京破。家居杜門不出。延平郡王在廈門。設儲賢館。禮待避亂搢紳。忠孝往見。欲官之。辭。乃待以賓禮。時遺老多往來廈門。而忠孝與辜朝薦。沈佺期。盧若騰等。均爲幕上客。軍國大事。時詢問焉。永歷十八年。偕若騰入臺。經厚待之。日與諸寓公肆意詩酒。居四年卒。

辜朝薦字在公。廣東揭陽人。崇禎元年進士。始任江南安慶推官。歷掌諫垣。晉京卿。北京破。南歸居金門。既爲延平郡王上客。後入臺。卒。子文麟。及長回鄉。

沈佺期字雲又。福建南安人。崇禎十六年登進士。授吏部郎中。隆武立福京。擢右副都御史。及帝陷汀州。佺期南下。隨延平郡王起兵於泉州桃花山。爲幕府上客。後入臺灣。以醫藥濟人。永歷三十六年卒。

盧若騰字閑之。號牧洲。福建同安金門人。崇禎八年舉於鄉。十二年成進士。帝以天下多故。御文華殿。簡用新進士三十人。觀政兵部。若騰與焉。時督師楊嗣昌奪情起用。玩寇侫佛。若騰劾其罪。下旨切責。天下壯之。累遷武選司郎中。總京衛武學。三上疏彈定西侯蔣維祿。有惡其太直者。遷甯紹巡海道。瀕行。又劾內臣田國興諸不法事。帝納之。逮國興抵法。至浙。潔已愛民。興利除弊。勢豪屛跡。莫敢逞。蕩平劇寇胡乘龍等。閭里晏然。浙人建祠祀之。福王立南京。擢鳳陽巡撫。若騰以馬阮當國。綱紀大壞。辭不赴。及唐王立福京。下旨徵辟。單騎赴召。授浙東巡撫。駐溫州。督師北伐。特薦宿將賀君堯爲水師總兵。募靖海水兵扼守要害。以族弟游擊將軍若驥守盤山溪。爲藩衞。奏簡學臣考試以取人才。收士望。從之。是歲溫州大饑。

捐貲振濟。得旨嘉獎。加兵部尙書銜。魯王起兵紹興。號監國。其臣不奉福京之命。以兵窺溫州。有兼併意。賀君堯勒兵拒之。而于頴亦有撫浙之命。若騰疏言十羊九牧。號令不一。恐誤封疆。請自撤。不許。鄭彩之殺熊汝霖也。衆畏其勢莫敢言。若騰直揭其罪。朝士振悚。帝英明果斷。有知人鑒。而鄭芝龍專權。日事驕奢。大學士黃道周嫉之。奏請出師。窺江西。途次以門生爲託。若騰復書相勉。許。已而道周殉難。紹興之師亦潰。淸軍迫溫州。若騰與君堯力守。糧絕不繼。七上疏請援。不報。城民議欵。拒之。願以身殉。城破。率親兵巷戰。背中三矢。爲靖海營水師所救。乃由海囘閩。上疏自劾。而關兵已撤。芝龍降矣。若騰歸里。後與同志傅某等結社。擧兵圖恢復。所謂望山之師也。旣以糧盡而罷。桂王立肇慶。改元永歷。若騰上表賀。溫諭下答。方是時。招討大將軍鄭成功開府思明。招徠遺老。若騰依之。禮爲上客。軍國大事時諮問焉。永歷十八年春三月。與沈佺期許吉燝等同舟入臺。至澎湖。疾作。遂寓太武山下。臨終命題其墓曰。有明自許先生盧公之墓。年六十有六。嗣王經臨其喪。以禮葬於太武山南。今猶存。生平著述甚富。有留庵文集二十六卷。方輿互考三十餘卷。與耕堂隨筆島噫詩島居隨錄。浯洲節烈傳。印譜各若干卷。後多散佚。邑人林樹梅求數種刊之。

許吉燝福建晉江人。崇禎十六年登進士。以知縣擢刑部主事。國變後。歸里。杜門不出。及延平郡王克臺灣。遺老多依之。永歷十八年春三月。與盧若騰同舟入臺。卒於東寧。

李茂春字正青。福建龍溪人。隆武二年舉孝廉。性恬淡。風神整秀。善屬文。時往來厦門。與諸名士游。永歷十八年春。嗣王經將入臺。邀避亂搢紳東渡。茂春從之。卜居永康里。築草廬曰夢蝶。諮議參軍陳永華爲記。手植梅竹。日誦佛經自娛。人稱李菩薩。卒。塟新昌里。

郭貞一字元侯。福建同安人。崇禎十三年進士。授御史。巡撫浙東。福王立。擢右都御史。有內監不遵朝班。疏糾之。宦寺屏息。貞一所交多吉士。疏薦夏允彝陳子龍徐石麟徐汧沈廷嘉葉廷秀熊開元等。具忠愛之誠。乞召用。又言憲長王夢錫以賄遷官。選郎劉應家黷貨。乞正罪。一時風釆凜然。南都破。入閩。已而延平郡王開府厦門。禮之。後隨入臺灣。居數年卒。

諸葛倬字士年。福建晉江貢生。隆武時以薦授翰林院待詔。加御史。監鄭鴻逵軍。出浙東。已而福京破。從延平郡王於厦門。永歷時。晉光祿寺卿。同學某降清。以書來招。謂惠然肯來。監司可立致。且怵以危語。倬復書曰。聖主隆唐虞之德。小臣守箕山之操。代有其人。新朝政尚寬大。須彌大千。何問微塵。必欲相强。便當刳胸著地。勿問是肝是肉也。某得書惘然。倬後入臺。卒。

黃事忠字臣以。佚其里居。官兵部職方司。隆武時。崎嶇閩粵。疊起兵。謀光復。兵敗。母妻俱被難。事忠走厦門。依延平郡王。永歷十二年冬。偕御史徐孚遠都督張自新奉使入滇。途經越南。與國王爭禮。全命而歸。後入臺灣。

林英字雲又。福建福淸人。崇禎中以歲貢知昆明縣事。有惠政。縣人稱之。永歷立滇中。官兵部司務。及帝北狩。英亦流離淒愴。祝髮爲僧。間道至厦門。嗣入臺灣。

張士椰福建惠安人。崇禎六年中副榜。明亡。入山數年不出。耿精忠之變。避亂金門。嗣入臺。居東安坊。持齋念佛。倏然塵外。辟穀三年。惟食茶果。卒年九十有九。

黃驤陛字陟甫。福建漳浦人。大學士道周之從子也。天資醇篤。讀書數百回乃成誦。誦卽焚之。終身不忘。天啓四年舉於鄕。設敎里中。及門多成才。北都陷。與里人林蘭友合糾義旅抗賊。及福建破。浮海入臺。與徐孚遠諸人放浪湧弔。久之卒。

張灝字爲三。福建同安人。巡撫廷拱子也。萬歷朝登進士。官兵部職方司郞中。明亡。隱大嶝。後入臺灣。居於承天府之郊。淸人得臺時。施琅聞其賢。具舟送回故里。至澎湖病卒。瘗焉。年九十有五。弟瀛字洽五。崇禎十五年。舉孝廉。隨兄居臺。耦耕。壠畔。怡怡如也。後卒於臺。年八十有四。

葉后詔福建厦門人。崇禎十七年。以明經貢太學。猝遭國變。即南歸。與徐孚遠鄭郊輩爲方外七友。縱情詩酒。後渡臺灣。著鶴草五經講義。行世。

連橫曰。我始祖興位公生於永歷三十有五年。越二載。而明朔亡矣。少遭憫凶。長懷隱遯。遂去龍溪。遠移鯤海。處於鄭氏故壘。迨余已七世矣。守璞抱貞。代有潛德。稽古讀書。不應科試。蓋猶有左袵之痛也。故自興位公以至我祖我父。皆遺命以明服殮。故國之思。悠然遠矣。橫不肖。懼隕先人之懿德。兢兢業業。覃思文史。以葆揚國光。亦唯種性之昏庸是儆緬懷高蹈。淑慎其身。以無懟於君子焉。

陳永華列傳

陳永華字復甫。福建同安人。父鼎以教諭殉國難。永華方舞象。試冠軍。已補弟子員。聞喪歸。即棄儒生業。究心天下事。當是時。招討大將軍鄭成功開府思明。謀恢復。延攬天下士。兵部待郎王忠孝薦之成功接見與談時事終日不倦大喜曰復甫今之臥龍也授參軍待以賓禮永華爲人淵沖靜穆語訥訥如不能出而指論大局慷慨雄談悉中肯要遇事果斷有識力定計決疑不爲群議所動與人交務盡誠平居燕處無惰容布衣疏飯澹如也永歷十二年成功議北征諸將或言不可永華獨排之成功說命留思明輔世子嘗語經曰陳先生當世名士吾遺以佐汝汝其師事之十五年克臺灣授諮議參軍經立軍國大事必諮問焉十八年八月晉勇衛親歷南北各社相度地勢既歸復頒屯田之制分諸鎭開墾插竹爲籬斬茅爲屋以藝五穀土田初闢一歲三熟戍守之兵衣食豐足又於農隙以講武事故人皆有勇知方先公而後私東寧初建制度簡陋永華築圍柵起衙署教匠燒瓦伐木造廬舍以奠民居分都中爲東安西定寧南鎭北四坊坊置簽首理庶事制鄙爲三十四里里有社社置鄉長十戶爲牌牌有首十牌爲甲甲有首十甲爲保保有長理戶籍之事勸農桑禁淫賭詰盜賊於是地無游民番地漸拓田疇日啓其高燥者教民植蔗製糖之利販運國外歲得數十萬金當是時閩粵逐利之氓輻輳而至歲率數萬人成功立法嚴永華以寬持之險阻集物土方臺灣之人以是大治十二月請建聖廟立學校經從之擇地寧南坊二十年春正月

成。經行釋菜之禮。三月。爲學院。以葉亨爲國子助教。聘中土之儒。以教秀士。各社皆設小學。教之養之。臺灣文學始日進。永華既教民造士。歲又大熟。比戶殷富。猶恐不足國用。請經令一旅駐思明。與邊將交驩。彼往此來。以博貿易之利。而臺灣物價大平。二十八年春。耿精忠據福建。請會師。經以克𡒉爲監國。命永華爲東寧總制使。克𡒉。永華婿也。事無大小皆聽之。永華爲政儒雅。轉粟餽餉。軍無缺乏。及經歸後。頗事偷息。而馮錫範劉國軒忌之。三十四年春三月。請解兵。經不聽。既而許之。以所部歸國軒。永華見經無西志。諸將又燕安相處。鬱鬱不樂。一日齋沐入室。拜禱。願以身代民命。或曰。君秉國鈞。民之望也。已復歎曰。鄭氏之祚。不永矣。越數日逝。經臨其喪。謚文正。贈資政大夫正治上卿。臺人聞之。莫不痛哭。馳弔於家。初經知永華貧。以海舶遺之。商賈僦此貿易。歲可得數千金。不受。而自募民闢田。歲收穀數千石。比穫。遍遺親舊之窮困者。計其所存。僅供歲食而已。妻洪氏。小字端舍。賦質幽閒。善屬文。晨興盥沐。畢夫婦衣冠斂衽揖而後語。一家之內。熙皞如也。合葬於天興州赤山堡大潭山。清人得臺後。歸葬同安。子夢緯。夢球。居臺。蕃衍至今。爲邑望族。

連橫曰。漢相諸葛武侯。抱王佐之才。逢世季之亂。君臣比德。建宅蜀都。以保存漢祚。奕世稱

之永華器識功業與武侯等而不能輔英主以光復明室徬徨於絕海之上天也然而開物成務體仁長人至今猶受其賜澤深哉

林圯林鳳列傳

林圯福建同安人爲延平郡王部將歷戰有功至參軍從入臺及經之時布屯田制圯率所部赴斗六門開墾其地爲土番游獵土沃泉甘形勢險要圯至築柵以居日與番戰拓地至水沙連久之番來襲力戰不勝終被圍食漸盡衆議出圯不可誓曰此吾與公等所困苦而得之土也寧死不棄衆從之又數日食盡被殺所部死者數十人番去居民合葬之以時祭祀名其地爲林圯埔

連橫曰開闢之功大矣哉林圯埔在嘉義東北背倚層巒右控濁水居民數萬大都林氏子孫讀書力田饒有堅毅不拔之氣是豈非圯之所遺歟光緒十四年始建縣治於此名曰雲林志圯功也越五年從知縣李烇之議移斗六而林圯埔之繁盛猶故夫天下無失敗之事而千古有必成之業圯之初拓斗六門也斬荆棘逐豺狼經營慘淡未嘗一日安處乃又爲

番所迫。身死。衆亡。則圯亦自怨其敗矣。然圯沒未久。黨徒繼進。前茅後勁。再接再厲。而昔日跋扈之番。竟降伏於我族之下。日月也由我而光明。山川也由我而亭毒。草木也由我而發揚。則圯應又歎其成矣。大雅之時曰。立我蒸民。莫非爾極。我同胞其念哉。

林鳳。福建龍溪人。爲延平郡王部將。從入臺。永歷十五年。率所部赴曾文溪北屯田。則今之林鳳營也。初福建總督李率泰約合荷蘭攻臺灣。十九年。荷人據雞籠。報至。延平郡王經命勇衛黃安督水陸諸軍逐之。以鳳爲先鋒。陣沒。荷人亦敗去。經念其功。至今所墾之地已成都聚。

連橫曰。吾過曾文溪。輒臨流感歎。追懷鄭氏興亡之跡。未嘗不扼腕也。溪源自內山。水大勢急。奔流而西。以達於海。其旁平疇萬畝。禾麥芃芃。皆我族所資以衣食。長子孫者。苟非鄭氏開創之功。則猶是豺狼之域也。渡溪北行十里。爲番仔田。有碑立田中。荷文也。剝落不可讀。又十里爲林鳳營。十里爲新營。北爲舊營。東爲五軍營。西爲查畝營。是皆鄭氏屯田之地。以强兵保國者。至今猶見其威稜。而一變再變。衣冠文物。蕩然無存。唯使弔古者徘徊於落日寒村之中而已。

劉國軒列傳

劉國軒。福建汀州府人也。狀貌雄偉。懷材未遇。爲漳州城門把總。永歷八年冬十月。招討大將軍鄭成功伐漳州。國軒開門迎。參軍馮澄世奇之。爲語成功。擢爲護衛後鎭。十年秋。從中提督甘輝伐閩安。克之。十二年。從伐南京。十五年。從克臺灣。成功薨。子經嗣。分汛東寧。以國軒守雞籠山。剿撫諸番。拓地日廣。二十年。晋右武衛。駐半線。二十四年秋八月。斗尾龍岸番反。經自將討之。國軒從。遂破其社。十月。沙轆番亂。平之。大肚番恐。遷其族於埔里社。追之至北港溪。乃班師歸。自是北番皆服。二十八年。靖南王耿精忠據福建。使如東寧。約會師。經率侍衛馮錫範及六官等渡海而西。國軒從。精忠調趙得勝之兵。得勝不從。邀國軒於海澄。議奉經。經說。精忠借漳泉二府爲召募。精忠難之。於是耿鄭交惡。六月。經入泉州。精忠之將王進來攻。國軒及右虎衛許耀敗之於塗嶺。追至興化而還。七月。清軍圍潮州。精忠不能救。總兵劉進忠納欵。經遣援剿左鎭金漢臣率師援之。潮圍解。以進忠爲中提督。國軒副之。二十九年春二月。左虎衛何祐伐饒平。五月。國軒入潮。與何祐劉進忠兵數千人。狥屬邑之未下者。平南王尚可喜兵十餘萬。盡銳來攻。相持久。國軒食盡。議退於潮。尚之信麾騎晨掩祐軍。戰於鱟母山下。祐以身先旗。矯尾厲角。直貫中堅。出其左右。國軒繼之。大敗尚軍。追奔四十餘里。斬首二萬有奇。捕鹵七千。轔籍死者滿山谷。由是國軒何祐威名震於南粵。十月。經入漳州。三十年春二月。吳三桂兵至肇慶韶州。碣石總兵苗之秀東莞守將張國勳詣國軒降。尚之信降於三桂。三桂檄讓惠州於經。國軒入守之。五月。精忠守將劉應麟以汀州降。後提督吳淑入守之。七月。經調進忠於潮。不至。九月。清軍入福建。擒精忠。其將馬成龍以興化降。許耀入守之。十月。耀與清軍戰於烏龍江。敗歸。調趙得勝何祐代之。十一月。精忠守將楊德以邵武降。吳淑入守之。十二月。淑與清軍戰於邵武城下。敗歸。三十一年春正月。清軍攻興化。祐與得勝禦之。清軍縱反間。得勝戰沒。祐亦敗歸。興化遂陷。漳泉俱潰。經歸思明。六月。進忠降於三桂。尋歸清。被殺。國軒亦棄惠州。惠州之人送之。凡十府。一時俱失。經不知所爲。見國軒至。大喜。軍事盡委國軒。國軒爲將。愛士卒。信賞必罰。而出奇制勝。衆莫能測。故戰每得捷。敗亦能完。諸將皆莫及也。三十二年春正月。晋正總督。吳淑爲副。經表賜尚方劍。專征伐。諸將咸聽命焉。二月。伐漳州。下玉州三叉河福河下濟等堡。斷江東橋。以遮餉道。援軍適至。

分兵擊之。夜取石碼。數戰皆捷。遂揚帆直入鎭門。取灣腰樹馬洲丹洲諸堡。軍聲日震。當是時清軍之援漳者。福建總督郞廷相海澄公黃芳世都統胡克按兵不前。提督段應擧自泉州。寧遠將軍喇哈達都統穆黑林自福州。平南將軍賴塔自潮州。後先至。國軒及吳淑諸將。兵僅數千。飄驟馳突。略倣成功。當事者萎腇咋舌。莫敢支吾。由是國軒吳淑威名復震於閩南。閏三月。與黃芳世穆黑林戰於灣腰樹。敗之。胡克率副將朱志麟趙得壽來戰於鎭北山。又敗之。姚公子李阿哥來援。亦敗之。段應擧戰於祖山頭。復敗之。逸入海澄。遂取平和漳平。圍海澄三匝。六月。清廷以隨軍布政姚啓聖爲福建總督。吳興祚爲巡撫。趣諸軍援澄。次葛布山。三次隔帶水。高壘自完。相望而已。城中食盡。破之。段應擧自經於敵樓。總兵黃藍巷戰死。殺滿漢兵數萬。捕鹵數千。馬萬餘匹。晉國軒武平伯征北將軍。吳淑定西伯平北將軍。何祐左武衞。林陞右武衞。江勝左虎衞。士氣大振。幾五萬人。遂取長泰同安。乘勝圍泉州。狥下南安永春安溪德化諸縣。八月。清軍水陸援泉。大學士李光地寧海將軍喇哈達平南將軍賴塔自安溪出同安。巡撫吳興祚自仙遊出永春。提督楊捷自興化下惠安。總兵林賢黃鎬林子威以舟師自閩安出定海。尅期俱至。樓船中鎭蕭琛與林賢遇。未戰敗。經以宣毅後鎭陳諒援剿後鎮陳啓隆禦之於海山。國軒帥二十八鎮還漳州。築十九寨。九月。以吳淑何祐江勝等十一鎮。可二萬人。軍浦南。而自率林陞林應吳潛陳昌等十七鎮。可三萬人。軍溪西直逼漳城之北。軍容烜赫。翼日決勝於龍虎山。耿精忠爲左拒。賴塔爲右拒。啓聖在前。胡克又在啓聖之前。揮兵二萬先合。國軒敗之。啓聖亦敗。精忠親督戰。斬退縮者三人。大呼而馳。賴塔尾之。兩軍酣戰。海澄鎮鄭英吳正璽皆沒。國軒麾軍退。收拾餘兵以保灣頭。亢宿鎮施明良受啓聖賄。謀獻思明。經嬖之。常在左右。國軒入告曰。今軍破國殘。蹙地千里。殿下宜效先王之志。臥薪嘗膽。親君子。遠小人。中興之業。乃可圖也。經納其言。而明良謀之益急。國軒殺之。及施世澤。琅之長子也。爲女宿鎮。再叛再降。又與其謀。故誅之。三十四年春正月。清軍大舉伐思明。經以左武衛林陞爲督師。率諸鎮禦之。方戰而潰。國軒亦全師歸。遂入東寧。三十五年春正月。經薨。子克𡒉嗣。晉武平侯。十月。清廷以萬正色爲陸路提督。施琅爲水師提督。將以伐臺。克𡒉命國軒駐澎湖。拜正總督。假節行事。以征北將軍曾瑞。定北將軍王順爲副。擢林亮爲右虎衛。改名豪。以援剿左鎮陳諒爲右先鋒。提調陸師。右武衛林陞爲水師提調。左虎衛江勝副之。援剿右鎮邱輝。援剿後鎮陳啓明。各爲先鋒。脩戰艦。築礮壘。討軍實。以待清師。三十七年夏六月。清軍發銅山。窺澎湖。國軒知八罩嶼惡。望間當有颶至。自督精兵。强逾二萬。以戎旗一鎭吳潛守風櫃尾。果毅中鎭楊德守雞籠嶼。後提督中鎭張顯守中灣。游兵鎭陳明守四角山。中提督前鎭黃球佐之。果毅後鎭吳祿守內塹。侍衛後鎭顏國祥佐之。壁宿鎭楊章守外塹。右先鋒鎭李錫佐之。右虎衛領兵江高守東峙。侍衛殫忠營王鯉佐之。沿海巨舟。星羅棋布。環設礮城。凌師以守。邱輝請曰。彼兵遠來。乘其未定而擊之。可破也。建威中鎭黃良驥曰。先人有奪人之心。擊之便。國軒不從。已而清軍萃至。環泊花猫二嶼。輝復請襲之。不許。十六日黎明。微風振枻。鉦鼓傳喧。兩軍將合。琅以七船突入鄭䑸。國軒以林陞江勝邱輝曾瑞王順各船迎之。焚殺過當。濺血聲騰。時南潮正發。琅舟爲急流分散。國軒師合。兩翼齊攻。琅困不得出。其先鋒藍理突圍救之。礮中其胸。琅亦集矢而却。林陞幾得琅。連中三矢。不退。礮傷其股。乃退。邱輝江勝欲逐之。國軒不可。請宵戰。又不可。越六日。琅分爲八隊。每隊七船。皆三其疊。將戰。有風從西北來。滰浥蓬勃。逢迎清軍。士皆股栗。鄭艦居上風。國軒麾之。琅大驚。禱天。須臾雷發。立轉南颸。軍乃復起。國軒聞之。撫案而呼曰。天也。遂決戰。發火矢噴筒。燔焰怒張。水爲之赤。宣毅左鎭邱輝與總兵朱天貴遇。礮沈其船。往來衝突。琅督。諸舟環攻煇兩足俱傷。負痛苦戰。而勢迫。遂投火藥桶。燬船。死。左虎衛江勝之船。突入陣中。殺傷過當。諸船萃攻。亦自沈。死。征北將軍曾瑞。定北將軍王順。水師副總督江欽。右先鋒陳諒。援剿右鎮鄭仁。援剿後鎮陳啓明。護衛鎮黃聯。後勁鎮劉明。折衝左鎮林順斗宿鎮施廷。水師一鎮蕭武。水師二鎮陳政。水師三鎮薛衡。水師四鎮陳立。中提督中鎮洪邦柱。中提督右鎮尤俊。中提督後鎮楊文炳。中提督親隨一鎮陳士勛。龍驤左鎮中協黃國助。龍驤右鎮左協莊用。侍衛中鎮黃德。侍衛右鎮蔡智。侍衛驍翊協蔡添。侍衛領旗協林亮。侍衛左總轄毛興。勇衛中協張顯。勇衛左協林德。勇衛右協陳士勳。勇衛前協曾遂。中提督領兵協吳咯。中提督左協林德。中提督前協曾瑞。中提督領旗協吳福。中提督前鋒協陳陞。中提督總理協陳國俊。右武衛右協吳遜。右武衛隨征二營梁麟。水師二鎮前鋒副將李富。水師二鎮左營副將張欽。水師三鎮左營副將許端。水師三鎮右營副將林耀。援剿右鎮右營廖義。援剿前鎮前鋒營莊超。折衝鎮左營陳勇。左提督後鎮左營王受等。皆戰死。損兵一萬二千有奇。沈失大小師船一百九十四艘。戎旗一鎮吳潛守西嶼頭。遙望衆師漸沒。趣左右欲赴援。而無舟。拔劍歎曰。大丈夫既不能爲國馳驅。豈可偸生苟活。爲世所笑乎。遂。自刎。死。國軒見師敗勢蹙。乘走艑。從吼門而入東寧。與文武議奉克塽以降。瑱至。歸克塽於北京。封漢軍公。國軒授天津總兵。

連橫曰。古之所謂良將者。若白起王翦之徒。皆能闢地强兵。以輔其國。世稱功伐。彼蓋有得於時也。不然。以國軒之武略。使乘風雲而建旗鼓。豈不足烜赫一世。而終爲敗軍之將者何哉。語曰。大厦將傾。非一木所能柱。吳淑何祐。皆負驍勇。而亦無名。時之不得假也。悲夫。

臺灣通史卷三十

臺南　連雅堂　撰

施琅列傳

施琅字琢公。福建晉江人。少從戎。唐王立福州。授左先鋒。爲平西侯鄭芝龍部將。已而芝龍降清。子成功起兵安平。琅及弟顯從之。收兵南澳。得數千人。遂略有金廈。琅年少。號知兵。恃才而倔。有標兵得罪。逃於成功。琅擒治。馳令勿殺。竟殺之。成功怒。捕琅。逮其家。殺琅父及顯。顯時爲援剿左鎭。琅夜佚。顧四寨環海。無可問渡。匿荒谷中。三日餓且死。適佃兵鋤園。見之。告以故。佃兵聞其才也。飯之。成功購琅急。曰。此子不來。必貽吾患。令國中匿者族。琅乃偕佃兵之所部蘇茂家。茂大驚失色。留二日。捕者跡至。茂伏諸臥內。幸無事。顧不可久留。乃假以一舟一劍一豎子。夜渡五通。入安平。久之降清。授同安副將。遷總兵。康熙元年。擢水師提督。二年。從伐兩島。以功加右都督。四年。掛靖海將軍印。疏請攻臺。夏四月。軍出銅山。至外洋。爲颶飈散而還。六年。清廷命孔元章至臺議欵。延平郡王經不從。琅聞之。上疏。七年。復上。略曰。鄭經竄逃臺灣。負隅恃固。去歲朝廷遣官招撫。未見寔意歸誠。伏思天下一統。胡爲一鄭經餘孽。盤踞絕島。而折五省邊海地方。畫爲界外。以避其患。況東南膏腴田園及所產魚鹽。最爲財賦之藪。可資中國之潤。不可以塞外風土爲比也。倘不討平臺灣。匪特賦稅缺減。民困日蹙。卽邊防若永爲定例。錢糧動費加倍。是輸外省有限之餉。年年協濟兵食。何所底止。萬一有懼罪弁兵。冒死窮民。以爲逃逋之窟。似非長久之計。且鄭成功之子有十。遲之數年。並皆長成。若有一二機智才能。收拾黨類。結連外島。聯絡土番。羽翼復張。終爲後患。我邊海水師雖布設周密。以臣觀之。僅能自守。若欲使之出海征剿。寔亦無幾。況此精銳者老。習熟者疎。何可長恃。查自故明時。原住澎湖百姓。有五六千人。原住臺灣者。有二三萬。俱係耕漁爲生。至順治十八年。鄭成功挈去水陸官兵眷口。計三萬有奇。爲伍操戈者。不滿二萬。康熙三年。鄭經復挈去官兵眷口。約六七千。爲伍操戈者。不過四千。然此數年。彼處不服水土。病故及傷亡者五六千人。歷年渡海窺伺。被我水師擒殺者。亦有數千。相繼投誠者。復有數百。今雖稱三十餘鎭。皆係新拔。並非夙練之才。或轄五六百兵。或二三百。計之不滿二萬。船隻大小不及二百。散在南北二路。墾耕而食。相去千有餘里。鄭經承父餘業。智勇不足。戰爭匪長。各鎮亦皆碌碌之流。不相聯屬。而中無家眷者十有五六。豈無故土之思乎。鄭經之得馭數萬之衆。非有威德制服。寔賴汪洋大海爲之禁錮。如一意招撫。則操縱之權在乎鄭經。若大師壓境。則去就之機在於有衆。是爲因剿寓撫之法。夫大師進剿。先取澎湖以扼其要。則形勢可見。聲息可通。然後遣員往宣德意。若鄭經勢窮向化。可收全績。倘頑梗不悟。俟風信調順。卽率舟師聯䑸。直抵臺灣。據泊港口。以牽制之。一往南路打鼓港。一往北路蚊港海翁港。或用招誘。或圖襲取。使其首尾不得相顧。自相疑慮。彼若分則力薄。合則勢蹙。於以用正用奇。相機調度。次第攻擊。可取萬全之勝。倘彼踞城固守。則先淸剿其村落黨羽。撫輯其各社土番。狹隘孤城。僅容二千餘衆。以得勝之卒。攻無援之城。卽使不破。亦將有垓下之變。固可計日而平矣。夫興師所慮。募兵措餉。今沿邊防守經制及駐紮投誠閒曠官兵。皆爲臺灣而設。如聽臣會同督提諸臣挑選精銳。用充征旅。無事徵募。動費之煩。此等兵餉。征亦用。守亦用。與其束手坐食於本汛。何如簡練東征於行間。至脩整船隻。就於應給大脩銀兩領收。可無額外動支。若不足用。則浙粵二省水師亦爲防海設立。均可選用。仍行該省督提選配官兵。各舉總兵一員。領駕協剿。安配定妥。毋論時日。風信可渡。立即長驅。利便之舉。誠莫過於此者。詔琅入京。詢方略。授內大臣。裁水師提督。盡焚戰船。示無南顧之意。二十年。大學士李光地奏言。經死。克塽幼。諸部爭權。攻之必克。因言琅習海。可專任。閩浙總督姚啓聖亦薦之。再授福建水師提督。加太子太保。琅至軍。簡練舟檝。籌出師。二十一年秋七月。彗星見。給事中孫蕙疏請緩伐臺灣。尚書梁清標亦以爲言。詔且止軍。琅意銳。復奏曰。我皇上御極以來。宇內廓清。無思不服。唯鄭氏抗逆顏行。深費南顧之憂。臣復荷起用。重臣以水師提督之任。責臣以平定臺灣之患。面奉天語。溫諭諄諄。銜命以來。兼程疾走。抵廈視事。至本年四月終。方得船堅兵練。事事俱備。移請寧海將軍臣喇哈達侍郎臣吳努春閱看。臣卽於五月初三日。會同督臣姚啓聖統率舟師。至銅山。以俟夏至南風。當令聯綜進發。第督臣以五月初一日。准部咨以進剿臺灣關係重大之旨。隨轉意不前。三軍側聽。一盡解體。臣自初七日與督臣決計進取。力爭十餘日。至十六日。將軍二臣抵銅山營所。臣又面懇將軍。而督臣終執旨意。臣不便抗違。姑聽主疏展期。寔非臣之本意。本月初七日。承准兵部劄付。以寧海將軍喇哈達等疏。稱督臣提臣謂南風不如北風。臣深爲駭異。竊思臣在銅山。與將軍二臣言。並無此語。且日與督臣爭執南風進勦。不惟三軍皆悉其情。通省士庶亦無不知。且督臣日遣各總兵分道勸臣。權依督臣之議。令將軍二臣具疏。竟不分晢明白。陷臣推諉不前。若非皇上寬置不究。則臣先後具疏。自相矛盾。罪當萬死。夫南風之信。風輕浪平。將士無暈眩之患。且居上風上流。勢如破竹。豈不一鼓而收全勝。臣見督臣意堅。難以挽回。故聊遣趕繒快船三十二號。令隨征總兵臣董義投誠總兵臣曾成等領駕前往澎湖。瞭探消息。據其回報。來去無阻。見有明徵矣。臣年六十有二。血氣未衰。尚堪報稱。今若不使臣乘機撲滅。再加數年。將老無能。是以臣鰓鰓必滅此朝食。如蒙皇上信臣愚忠。獨任臣以軍事。令督撫二臣催載糧餉接應。俾臣整頓官兵。時常操演。勿限時日。風利可行。則出其不意。攻其無備。何難一鼓而平。若事不效。治臣之罪。伏乞皇上大賜乾斷。決策嚴旨。事必見效。民生幸甚。封疆幸甚。許之。

二十二年春。治兵於海。光地假歸。邂逅逆旅。詢以衆言南風不利行軍之故。琅曰。非也。北風猛烈。入夜更甚。自此至澎。魚貫而行。幸而不散。然島嶼悉爲敵踞。未能一鼓奪之。無可泊舟。風濤振撼。軍不能合。將何以戰。若夏至前後二十餘日。風微夜靜。海水如練。可以碇泊。聚而觀釁。舉之必矣。故用北風者。邀倖於萬一。而南風則十全之算也。光地躄之。六月十四日。發銅山。會於八罩嶼。以窺澎湖。鄭將劉國軒守之。知八罩嶼惡。六月望間。當有颶至。自督精兵。強逾二萬。蜂擁於風櫃尾牛心灣等處。又率林陞邱輝江勝陳起明王隆吳潛等將。集於雞籠嶼。環設礮城。淩師守之。琅令大小戰艦。於風帆大書將帥姓名。知進退。定賞罰也。十六日黎明。微風振柂。鉦鼓傳喧。兩軍將合。琅令藍理曾誠吳啟爵張勝許吳阮欽爲趙邦式等七船。突入鄭艅。焚殺過當。濺血聲喧。時南潮正發。前鋒數船爲急流分散。鄭師復合兩翼齊攻。琅望藍理之船。度其不能強出。自將坐船突圍赴援。理傷礮還。琅亦集矢於目。夜收八罩。十八日。以甲裳裹首。集諸將。中軍令自總兵以下。皆按以失律罪。將斬之。諸將匍伏祈請。許以立功自贖。兵氣復振。取虎井嶼。明日。琅獨駕小舟。潛偵諸砦。還令諸軍鑿井。澎水多鹹。泉竟甘出。衆大喜。二十二日。誓師。分爲八隊。每隊七船。皆三其疊。自統一隊居中調度。以八十餘舟爲後援。五十舟從東畔嶼綴其歸路。五十舟從西畔牛心灣內外塹爲疑兵牽制。將戰。有風從西北來。渰浥蓬勃。逢迎清軍。士皆股栗。琅循師大呼曰。唯天唯皇上之靈。尚克相余。天乃反風。軍復大喜。兩軍大戰。水爲之赤。總兵朱天貴戰死。總兵林賢亦重傷。自辰至於日中。未有勝負。琅策勵諸將。奮勇爭先。鄭將林陞邱輝江勝陳起明吳潛王隆等皆沒。焚燬大小戰艦幾二百艘。軍萬餘人。國軒知勢蹙。乘走舸自吼門出。以入東寧。澎湖既破。克塽遂降。琅命二等侍衞吳啓爵先入臺灣。諭官民薙髮。八月十八日。琅至。克塽迎之。越數日。刑牲奉幣。告於成功之廟曰。自同安侯入臺。臺地始有居民。逮賜姓啓土。世爲巖疆。莫可誰何。今琅賴天子之靈。將帥之力。克有茲土。不辭滅國之罪。所以忠朝廷而報父兄之職分也。但琅起卒伍。於賜姓有魚水之歡。中間微嫌。釀成大戾。琅於賜姓。剪爲讐敵。情猶臣主。蘆中窮士。義所不爲。公義私恩。如是則已。言畢淚下。臺人聞之。爲嗟歎曰。父仇一也。隕公辛賢於伍員矣。捷書至闕。上大喜。解御袍賜之。封靖海侯。世襲罔替。仍管水師提督事。命侍郎蘇拜至福建。與督撫及琅議善後。廷議以臺灣險遠。欲墟其地。琅疏言不可。旨下議政王大臣會議。仍未決。復詢廷臣。大學士李霨請從琅議。啓聖亦言收臺之利。乃設府一縣三。駐巡道。隸福建。調水陸兵。以總兵鎭之。已又奏減臺灣地租。許之。二十四年。請申嚴海禁。二十七年。入覲。優旨嘉錫。三十五年三月。薨於位。年七十有六。贈太子少傅。賜祭葬。謚襄壯。雍正十年。詔祀賢良祠。子世範襲爵。六子世驃亦有名。

世驃以行伍出身。爲守備。從父伐澎湖。有功。累遷至總兵。康熙四十七年。陞廣東陸路提督。

五十一年。調福建水師提督。六十年夏五月。朱一貴起兵臺灣。攻陷府縣。號中興王。世驃聞報。集諸將議。以廈門爲閩南門戶。而避亂者踵至。慮有變。嚴兵防堵。自率師船赴澎湖。而總督滿保已檄南澳鎭總兵藍廷珍會師矣。六月十三日。以林亮董方爲先鋒。進攻鹿耳門。克之。又破安平。迫府治。一貴凌師以拒。大戰於二鯤身。廷珍亦率所部助戰。一貴北走。追之入府治。而世驃已先一日傳令水陸合擊。駐南較場。閏六月。一貴被禽。檻致北京。餘黨亦次第平。八月十三日。怪風暴雨相逼。爲災。兵民多死。世驃終夜露立。遂病。九月卒於軍中。下旨悼恤。贈太子太保。賜祭葬。諡勇果。

藍理字義甫。又號義山。福建漳浦人。少桀驁自大。不屑與群兒伍。偉軀幹。力可舉八百斤。以事下獄論斬。耿精忠之變。縱之。令赴藩下效力。不從。聞康親王伐閩。間道出仙霞關。謁軍前。王嘉其勇。命從軍。以功授松溪營游擊。未幾。遷參將。又以罪下獄。康熙二十三年。清軍伐臺灣。靖海將軍施琅聞其勇武。奏赦之。署提標右營游擊。爲先鋒。有二卒市薪。爲提標噶叭什所毆。且詆理。理禽斬之。竇文飛報曰。今日上吉。先鋒啓行。琅聞之不說。既而曰。虎將也。必成功。率師隨之。戰於澎湖。理入鄭艅中。礮腸流出。族子法侍側。裂帛以裹。理猶奮鬪。鄭師復合殺傷過當。琅度其船終不能强出。自駕救之。夜收八罩。上其功。至舟詔勞。其後再戰。戒左右勿使理知。琅舟遇險。不能出。諜者飛報。理負創起。趣救之。獲勝。臺灣平。紀功第一。乞歸省。越二載入京。過趙北口。遇鹵薄舍騎入梁園中上遣侍衞問誰騎理出伏地。奏曰臣藍理從福建來者。曰是征澎湖拖腸血戰之藍理否。對曰是。問血戰狀。解衣視之。復召至行宮。授陝西神木副將。未行。改授宣化府總兵官。掛鎭朔將軍印。數年移鎭天津。遷福建陸路提督。後以罪入旗。越數載賜還。卒於家。

吳英字爲高。泉州人。寄籍莆田。康熙二年。以金廈戰功。授都司。耿精忠之變。爲浙江提督左軍游擊。會寧海將軍視師。問誰可膺大任者。提督以英對。遂授先鋒。歷戰有功。擢副將。任閩浙總督中軍。尋鎭同安。時沿海遷界。民失其業。値歲凶。請總督姚啓聖許民出海採捕。全活甚衆。移興化鎭。二十二年夏六月。清軍伐臺灣。遂統陸師爲副。克澎湖。駐師東寧。數月。禁暴詰奸。市肆不擾。凱旋入覲。溫旨嘉褒。調舟山。尋擢四川提督。凡十一年。授福建陸路提督。嗣改水師。後以年老乞休。加威略將軍。卒。贈太子少保。臺人建祠郡治。今圮。

朱天貴。福建莆田人。爲延平郡王部將。任樓船左鎭。康熙十九年。清軍伐思明。從督師林陞禦之。及戰而降。授總兵。歷任至平陽鎭。二十年。總督姚啓聖奏調福建。明年夏六月。靖海將軍施琅伐臺。天貴從之。大戰於澎湖中礮死。啓聖上其功。詔贈太子少保。謚忠壯。是時平臺立功者。有海壇總兵林賢。金門總兵陳龍。銅山總兵陳昌。廈門總兵楊嘉瑞。副將蔣懋勛。林葵。詹六奇。參將羅士珍。游擊林瀚。王朝俊。許毅。張勝。何應元。曾成功。吳輝。趙邦式。二等侍衛吳啓爵。各晉封有差。

連橫曰。施琅爲鄭氏部將。得罪歸清。遂藉滿人以覆明祀。忍矣。琅有伍員之怨。而爲滅楚之謀。吾又何誅。獨惜臺無申胥。不能爲復楚之舉也。悲夫。

吳球劉却列傳

臺灣歸清以後。人思故國。時謀光復。民變之役。凡十數起。而吳球爲首。球明之遺民也。居於諸羅之新港。素有志。與草澤豪傑圖舉大事而未發也。朱祐龍者。明裔也。國變後。居村落。與球素往來。祐龍亦有志者。康熙三十五年秋七月朔。球家設蘭盆會。演劇。至者十數人。其妹婿陳樞適來訪。樞爲鳳山縣糧吏。方侵吞官穀。慮事覺而罪也。是夜。球留宴。衆歡呼狂飲。席間有言官吏暴狀者。皆歎息。球曰。吾輩亡國之人。賤於豚犬。生死宰割。權操自彼。亦唯自怨其不辰。爾夫何言。樞聞之。憤起曰。諸君豈皆無血氣哉。大丈夫亦好自爲爾。球曰。弟固有心者。特患少同志。爾衆皆曰。吳大哥苟有所命。生死以之。時悉被酒。球復言曰。吾輩久遭殘暴。全臺憤怨。今若舉大事。推祐龍兄爲首。以復明之旨。號召四方。則我臺同志。必有助我者。舉杯爲誓。約期起兵。各散去。樞匿球家。招募漸衆。其黨余金聲與保長林盛友。約相助。盛伴許之。夜奔郡告變。郡吏聞。檄北路參將陳貴往捕。球謀拒之。初八日。集衆列械以待。分告南北。而召募未成。諸人疑懼不敢應。兵至。球力戰不敵。被捕。樞等六人亦同俘。燬其居。下郡訊。乃悉其謀。皆戮之。祐龍走入山。越五年。而有劉却之變。

劉却亦諸羅人。爲管事。精技擊。以武力雄一鄉。四方無賴群附之。歃血爲盟。集健兒數百。所居村。盜無敢入者。衆中有謀起事者。慮却不許。乃夜燃樟腦瓦上。火光熊熊。上灼雲漢。却見之。大驚。衆相聚語。以爲吉兆。却頗自負。遂謀起事。當是時。明室雖亡。而種性之念。尚濡人心。且臺自歸淸後。視之亦不甚惜。守土官又無能爲。却輕之。穴地於舍。伴寘田器。治軍械。約日舉兵。康熙四十年冬十二月初七日。遍召其黨。揚旗擊鼓。攻下茄苳營。燬之。襲茅港尾。入市中。汎兵見而走。附近熟番亦爲亂。掠刧民家。却退次急水溪。北路參將白通隆整軍以禦。鎭道兩標亦發兵援之。十二日。官兵大集。戰於急水溪。殺傷相當。已而却敗。黨人陳華何正等十餘人皆死。却入山。衆各散去。越二年。又謀起事。往來北港。密集其徒。二月上旬。至秀水莊。爲官兵偵知。却執棒立門外。上下飛擊。當者莫不辟易。乃火其居。奪圍出。中彈仆。擒之。解郡。戮於市。長子某亦杖斃。妻孥皆發配。

連橫曰。吳球劉却以編戶之細民。抱宗邦之隱痛。奮身而起。前後就屠。人笑其愚。我欽其勇。烏乎。此豈有激而爲者歟。

朱一貴列傳

朱一貴。少名祖。漳之長泰人。或言鄭氏部將也。明亡。後居羅漢內門。飼鴨爲生。地遼遠。政令莫及。性任俠。所往來多故國遺民。草澤壯士。以至奇僧劍客。留宿其家。宰鴨煑酒。痛譚亡國事。每至悲獻不已。當是時。昇平日久。守土恬嬉。絕不以吏治民生爲意。一貴心易之。康熙六十年春。鳳山知縣缺。知府王珍攝縣篆。委政次子。事苞苴。徵稅苛刻。縣民怨之。又以風聞治盟歃者數十人。違禁入山伐竹數百人。衆莫可訴。黃殿者亦羅漢門人。與一貴善。謀起兵誅貪吏。集衆數百人。三月。李勇吳外鄭定瑞等相率至一貴家。聚謀曰。今地方長官但知沉湎槫蒲。爾政亂刑繁。兵民瓦解。欲舉大事。此其時矣。一貴曰。我姓朱。若以明朝後裔。光復舊物。以號召鄉里。則歸者必衆。僉曰可。四月十九日。李勇吳外鄭定瑞王玉全陳印等五十有二人。就黃殿家奉一貴爲主。焚表結盟。椎牛饗士。至者千數百人。樹紅旗。書大元帥朱。夜攻岡山汛。克之。報至。總兵歐陽凱議出師。中營游擊劉得紫請行。弗許。命右營游擊周應龍率兵四百往。又白道府。遣臺灣縣丞馮廸調新港目加溜灣蕭壠麻豆四社番隨行。是日小雨。應龍行五里。駐半路店。翌日復行十五里。屯角帶圍。一貴出槺榔林。敗把總張文學。多獲軍裝。應龍隔一溪。不能救。遂略大湖而去。粵人杜君英居鳳山之下淡水。聞一貴起兵。揭旗應。有衆數百人。而郭國正翁義起草潭。戴穆江國論起下埤頭。林曹林騫林璉起新園。王忠起小琉球。皆願從君英。約一貴共事。於是一貴移屯岡山之麓。應龍至小岡山。兩軍遇戰。一貴退駐袁交友莊。應龍亦收兵回二濫。縱焚掠。土番乘勢多殺人。所在騷動。進紮楠梓坑。而君英已破下淡水汛矣。南路營參將苗景龍請援。應龍至赤山。一貴君英合擊之。踉蹌走。千總陳元戰死。把總周應遂被禽。一貴逐之。迫府治。君英亦別破鳳山。殺把總林富。守備馬定國戰敗自刎死。苗景龍走萬丹。爲郭國正所殺。以其頭獻一貴。郡中驟聞赤山之敗。譁然大震。文武各遣眷脊遁。先後駕舟出鹿耳門。士民亦相率逃竄。總兵歐陽凱率兵千餘出駐春牛埔。水師副將許雲亦率兵五百來會。時尚未有城也。軍中夜驚。鎭兵四散。黎明稍集。四月晦。一貴兵至。許雲拒戰。水師奮勇。陸師繼之。一貴稍却。屯芊蓁林。五月朔。一貴復至。君英亦率所部來。衆可數萬。鎭兵未戰而潰。把總楊泰刺歐陽凱墜馬。衆馘其首。守備胡忠義千總蔣子龍把總林彥石琳皆死。游擊劉得紫守備張成俱被禽。許雲力戰。與游擊游崇功千總林文煌趙奇奉把總李茂吉皆陣沒。餘各駕舟逃。巡道梁文煊知府王珍同知王禮臺灣知縣吳觀域縣丞馮廸典史王定國諸羅知縣朱夔典史張靑遠偕走澎湖。君英先入駐鎭署。一貴繼至。駐道署。出示安民。禁殺掠。開赤嵌樓。鄭氏以貯軍器。四十年來莫有啓者。得大礮刀鎗硝磺彈藥甚多。是日諸羅縣人賴池張岳鄭惟晃賴元改萬和尚林泰蕭春等起兵應。越三日破縣治。北路營參將羅萬倉戰死。賴池張岳以其首來獻。衆見全臺俱得。奉一貴爲中興王。一貴冠通天冠。黃袍玉帶。築壇受賀。祭天地列祖列宗及延平郡王。遵故明建元永和。布告中外曰。在昔胡元猾夏。竊號神州。穢德彰聞。毒遍四海。我太祖高皇帝提劍而起。群士景從。以恢復區宇。日月重光。傳之萬禩。逆闖不道。弄兵潢池。震動京師。帝后殉國。地折天崩。椎心泣血。東南忠義。再造邦基。秣馬厲兵。方謀討賊。何圖建虜乘隙而入。藉言仗義。肆其窮凶。竊據我都邑。奴僇我人民。顛覆我邦家。殄滅我制度。長蛇封豕。搏噬無遺。遂使神明冑子。降爲輿臺。錦繡江山。淪於左衽。烏乎痛哉。延平郡王精忠大義。應運而生。開府思明。經略閩粵。旌旗所指。喋血關河。使彼建虜疲於奔命。則有熊羆之士。不二心之臣。戮力同仇。效命宗國。南京之役。大勳未集。移師東下。用啓臺灣。率我先民。以造新邑。遙奉正朔。永戴本朝。蓄銳養精。俟時而動。雖張堅之王扶餘。田橫之居海島。史策所載。猶未若斯之烈也。天未厭禍。大星遽殞。興王之氣。猝爾銷沈。然東都片壤。猶足以抗衡海上。焉嗣王沖幼。輔政非人。大廈將傾。一木難柱。以故權奸竊柄。偷事宴安。叛將稱戈。甘爲罪首。滄海橫流。載胥及溺。茫茫九州。無復我子孫託足之所矣。哀哉。夫盛衰者時也。强弱者勢也。成敗者人也。興亡者天也。古人有言。炎炎之火。可焚崑岡。是以夏后一成。能復故國。楚人三戶。足以亡秦。況以中國之大。人民之衆。忠臣義士之眷懷本朝。而謂不足以誅建虜者乎。不佞世受國恩。痛心異族。竄逃荒谷莫敢自遑佇苦停辛垂四十載今天啓其衷人思其舊揆時度勢否極泰來爰舉義旗爲天下倡群賢霞蔚多士雲興一鼓功成克有全土此則列聖在天之靈實式以憑而中興之運可操左劵也夫臺灣雖小固延平郡王肇造之土也絕長補短猶方千里重以山河之固風濤之險物產之饒甲兵之足進則可以克敵退則可以自存博我皇道宏我漢京此其時矣唯是新邦初建庶事待興引企英豪同襄治理然後奬帥三軍橫渡大海會師北伐飲馬長城擣彼虜庭殲其醜類使胡元之轍復見於今斯爲快爾所望江東耆艾河朔建兒嶺表孤忠中原舊曲各整義師以匡諸夏則齊桓攘夷之業晉文勤王之勞赫赫宗盟於今爲烈其或甘心事敵以抗顏行斧鉞之誅罪在不赦夫非常之原黎民所懼救國之志人有同心敢布區區咸知大義二三君子尙克圖之於是大封諸將以王玉全爲國師王君彩洪陳爲太師杜君英陳福壽李勇吳外翁飛虎陳印戴穆鄭定瑞郭國正顏子京楊來黃殿劉國基黃日昇江國論王忠林曹薛菊林騫林璉陳正達張秀賴池賴元改鄭惟晃鄭文苑陳成等爲國公張岳不受公爵爲將軍陳燦蘇天威等爲侯張阿山卓敬陳國進等爲都督蕭斌詹遴爲尙書內閣辦事廰恩林玉爲輔弼大將軍文自部科以下武自副參以下凡數十人鄭定

瑞蘇天威尤驍勇。命率兵三千。守鹿耳門。飭兵民。蓄髮。復明制。初君英入府時。欲立其子會三爲王。衆不服。君英恚甚。每事驕蹇。掠婦女七人。閉署中。一貴出令禁淫掠。戴穆强娶民女。一貴殺之。洪陣私鬻官劄。亦殺之。衆震悚。君英所掠女。有吳外戚屬。外請釋。不聽。怒欲相攻。一貴曰。立國之初。宜嚴法典。如此妄舉。何以長民。遣楊來林璉讓之。君英不從。且拘使。一貴怒。命李勇郭國正討之。君英敗。率粵人數萬北走虎尾溪。駐猫兒干。淡水營守備陳策聞變。勒兵守要害。有范景文者。潛入境。謀起事。被殺。策急遣人渡厦門請救。方是時。閩浙總督覺羅滿保旣接臺變之報。兼程赴厦。檄南澳鎭總兵藍廷珍出師。而水師提督施世驃已先赴澎湖矣。六月十六日黎明。清軍抵鹿耳門。天威率兵據險。礮臺亦發礮以拒。別以小舟往來奮擊。清軍前鋒林亮董方以六巨舟冒死進。發礮還攻。兩軍合戰。濺血聲喧。迄未勝負。亮望礮臺火藥堆積。彈中其中。轟然大震。烈焰燔空。天威退安平。清軍復至。與定瑞列兵迎壘戰數時。亮方陷陣。廷珍率大隊繼之。衆可五千。天威退駐東都。翌日。一貴遣楊來顏子京張阿山翁飛虎率兵八千餘人取安平。清軍拒戰。別以一隊會戰於四鯤身。及暮始息。越日復戰於塗墼埕。其明日。一貴以李勇吳外張阿山翁飛虎陳印楊來郭國正等統兵數萬。駕牛車。

列盾爲陣。復取安平。大戰於二鯤身。飛虎氣銳。率所部烏龍旗爲先鋒。驅車擁盾。冒礮火衝突而至。大隊繼之。頗殺傷。清軍不能當。瞟眙相視。廷珍見勢迫。親督大礮連環齊發。盾不能禦。飛虎棄車而走。短兵接戰。死傷枕籍。清軍援至。又以礮船附岸夾擊。飛虎猶力戰。終不敵。乃退保東都。一貴議戰守之計。王玉全曰。東都之險。在於安平。安平已失。無險可據。不知退守。諸羅。扼財賦之區。用民番之衆。表裡山河。猶無害也。江國論曰。古人有言。臥榻之側。豈容鼾睡。今清軍在安平。戰勝而驕。臣願率一旅。從西港仔偏襲之。邀天之幸。乃爲後圖。一貴曰。將軍爲國效命。忠勇可嘉。命林曹。黃殿。林驁。林璉等偕往。世驃接報。密遣林亮。董方。魏大猷洪平以兵千二百名來拒。翌早。廷珍知其事。急晤世驃曰。謀必出於萬全。豈可怙勝輕舉。聞敵多在蕭壠麻豆之間。西港仔乃其肘下。距府不遠。呼應立至。又多竹林。可埋伏。彼如以數千人分布要害。四面掩擊。則我軍危矣。世驃瞿然曰。如何。廷珍曰。我當親往。二十一日初昏。留所部三分之一。會攻府治。率舟師五千五百餘人而進。而國論已與林亮。董方大戰於蘇厝甲。清軍將敗。廷珍分兵八隊。自領麾下五百爲中軍。國論邀戰。呼聲動地。無不奮勇突擊。死傷相當。然清軍勢盛。乃收軍而退。薄暮至犁頭店。夜往刼營。廷珍有備。不利。翌日復戰於木柵。世驃亦率軍以攻府治之南。一貴自率諸將拒戰。自晨至於日旰。營壘盡失。乃率所部而北。世驃。廷珍以次入郡。捷報廈門。總督滿保以廷珍署臺灣總兵。命與泉道陶範賚上諭至臺。並署臺廈道事。汀州知府高鐸知臺灣府。建寧通判孫魯署臺灣府同知。兼攝縣事。海澄知縣劉光泗署鳳山。漳浦知縣汪紳文署諸羅。一貴之北去也。駐大穆降。廷珍以參將王萬化林政等南下。收鳳山縣。顏子京鄭定瑞等拒戰不利。遂被殺。以游擊林秀薄有成等攻大穆降。一貴走灣裡溪。清軍追之。走下茄苳。初漳浦人王仁和往來溝尾莊。與莊人楊石善。知其族楊旭楊雄等爲一方巨擘。可與謀。以言餂之。石許焉。仁和密告廷珍。各與以守備千總銜劄。令禽一貴。而蘇山黃遵爲李祖賚書於楊旭。亦與謀。於是密糾溝尾等莊鄉壯以待。閏月初五日。一貴率千數百人至旭雄。椎牛饗之。許號召六莊子弟以助。一貴曰能如是。豈唯孤受其賜。其自太祖以下實嘉賚之。翌日赴月眉潭莊。雄邀其歸。薄暮大雨。分所部居集六莊鄉壯佯爲守護。潛以水灌所帶之礮。夜闌大呼。一貴驚起。伏者盡出。遂被禽。王玉全翁飛虎張阿山在焉。吳外陳却率衆突圍出。餘多走。旭縛一貴。置牛車。赴八掌溪。交游擊林秀解赴世驃營。廷珍會訊。一貴岸然立。廷珍叱之跪。不從。廷珍罵曰。朝廷深仁厚澤。待汝不薄。

汝何反。速自陳。一貴曰。孤爲大明臣子。興師光復。何言反。汝等。堂堂漢人。甘心事虜。乃眞反。爾。廷珍怒。命捶其足。至不能立。伏地而號。顧飛虎曰。大丈夫死。忠義。爾事之不成。天也。卿其無懟。對曰。君有所命。敢不勉從。於是檻送廈門。滿保命解赴北京。初賴池張岳既據諸羅北路營千總陳徽把總鄭高遯入山。已而起兵來奪。殺賴元改。以其頭祭參將羅萬倉。一貴聞報。檄翁飛虎江國論救之。復得諸羅。至是廷珍命游擊朱文福謝希賢等率兵至萬和尚被殺。楊來亦爲大排竹人所戮。於是吳外陳印李勇陳正達林曹林騫林璉鄭惟晃張看等次第被禽。淡水營守備陳策已引兵南下半線。謝希賢亦以兵北上。與援淡之軍合。先是一貴起兵時。下淡水莊粵族侯觀德李直三等不從。獨建大清義民旗。聯絡各莊。籌戰守。一貴遣陳福壽劉國基薛菊王忠劉育等率衆數萬攻之。六月十九日。大戰於下淡水溪。劉育陣沒。福壽敗自刎。爲左右所救。乃入山。劉國基薛菊王忠俱奔瑯𤩝。外委陳章聞之。與林尙蘇庚駕船往說以投誠。三人皆首肯。有提督差官至。舉動傲岸。責以拜跪。王忠曰。今若此。至郡可知。遂遁去。章以劉國基薛菊見廷珍。七月。江國論鄭元長集餘黨。樹旗於阿猴林。廷珍發兵往。國論元長俱竄北路。差員張騰霄邀之。俱至。杜君英之去也。久處羅漢門山中。及聞陳福壽就撫。心稍動。廷珍檄守備施恩陳祥說降。君英恐被紿。欲見福壽。詢情實。廷珍卽命福壽往。君英果出。越三日。其子會三亦出。皆留署中。居有頃。廷珍呼君英等至幕下。紿之曰。頃得制府來書。欲授若輩備弁。今有船可速赴廈考驗。國論不可。廷珍叱曰。汝福薄。固知非有官相者。君英許諾。國論知不可留。亦請行。遂與陳福壽鄭元長杜會三俱赴廈門。滿保奏解北京。與一貴對質。訊之日。刑官問一貴曰。汝一匹夫。敢謀大逆。果何爲者。一貴曰。欲復大明。爾於是與李勇吳外陳印王玉全翁飛虎張阿山俱被磔。親屬同坐。杜君英杜會三陳福壽以就撫故。斬於市。黃殿江國論鄭元長等亦先後就戮。唯王忠竄入後山卑南覓。數年乃獲。詔以臺變文武諸員令總督提督會審。十二月十八日悉斬於臺灣。而一貴之役。次第平。

連橫曰。朱一貴之役。漳浦藍鼎元從軍。著平臺紀略。其言多有可採。而曰臺人平居好亂。既平復起。此則誣衊臺人也。吾聞延平郡王入臺之後。深慮部曲之忘宗國也。自倡天地會而爲之首。其義以光復爲歸。延平既沒。會章猶存。數傳之後。遍及南北。且橫渡大陸。浸淫於禹域。人心今之閩粵尤昌大焉。婆娑之洋。美麗之島。唯王在天之靈。實式凴之。然則臺灣之人。固當以王之心爲心也。顧吾觀舊志。每蟻延平大義。而以一貴爲盜賊者。矣夫中國史家原無定見。成則王而敗則寇。漢高唐太亦自幸爾。彼豈能賢於陳涉李密哉。然則一貴特不幸爾。追翻前案。直筆昭彰。公道在人。千秋不泯。鼎元之言。固未足以爲信也。

歐陽凱列傳

歐陽凱。福建漳浦人。康熙五十七年。任臺灣鎭總兵。加左都督。六十年春。朱一貴謀起事。有粵人高永壽者。負販爲生。途次見一病人餓且死。救之。亦不問其姓名。一日至南路。遇之。欷歔感泣。引入山。置酒待。偕見一貴。刀鎗森列。具言起兵事。邀入黨。佯許之。乘間走赴南路營告變。弗信。至府復告。鎭署凱亦弗信。且以爲狂。會巡道梁文煊鞫問。坐妖言惑衆論死。從寬遞回原籍。方是時。文恬武嬉。固不以治亂爲意。已而一貴果起事。破岡山汛。報至。中營游擊劉得紫請行。不許。右營游擊周應龍。龐然魁偉。議論風生。令以兵四百人往。大敗而逃。一貴逐之。迫府治。凱率鎭兵出駐春牛埔。軍中夜驚。黎明稍集。五月朔。一貴來攻。鎭兵內亂。把總楊泰刺凱墜馬。馘首去。右營守備胡忠義。千總蔣子龍。把總林彥。石琳皆戰沒。府治遂陷。事平。詔贈太子少保。賜祭葬。廕一子以守備用。忠義陝西長安人。子龍林彥皆福建閩縣人。琳永定人。爲汀州鎭標中營把總。適帶班兵渡臺。赴戰死。馬定國陝西人。爲臺灣南路營守備。死於鳳山。陳元福建侯官人。爲鎭標左營千總。林富福建長汀人。爲南路營把總。皆死於赤山。各予卹。賜祭葬。廕一子以衞千總用。孫文元雲南人。康熙五十七年。任臺灣鎭左營游擊。及是兵敗。走鹿耳門。投海死。贈拖沙拉哈番。予卹。賜祭葬。廕一子以守備用。俱祀忠義祠。

許雲福建海澄人。康熙五十七年。任臺灣水師副將。朱一貴之役。南路既失。總兵歐陽凱出駐春牛埔。雲率水師援之。五月朔。一貴攻府治。鎭兵敗。凱死。雲衝突血戰。與游擊游崇功千總林文煌趙奇奉把總李茂吉奮臂大呼。所向披靡。自黎明至於日中。矢窮礮盡。雲重創。墜馬步行。猶手刃數十人。弁兵俱沒。次子方度在旁。顧之曰。吾爲副將。義當死。汝其速突圍出。將安平鹿耳門各礮封釘。無畀敵。方度從之。雲遂陣沒。事聞。贈他拉布勒哈番世襲。賜祭葬。廕一子以守備用。方度後隨參將王萬化攻鹿耳門安平鎭。有功。補臺灣鎭中營游擊。崇功漳浦人。康熙六十年春。任水師左營游擊。巡哨笨港。聞報。以兵還。至鹿耳門。見文武眷舟逃出。歎曰。官者兵民之望。官眷逃。則人心散。大事去矣。登岸赴敵。婿叩馬請區處家屬。叱之曰。今日。遑知有家哉。麾軍至春牛埔。手持大刀。左右馳突。遂戰死。贈拖沙拉哈番。賜祭葬。廕一子以守備用。奇逢廣東人。文煌侯官人。茂吉漳浦人。俱賜祭塟。廕一子以衞千總用。入祀忠義祠。安平人士憫其死。別建五忠祠以祀。

羅萬倉陝西寧夏人。康熙五十八年。任臺灣北路營參將。駐諸羅。朱一貴之役。府治既失。萬倉驟籌戰備。五月初四日。賴池張岳鄭維晃等率衆來攻。萬倉與千總陳徽把總鄭高葉旺分門拒之。而自當其南。奮戰尤烈。顧無援。所部略盡。陳碧以鎗刺其喉。顚。張岳賴元改揮刀斬之。以其頭獻一貴。妾蔣氏見乘馬逃歸。濺血被體。大呼曰。吾夫其死矣。遂自縊。事聞。贈拖沙拉哈番世襲。賜祭塟。廕一子以守備用。蔣氏下旨旌表。祀節烈祠。

藍廷珍列傳

藍廷珍字荊璞。福建漳浦人。少勤恪力田。忽有所懷。喟然嘆曰。吾其爲持戟之士乎。族祖理鎭舟山。釋耒從之。康熙三十四年。擢把總。累遷至溫州鎭右營游擊。獲海寇有功。五十八年春。遷澎湖副將。尋授南澳鎭總兵。六十年夏五月。臺灣朱一貴起兵。據府治。聞警。簡師徒治軍實。上書總督滿保。請行。並陳進兵事宜。滿保赴廈。途次得書。大喜。命統水陸軍萬二千名。

戰船四百餘艘伐臺。而水師提督施世驃已先至澎湖矣。會議軍略。部署既定。以林亮董方爲先鋒。六月十六日進攻鹿耳門。克之。復攻安平。再克之。逼府治。一貴敗不敢出。世驃用降者計。夜遣林亮董方率兵千二百從西港仔暗渡。以出府治之背。廷珍見曰。此誠奇計。顧彼衆我寡。脫有失。將奈何。世驃曰。然則何如。曰公宜速遣將弁至瀨口塗墼埕等處。分道夾擊。某當親率大軍。以繼林董二將之後。方可萬全。府治恢復。在此數日間爾。平明大戰於蘇厝甲。一貴稍却。復戰。追之至木柵。又敗之蔦松溪。一貴北去。遂入府治。而世驃至。閏八月。一貴被禽。地方漸平。署臺灣鎮總兵。仍統諸軍。九月。世驃卒。署理提督印務。遂撫杜君英父子。而械之。餘黨悉平。滿保以經理臺疆。擬畫沿山之界。禁出入。廷珍復之略曰。人情安土重遷。既有田疇廬舍室家婦子。環聚耕鑿。一旦驅逐搬移。不能遍給以資生之藉。則無屋可住。無田可耕。失業流離。必爲盜賊。一可慮也。其地既廣且饒。宜田宜宅。可以容民畜衆。而置之空虛。無人鎮壓。則是棄爲賊巢。使奸宄便於出沒。二可慮也。前此臺地何人。非賊國公將軍而外。僞鎮不止千餘。今誅之不可勝誅。俱仍安居樂業。而獨於附近賊里之人。田宅盡傾。驅村衆而流離之。隣賊之罪。重于作賊。三可慮也。臺寇雖起山間。在郡十居其九。若欲因賊棄地。則府治先不可言。況郎嬌竝無起賊。雖處極邊。廣饒十倍于羅漢。現在耕鑿數百人。番黎相安。已成樂土。今無故欲蕩其居。盡絕人跡。往來則官兵斷不肯履險涉遠而巡。入百餘里無人之地。脫有匪類聚衆出沒。更無他人可以報信。四可慮也。鋸板抽籐。貧民衣食所係。兼以採取木料。修理戰船。爲軍務所必需。而砍柴燒炭。尤人生日用所不可少。暫時淸山則可。若欲永永禁絕。則流離失業之衆。又將不下千百家。勢必違悞。船工而全臺且有不火食之患。五可慮也。疆土既開。有日闢無日蹙。臺地宋元以前竝無人知。至明中葉太監王三保舟下西洋。遭風至此。始知有此一地。未幾而海寇林道乾據之。顏思齊鄭芝龍與倭據之。荷蘭據之。鄭成功又據之。國家初設郡縣。管轄不過百餘里。距今未四十年。而開墾流移之衆。延袤二千餘里。糖穀之利甲天下。過此再四五十年。連內山山後野番不到之境。皆將爲良田美宅。萬萬不可遏抑。今乃欲令現成村社廢爲坵墟。厲禁不能。六可慮也。曩者諸羅令周鍾瑄有淸革流民。以大甲溪爲界之請。鳳山令宋永淸有議棄郎嬌之詳。今北至淡水雞籠。南盡沙馬磯頭。皆欣然樂郊。爭趨若鶩。雖欲限之。惡得而限之。職等愚見以爲人無良匪。教化則馴。地無美惡。經理則善。莫如添兵設防。廣聽開墾。地利盡。人力齊。鷄鳴狗吠相聞。而徹乎山中。

雖有盜賊將無逋逃之藪。何必因噎廢食。乃爲全身遠害哉。今竊議于羅漢內門中埔莊。設汛防兵三百名。以千總一員駐劄其地。郞嬌亦設千總一員兵三百。控扼極邊一帶。三六九期。操演之外。准其自備牛種。就地屯田。以爲餘資。雖險遠而弁兵便焉。棣椰林在平原曠土之中。杜君英出沒莊屋。久被焚毀。附近村社。人煙稠密。星羅棊布。離下淡水營內埔莊汛防不遠。無庸更議。至各處鄉民欲入深山採取樹木。或令家甲隣右互結。給與腰牌。毋許胥役需索牌費一分一釐。聽從其便。伏讀憲檄添防之制。宜速議定。以便題覆。夫今所宜更議者。惟羅漢門郞嬌而已矣。外此則移八里坌汛千總駐劄後壠。爲半線淡水適中之地。及添設文員諸事。尙未舉行。其餘俱經遵照憲檄。於南路添設下淡水營守備。帶兵五百駐劄新園。設岡山守備。帶兵五百。駐劄淡水溪埔。扼羅漢門諸山出沒竇徑。北路添設半線守備一營。帶兵五百。居諸羅淡水之中。上下控扼。聯絡聲援。以諸羅山守備駐劄笨港。增兵二百名。添設下茄苳守備一營。兵五百。郡治添設城守遊擊一營。兵八百。與鎭標三營相埒。再加羅漢門郞嬌各添設汛防兵三百。則全臺共計增兵三千六百名。較憲檄前指之數止多一百。但此三千六百之兵。不須請旨額外添設。就內地各標營分額招募。按班來臺。如往例三年一換。然後內地不至空虛。無顧子失母之病。諸羅地方遼濶。鞭長不及。應劃虎尾溪以上。另設一縣。駐劄半線。管轄六七百里。鹿子港雖口岸扼要。離半線僅十五里。不用再設巡檢。將巡檢設在淡水八里坌。兼顧雞籠山後。笨港設巡檢一員。駐劄笨港。佳里興巡檢仍還佳里興駐劄。兼管目加溜灣。移典史歸諸羅縣治。南路鳳山營縣雖僻處海邊。不如下埤頭孔道衝要。然控扼海口。打鼓眉螺諸港。乃匪類出沒要區。當仍其舊。不可移易。添設鳳山縣丞一員。駐劄搭樓。稽察阿猴林篤佳等處。彈壓東南一帶山莊。下淡水巡檢一員。不許留郡。仍令駐劄下淡水。稽察淡水以南各莊及諸海口。臺鳳諸各縣各練鄉壯五百名。在外縣丞巡檢各練鄉壯三百名。無事則散之隴畝。有役則修我戈矛。鄉自爲守。人自爲兵。此萬全之道也。滿保韙之。乃罷議。六十一年。廷議以兩次平臺。皆先駐軍澎湖。而後進兵。將移總兵官於此。而府治僅設陸路副將。廷珍以爲不可。上書論之。語在軍備志。而提督姚堂亦上奏。仍以總兵官駐臺灣。廷珍乃籌善後之策。論築城。增戍兵。行保甲。辦團練。語多可採。以次班師。雍正元年冬十月。授福建水師提督。加左都督。世襲三等阿達哈哈番。既至。整飭軍務。信賞必罰。愛惜賢才。所汲引者。多位至節鉞。軍民皆歡戴之。七年冬十一月。卒於任。年六十有六。賜祭治喪。贈太子少保。謚襄毅。孫元枚亦有名。

元枚字簡侯。乾隆三十三年。以世職補廣東參將。尋擢副將。三十八年。遷臺灣鎮總兵。調金門鎮。四十九年。授江南提督。五十二年。臺灣林爽文起兵。南北遏絕。諸將無功。廷議以元枚熟悉情形。命馳驛泉州。署陸路提督。時水師提督黃仕簡陸路提督任承恩擁兵不進。詔奪承恩職。以元枚代之。四月。參贊軍務。督福建兵二千。由蚶江渡鹿港。進規彰化。後至浙兵亦歸節制。六月。會總兵普吉保攻柴坑。獲勝。下旨嘉獎。賞戴雙眼花翎。尋奏約會柴大紀夾攻斗六門。未平。八月。卒於軍。下旨憫悼。贈太子太保。發帑治喪。賜祭如禮。謚襄毅。易名之典。與乃祖同。亦佳話也。

林亮字漢侯。福建漳浦人。生四歲喪母。伶丁孤苦。然性不羈。好結納當世賢豪。嘗曰。男子桑弧四方。安能屈守鄉閭。長爲農夫沒世哉。屬濱海多事。決意從戎。習騎射刺擊。留心海務。島澳險夷。舟航利鈍。營陣戰伐。靡不講求。熟悉識者。覘其有將材矣。康熙四十五年。擢臺灣水師右營把總。累遷至澎湖右營守備。六十年夏。朱一貴起事。全臺俱陷。文武守臣或死或逃澎湖。澎臺隔一水。居民洶洶。澎協將弁以孤島難守。僉議撤歸廈門。各出屬登舟。亮力排衆議按劍厲聲曰朝廷封疆尺寸不可棄我等享昇平食祿廩捐軀報國正在今日焉有鋒刃未血而相率委去耶大丈夫死忠義耳寧能駢首市曹爲法吏所辱請整兵配船守禦要害決一死戰戰不捷而亮死公等歸亦未遲皆曰諾願死守亮馳出江干申主將號令驅官民家屬各登岸敢言退厦者斬衆心始固又以臺米弗至慮行間乏食捐家財買穀碾米給軍製造攻戰器械及諸軍需以俟進討既而水師提督施世驃南澳總兵官藍廷珍統兵至澎以亮與千總董方爲先鋒領舟師五百七十人自澎進發六月十六日黎明至鹿耳門奮勇爭先以六艦冒死直進遙望礮臺火藥堆積命施巨礮攻之火起卽奪礮臺乘勢攻安平又克之鹿耳安平皆天險臺之要害一日兩捷清軍大振十七十九兩日又戰於鯤身亮駕舟夾擊橫衝敵陣朱軍又敗退保府治已而世驃命亮與董方魏大猷洪平率兵千二百人由間道暗渡西港以出府治之背廷珍復統大軍繼之二十二日黎明大戰於蘇厝甲連戰連捷遂復府治紀功第一總督滿保以軍前諸將問誰可當大任廷珍復曰水師提標營游擊林秀南澳鎭左營守備呂瑞麟皆剛愎傲上有好大飛揚之氣然膽略竝優勇敢出群寔國家之驍將也秀矜誇瑞麟沉鷙秀不拘細謹瑞麟凛於操持弗擁節旄二人俱弗肯已但瑞

麟似較遠大爾。閩安協左營游擊朱文。小心謹愼。雖剛毅不足。而可當一面。藩籬之寄。汀州鎭左營游擊王紹緒。整飭營伍。有輕裘緩帶之風。福寧鎭右營游擊郭祺。老成練達。海壇鎭左營游擊謝希賢。簡易果敢。雖不無鹵莽之處。要自瑕不掩瑜。撫標左營游擊邊士偉。曉暢軍務。金門鎭右營游擊薄有成。質直嚴肅。陸路提標右營守備康陵。壯猷沉厚。漳浦營守備蘇明良。謙和謹飭。烽火營守備蔡勇。雄偉樸實。興化協左營守備劉永貴。剛勁端嚴。諸人氣度。似與偏裨稍別。皆太平之良帥也。澎湖協右營守備林亮。平臺首功。且有抗守澎湖之大節。人品將略。在軍前諸將以上。提鎭之任。靡所不宜。將軍標右營游擊魏天錫。海壇鎭右營守備魏大猷。係同胞兄弟。皆奇。諳水性。能頂盔束甲。游海面。又能赤身入海底。潛行一二百里。如安平鎭至臺灣府水程五十里。大猷天錫入海中潛行。頃刻卽至。同安營守備葉應龍。銅筋鐵骨。刀棍不能傷。以石擊其頭。石反碎。三人皆奇傑卓犖。非尋常將弁可比。畀以封疆。誰曰過分。但魏天錫已病。恐不及待節鉞爾。千總董方胡廣王郡林君卿。皆將帥才。董方好大矜功。恐未免爲人所嫉。胡廣勇銳英發。王郡厚重精明。殊不可量。林君卿果敢質寔。罔憚勤勞。四人皆志切上進。不願以偏裨自擬。雖現居下弁。勃勃有封疆之氣。未可以名位微末少之。滿保得書大喜。以白金四百兩勞亮。手書褒揚。嗣陞安平水師副將。而瑞麟等多官至提鎭。如廷珍言。

劉得紫。字樹公。直隸文安人。寄寓遼陽。遂家焉。父朝英。爲江夏知縣。卒於官。少孤苦。好讀書。尤工騎射。康熙四十七年。由步軍校累遷至侍衞。五十九年。調臺灣鎭中軍游擊。六十年夏四月。朱一貴起事。得紫請討。總兵歐陽凱不許。遣右軍游擊周應龍往。敗績。一貴進攻府治。凱率所部駐春牛埔。得紫從。五月朔日。大戰於中路口。鎭兵覆。還救不克。遂被禽。羈之學宮朱子祠。以禮待之。不得死。一貴聞其義。遣人進食。不食數日。同難陳士珍貽紫陽綱目三卷。旦夕讀。幾忘飢渴。七日仍不死。把總張文學。贊禮生陳時遇。知其意。親爲羹粥勸進。得紫流涕曰。食祿不分憂。乘馬不濟難。縱彼憐我而生。吾何面目見東寧父老乎。當是時。一貴與杜君英謀相併。不和。諸生林皋劉化鯉言其事。始少食。衆餽金錢衣物相繼。有舊兵見其臥地。移一榻與之。泥水匠亦贈一氈。皆不識其名。六月十六日。官軍克鹿耳門。復安平鎭。得紫聞之大喜。越數日。一貴敗。守者盡去。乃得出。叩統帥麾下。請立功贖罪。募壯丁百五十人隨征北路。歷戰有功。閏月初七日。溝尾莊人以計禽一貴。得紫領兵應之。事平。臺人士以其守節。

白於總帥請旌之

楊殷阮王列傳

楊文魁字子偉號逸齋奉天人康熙二十三年以都督僉事任臺灣鎭總兵時臺方歸清疆域初定文魁分布營汛講求軍務又立義塾延內地名儒爲師置學田資膏火以是來者愈衆始文魁爲大學士巴泰所舉及藍理入覲上問臺灣總兵若何對曰練兵馬興學校潔已奉公兵民相安每日惟食腐菜翼日上謂巴泰曰楊文魁爲封疆大臣惟食腐菜可謂淸矣時藍理奏言臺灣屯田可省兵餉欲於臺兵萬人之中以四千發屯事下督撫提鎭議奏文魁疏言臺灣之田皆民業奪爲兵田已萬不可況兵皆內地調徙父母妻子隔海相望誰肯舉家渡海以事屯田乎從之兵民皆喜及舉軍政被劾者無怨言而所拔將弁多至鎭帥有聲二十六年陞本旗副都統兵民念其德繪像立祠未至京擢都統

殷化行字熙如陝西咸寧人年二十中武科康熙八年成進士二十六年任臺灣鎭總兵臺爲海外奧區閩粵分處民俗尙武而生熟番又居其間號爲難治化行旣至宣布德敎軍民

無猜。時方議築城。化行以地多浮沙。易震動。不可築。而孤懸海外。唯仗中國威靈。軍民一心。以屏藩之議遂止。乃僅建鎮署木城。繕甲厲兵。時其訓練。以壯軍容。初鄭氏行永歷錢。及歸隸後。有司請更鑄。部頒臺字錢式。臺錢較小。不能行於各省。商旅得錢。必降價易銀。歸鑄日多。而錢日賤。每銀一兩至易錢三四千文。而給兵餉則銀七錢三。以官值市物。民多閉匿弗與。幾激變。化行嚴防剴諭。屢請停鑄。督撫不聽。及調鎮襄陽。入覲。乃言其弊。上愕然曰。此大有關係。若在任時。胡不言。對曰。武臣不敢與錢穀事。命具疏。果格於通政司。再上。竝以上旨白之。始得達。下戶部議。不行。又下福建督撫議。乃停鑄。兵民咸便。越數年。移鎮寧夏。後以從征厄魯特有功。事在清史。

阮蔡文。字子章。號鶴石。福建漳浦人。父賈江西。遂寄籍新喻。年十一。能屬文。而性剛猛。好弄刀槊。鄰兒畏之。十三補諸生。越十二年。乃舉於鄉。數應春官不第。巡撫張伯行邀入鰲峰書院。以講洛閩之學。分纂先儒書。五載。乃歸。塟母。康熙五十一年。以說海賊陳尚義投誠。召見便殿。上問曰。書生此行。良苦。頗驚怖否。對曰。臣仰仗威靈。頑梗革面。無所怖。議功。爲知府。授陸涼。未行。改授廈門水師中營參將。明年。調北路營。諸羅知縣周鍾瑄。循吏也。一見如舊。戢吏卒。撫番黎。飭部伍。躬歷沿海。增置營汛。北路地方千里。半線以上民少番多。大肚牛罵呑霄竹塹諸處。山川奧鬱。水土苦惡。南嵌淡水。窮年陰霧。罕晴霽。硫磺所產。毒氣薰蒸。戍卒多病死。巡哨未至。文擬往視。左右諫止。不聽。自賫帳落具脯糒。日或於馬上賦詩。夜燃燭紀所歷地里山溪風候土俗。爲文祭戍亡將士。悽愴激烈。聞者感泣。山谷諸番具牛酒迎。一一拊循。召社學番童坐幕下。與之語。曰吾汝師也。毋懼。能背誦四子書者。旌以銀布。爲講孝弟力田之道。諸番咸喜。竟中瘴病。遷福州城守營副將。赴京道劇。卒於宿遷。年五十。

王郡字建侯。陝西乾州人。康熙六十年。以千總從軍。收復臺灣有功。後爲南路營參將。雍正六年。陞臺灣鎮總兵。七年。平鳳山山猪毛番之亂。九年。彰化大甲西番林武力反。北路騷動。而鳳山吳福生亦乘勢起事。總兵呂瑞麟方討番。府治空虛。時郡己授水師提督。聞報急遣游擊李榮率兵往。己而諜告福生攻陴頭甚急。卽自統兵夜發。與參將侯元勳守備張玉三路會攻。福生敗走。越日就擒。鳳山平。瑞麟無功。且被圍。徵兵府中。總督郝玉麟檄郡討番。郡至鹿港。遣參將李蔭樾游擊黃貴等合兵攻阿束社。參將靳光瀚游擊林黃彩等各扼隘口。遂渡大甲溪。直抵其地。屢有斬獲。林武力敗走南日山。山地絕險。僅有樵徑。郡督師而上。躬冒矢石。開礮以攻。聲震山谷。進搗其巢穴。焚積聚。群番驚懾。各乞降。遂縛林武力以獻。斬之。北路平。乃就水師提督之任。

奎林滿州人。乾隆五十八年。任臺灣鎮總兵。臺灣之兵。皆調自福建。各分氣類。私立公廳。以爲聚議之所。提標之兵據寧南坊。同安之兵據東安坊。而漳鎮詔安雲霄則據鎮北坊。本地募兵亦據西定坊。各擁一隅。包娼聚賭。衆莫敢犯。小則虜人越貨。大則挾械以爭。有司畏葸。莫敢治。將弁亦隱忍聽之。懼其變也。林至。聞其事。嚴治之。諸兵挾衆繳刀銃。林許之。示期令五人爲一牌。以次入繳。林乃張軍幄。置令箭。傳五人入。久之不出。又傳五人。亦不出。如是者三。諸兵在外待頃之。擲五頭出。衆驚走。其已入者叩頭求免。乃杖而革之。一軍肅然。

連橫曰。臺灣爲海疆重鎮。水陸之士。號稱萬人。而寄其權於總兵。給方印。建旗鼓。以節制民番。其任大矣。文魁清操。不奪民田。化行惠民。能言錢害。王郡嚴明。威加醜虜。奎林沈毅。法勒驕兵。是皆干城之選也。若文之循循儒雅。馬上賦詩。尤有投壺之概焉。

臺灣通史卷三十一

臺南　連雅堂　撰

王世傑列傳

新竹固土番之地。勢控北鄙。文物典章。燦然美備。跡其發揚。可以媲嘉義而抗彰化。然當二百數十年之前。猶是荒昧之域也。鹿豕所游。猿猴所宅。我先民入而啓之。剪除其荆棘。驅其猿猴。鹿豕以長育子姓。至於今是賴。初永歷三十有六年春。北番亂。新港竹塹等社應之。延平郡王克塽命左協理陳絳帥師討。諸番皆竄。時有王世傑者。運餉有功。師旋。許其開墾。而竹塹乃爲我族處矣。

世傑泉州同安人。來臺爲賈。旣得墾田之令。集泉人百數十人。至斬茅爲屋。先墾竹塹社地。就番田而耕之。引水以溉。歲乃大稔。其地卽今縣治之東門大街以至暗仔街也。已又墾西門大街至外棘脚。治田數百甲。來者日衆。縣治一帶。皆爲鋤耰所及矣。世傑旣以力田起家。

又與番約互市。歲餽牛酒。竹番自創後。力微衆寡。不敢抗。而墾務乃日進。康熙五十餘年。始墾濱海之地。曰大小南勢。曰上下羊寮。曰虎仔山。曰油車港。曰南莊。凡二十有四社。爲田數千甲。歲入穀數萬石。既又墾迤南之地。曰樹林頭。曰後湖莊。曰八卦厝。曰南雅。曰金門厝。曰姜寮。曰北莊。凡十有三社。儼然一方之雄矣。當是時。新竹尚未設治。諸羅政令僅及半線。大肚。呑霄諸處。山川奧鬱。水土苦惡。南崁。淡水。窮年陰霧。罕晴霽。鄭氏以投罪人。康熙四十有九年。始設淡水防兵。及期生還。歲不能三之一。巡哨未有至者。而世傑獨苦心孤詣。蒙苫蓋。暴霜露。胼手胝足。與佃農共甘苦。故來者日衆。而富巨萬矣。族人王列自泉來。世傑命種苧而給其資用。以織褐。故新竹產苧特盛。卽今之苧仔園也。世傑既死。其子不睦。折產以居。乾隆初。又與鄭氏搆訟。案懸府署。累年不決。家乃中落。然世傑以一匹夫。憑其毅力。鼓其勇氣。以拓大國家版圖。功亦偉矣。世傑既沒。從其後者。又若而人。雖微不足道。而亦有功於墾土者也。故附傳之。

徐立鵬。廣東陸豐人。雍正三年。開墾新莊仔之地。越二年。有徐裡壽黃君泰。亦陸豐人。合墾員山頂崁頭厝等莊。而同安人曾國詰與拓之。

郭青山廣東海豐人。雍正八年。開墾員山仔之福興莊。而陸豐之黃海元張阿春亦以其時合墾糠榔仔之福興莊。及東勢之地。

李尙福建同安人。以雍正六年。往墾後湖田九厝車路頭。至是告成。

郭奕榮福建惠安人。雍正九年。往墾上山脚下山脚山邊等地。其縣人范善成亦墾成竹圍仔之田。

徐錦宗亦陸豐人。以雍正十年。墾成茄苳坑之地。

歐天送亦同安人。以雍正十年。與南安曾六偕拓大莊崁頂厝之地。而惠安楊夢樵亦墾頂樹林。至是告成。

羅朝宗亦陸豐人。來臺之後。聞竹塹地曠人稀。農功未啓。雍正十一年。偕其縣人黃魁興官阿笑合墾十一股之福興莊。及中崙大竹圍下崁頭厝等地。翌年告成。其時有鎭平巫阿政往墾青埔仔。同安許判生溫明鼎合墾後面坡仔頭下崁仔脚拔仔窟。南安張春始亦墾大眉莊。各建村落。以棲佃農。而竹塹之墾務愈盛。

陳仁愿福建晉江人。謀墾番地。與中港社番約。歲納其租。招集佃農。以拓香山之地。初香山原在界外。給與屯番。番不知耕稼。仁愿乃墾成之。鹽水港亦中港社番之地。與香山對峙。爲泉人所拓。凡十數社。

周家亦晉江人。乾隆二年。始來竹塹。往拓治東六張犁之地。則昔之霧崙毛毛也。

姜朝鳳亦陸豐人。以乾隆二年往墾紅毛港附近。港在治之西北。濱海。西班牙人據北時。曾艤舟於此。故名。其後爲竹邑互市之埠。

林耳順泉人也。以乾隆四年。集閩粵之人三十餘。與中港社番約。從事墾田。數年之間。遂建蟠桃菁埔等十二社。多者百數十人。少亦二三十人。各闢田廬。開溝洫。爲久住計。十六年。鎮平人林洪吳永忠溫殿玉黃日新羅德達等。共募流氓。以開上下田寮而頭份一帶之地。皆爲漢人有矣。

許山河福建漳浦人。乾隆三十餘年。來臺。與社番約。墾中港之地。而彰化張徽揚者。先拓其海口。已而泉屬之人後先戾止。遂成一大聚落。以與泉州互市。爲竹邑通海之埠。

連橫曰。朱一貴之役。漳浦藍鼎元從軍來臺。著東征集。其論竹塹也。曰。其地平坦。極膏腴。野水縱橫。處處病涉。俗所謂九十九溪者。以爲溝澮。闢田疇。可得良田數千頃。歲增民穀數十萬臺北民生之大利又無以加於此然地廣無人野番出沒必棋置村落設營汛奠民居而後及農畝當事者往往難之是以至今棄爲民害不知此地終不可棄恢恢郡邑之規模當半線淡水之中間又爲往來孔道衝要卽使半線設縣距竹塹尙二百四十里不二十年此處又將作縣氣運將開非人力所能遏抑必當因其勢而利導之以百里膏腴天地自然之樂利而憚煩棄置爲百姓首額疾蹙之區不知當事者於心安否也有官吏有兵防則民就墾如歸市立致萬家不召自來而番害亦不待驅而自息矣連橫曰善乎鼎元之言也天下氣運所趨每每自北而南而臺灣則自南而北鄭氏之時僅有承天濁水以北羈縻而已及朱一貴平後半線作縣而竹塹置淡水廳戍兵保民以啓北鄙駸駸乎且日進矣光緒元年臺北建府而新竹爲縣北鄙之富庶幾邁臺南前之所謂番地者無往而不爲漢人拓矣經營締造以迄於今是誰之力歟語曰作始也簡成功也巨烏乎可不念哉

吳鳳列傳

士有殺身成仁大則爲一國次爲一鄉又次則爲友而死若荊軻聶政之徒感恩知己激憤

舍生亦足以振懦夫之氣成俠客之名歷百世而不泯也嗚呼如吳鳳者則爲漢族而死爾迄今過阿里山者莫不談之嘖嘖然則如鳳者漢族豈可少哉項禮而祝之范金而祀之而後可以報我先民之德也吳鳳諸羅打猫東堡番仔潭莊人今隸雲林字元輝少讀書知大義以任俠聞里中康熙中諸番內附守土官募識番語者爲通事鳳素知番情又勇敢諸番畏之五十一年爲阿里山通事阿里山者諸羅之大山也大小四十八社社各有酋所部或數百人數十人性凶猛射獵爲生嗜殺人漢人無敢至者前時通事與番約歲以漢人男女二人與番番秋收時殺以祭謂之作饗猶報賽也屠牛宰羊聚飲歡呼以歌頌其祖若宗之雄武然猶不守約束時有殺人而官軍未敢討鳳至聞其事嘆曰彼番也吾漢族也吾必使彼不敢殺我人或曰有約在彼不從奈何且歲與二人公固無害也鳳怒叱曰而何卑耶夫無罪而殺人不仁也殺同胞以求利不義也彼欲殺我而我則與之不智也且我輩皆漢族之健者不能威而制之已非男子而又奴顏婢膝以媚彼番人不武也有一於是乃公不爲也其年番至請如約鳳饗之告曰今歲大熟人難購吾且與若牛明年償之番諾而去明年至又紿之如是五年番知鳳之終紿已也群聚謀曰今歲不與人則殺鳳以祭聞者告鳳鳳

曰吾固不得去且吾去公等將奈何彼番果敢殺我吾死爲厲鬼必殲之無遺鳳居固近山伐木抽籐之輩百數十人皆蹻健有力者編爲四隊伏隘待戒曰番逃時則起擊又作紙人肖已狀弩目散髮提長刀騎怒馬面山立約家人曰番至吾必決鬬若聞吾大呼則亦呼趣火相放爆竹以佐威越數日番酋至從數十人奔鳳家鳳危坐堂上神氣飛越酋告曰公許我以人何背約今不與我等不歸矣鳳叱曰蠢奴吾死亦不與若人番怒刃鳳鳳亦格之終被殊大呼曰吳鳳殺番去矣聞者亦呼曰吳鳳殺番去矣鳴金伐鼓聲震山谷番驚竄鳳所部起擊之死傷略盡一二走入山者又見鳳逐之多悸死婦女懼匿室中無所得食亦槁餓死已而疫作四十八社番莫不見鳳之馳逐山中也於是群聚語曰此必吾族殺鳳之罪今當求鳳恕我各社舉一長老匍匐至家跪禱曰公靈在上吾族從今不敢殺漢人殺則滅埋石爲誓自是乃安尊鳳爲阿里山神立祠禱祀至今入山者皆無害

連橫曰鳳之死也或言康熙五十七年或言乾隆三十四年八月十日相距竟五十二年余以後說確也朱一貴既平之後阿里山番始內附則鳳爲通事當在乾隆時也鳳生於康熙三十八年正月十八日沒時年七十有一配陳氏生二子曰汀援曰汀巽光緒中其後嗣請

列祀典。嘉人士亦以爲言。未成而遭割臺之役。然鳳之威稜。至今猶在阿里山也。君子疾沒世而名不稱。如鳳者豈有死哉。

施楊吳張列傳

施世榜字文標。初居鳳山。性嗜古。善楷書。康熙三十六年拔貢。選壽寧敎諭。嗣遷兵馬司副指揮。好行善事。宗姻戚黨多周恤。後居郡中。建敬聖樓。又捐金二百以修鳳邑學宮。置田千畝爲海東書院膏火。士多賴之。子五人。均以文顯。少子士膺亦拔貢。授古田敎諭。嘗遵父命捐社倉穀千石。臺灣縣志稱其義行。初半線初闢。平原萬頃。溪流分注。而農功未啓。荒穢於鹿豕之鄉。五十八年。世榜集流民以開東螺之野。并引濁水歧流以溉。工竣而流不通。世榜慮之。募有能通者予千金。一日有林先生見曰。聞子欲興水利而苦無策。吾爲子成之。問其名。不答。於是相度形勢。指示開鑿之法。曰某也邱高宜平。之某也坡低宜浮。之某也流急宜道。之某也溝狹宜疏。之世榜從其言。流果通。衆以世榜力。名施厝圳。又曰八堡圳。以彰邑十三堡半之田。而此圳足灌八堡也。歲徵水租數萬石。施氏子孫累世富厚。食其澤。當圳之成也。世榜張盛宴。奉千金爲壽。辭不受。亡何竟去。亦不知所終。佃農念林先生功德。祀爲神。至今不替。

楊志申。字燕夫。臺邑人。居東安坊。少孤。事母孝。昆仲六人。志申其次也。善視諸弟。勗以立身齊家之本。康熙二十四年。知府蔣毓英將拓建學宮。志申父墓在焉。告之請徙。而獻其地。毓英嘉之。爲擇穴於魁斗山麓。平坦如掌。大可二三畝。臺人謂之金盤搖珠。既壍。復告之曰。子素行孝義。子孫必有昌者。雖然。子當遠徙。十稔之後。可致巨富。當是時。半線初啓。草萊未墾。志申遂適焉。居於柴坑仔莊。貸番田而耕之。督率諸弟。盡力農功。數年家漸富。闢田亦愈廣。遂鑿二八圳。引貓羅之水。以溉潤田千數百甲。歲入穀萬石。已又鑿福馬圳。線東西兩堡之田。皆楊氏有也。又以其餘力。開墾淡水之佳臘埔金包里。歲亦入穀數千石。家畜佃農數千人。鋤耰並進。半線景象。以是日興。雍正元年。遂建縣治。移居東門街。志申既富。好行其德。睦宗族。恤鄉里。賑貧乏。治橋梁。邑人莫不稱之。初臺邑學租。歲用不敷。首捐彰田以充。歲可入粟百六十有六石。又以文廟燈油諸費無出。言於臺學訓導。願續捐。未行而病。且革。命其子割鳳邑之田百九十有六石。曰。聊踐吾言。非爲子孫求福。應女曹但能讀書。爲人毋負吾志可矣。卒葬彰化。後循衆議。祀臺邑孝悌祠。以長子振文貴。追封中憲大夫。振文少讀書。識大體。入郡庠。納貲爲知府銜。林爽文之役。陷彰治。殺守吏。進略南北。勢張甚。聞振文名。具幣聘。不從。遂遁入海。購以千金。不得。爽文怒。毀其父墳。振文入泉州。時大將軍福康安帥師平臺。駐廈門。募有能悉臺中情事者。有司以振文對。康安遣使招之。振文入謁。歷陳形勢。康安大喜。命先率一軍入臺。以中營把總二。外委六。戰兵三百。供驅策。振文至泉州。自募勇三百。飛渡鹿港。檄令莊衆備迎大軍。凡投誠者。給以盛世良民之旗。止勿殺。又募鄉導百人。分置各軍。以是城中虛實。山谷險夷。皆瞭如指掌。康安既復彰化。振文隨軍出征。備諮詢。事平。以振文原註知府。將奏請即用。辭以未諳吏治。乃賞戴花翎。子應選。亦有名。

吳洛字懷書。泉州晉江人。父家槐。爲漳州鎭標千總。兄弟三人。伯仲無祿。洛性孝友。侍膝下。撫諸姪如己出。雍正十七年。以軍功咨部。加衛守府。召受札。以親老辭。設教於里。究心經世之事。乾隆十五年。舉明經。已而父終。服闋。游臺郡。入某公幕。當是時。彰化初設。曠土荒蕪。沿山一帶。地尤肥沃。洛募佃以墾。築圳灌田。親董其役。先拓丁臺之野。次及阿罩霧。萬斗六。皆番地也。草萊既闢。至者日多。遠至南北投。莊暫成都聚。歲可入穀萬石。遂家於邑治。洛既富。

建宗祠。刊家乘。置祭田。割租千五百石以與諸姪。追念故鄉。捐資以修泉郡學宮。又購良田爲清源書院之費。在臺亦分捐海東白沙兩書院之租各數百石。凡有義舉罔不贊襄。當道嘉之。累贈匾額。曰儒林模楷。曰清時碩彥。卒後。追封中憲大夫。有子十三人。曰南金。納資爲州同。曰南輝。乾隆十八年拔貢。曰道東。六十年歲貢。餘子亦多入庠。書香不替。

張振萬。彰化人。居猫霧捒之葫蘆墩。力田起家。擁資巨萬。附近之地皆番有。土厚泉甘。而不能耕。前時岸裡社番曾請墾。諸羅知縣周鍾瑄許之。顧其地絕廣。久置荒蕪。乾隆初。振萬乃邀藍秦兩姓募佃合墾。厥田上上。產稻豐。一歲兩熟。然苦旱。引大甲溪水。自罩蘭內山流出。鑿圳以通。遍溉岸裡阿里史等社。凡千餘甲。歲入穀數萬石。家愈富。子孫猶食其利。至今葫蘆墩米尚冠全臺。

林詳。泉州人。居彰化之鹿港。聞內山土廣而肥。足以致富。遂鳩集資本。募佃農。以嘉慶十六年。至牛轀轆。開墾竹仔脚山之南麓。鑿渠導水以溉其田。凡百數十甲。越數年。爲大水所沒。僅存二十餘甲。先是乾隆四十五年。有泉人楊東興者入墾集集。亦番地也。至者絕少。

連橫曰。墾土之功大矣。天下之富在農。而臺灣又農業之國也。世榜志中皆以務農起家。爲邑望族。好行其德。固非斤斤於私蓄也。夫上富惜時。中富役智。下富任力。而今之鄙夫。乃忘遠大之謀。而爲徼倖之計。欲以追武陶猗。坐致萬金。抑亦愚矣。

林胡張郭列傳

林成祖福建漳浦人。世業農。慨然有遠大之志。當是時。淡水初啓。地利未興。欲謀墾田。苦無資。朋輩助之。得數百金。以雍正十二年來臺。居大甲。貸番田而耕之。厥土黑墳。一歲兩熟。成祖能耐勞。傭佃課耕。家乃日殖。於是鑿大甲圳。引水以溉。歲入穀萬石。拓地漸廣。乾隆十五年。復墾擺接興直二堡。給與佃戶。每甲徵租八石。顧常苦旱。乃鑿大安圳。引內山之水以入。圳寬二丈四尺。長十餘里。過旱溪。埋土管於下。以相接續。而一遇洪水。輒壞。經營數年。糜財十餘萬。始成。灌田千餘甲。歲入穀萬餘石。既復鑿永豐圳。穿山導流。亦灌數百甲。當是時。南勢角中坑一帶。野番出沒。諸佃患之。成祖稟准淡防。應自備餉糈。設隘寮。東至秀朗溪。西至擺接溪。南達擺突突。北及武勝灣。早夜巡防。害稍戢。而成祖亦移深坵莊。爲今枋橋城外。所墾之田。曰新莊。曰新埔。曰後埔。曰枋寮。曰大佳臘。歲入穀十數萬石。林爽文之役。彰淡林姓多株連成。祖亦逮京訊問。次子海門素有才。携巨金入京。謀救。漳浦蔡新爲太子太傅。方重用海門。以鄉人禮見。新嘉其孝。留之家。妻以女。成祖得免。還其產。途次海門溺水死。成祖既歸。年老。猶日課農事。與衆同甘苦。復墾里族之野。或勸其少息。曰。我生長農家。義當食力。何可坐而燕安。況此爲國家之地。久置荒蕪。開之亦足生利。故能以一人之力。擁田數千甲。一時稱巨富焉。卒年七十有二。長子海籌。以大安圳崩傾。貲修之。產稍折。三子海廟。海廟之子登選。亦開暗坑圳。能世其家。

胡焯猷字攀林。永定人。以生員納捐例貢。乾隆初來臺。居於淡水之新莊山腳。時新莊方駐巡檢。而興直堡一帶多未闢。焯猷赴淡水廳請墾。出貲募佃。建村落。築陂圳。盡力農功。不十數年。啓田數千甲。歲入租穀數萬石。翹然爲一方之豪矣。焯猷固讀書。念淡水文風未啓。鄉里子弟無可就傅。二十八年。自設義塾。名曰明志。捐置水田八十甲餘。以其所入供膏火。又延名師教之。肄業者常數十人。淡水同知胡邦翰聞其事。詳請改爲書院。總督楊廷璋嘉之。立碑以紀。則今之明志書院也。觀音山在八里坌堡內。東瞰平原。西臨大海。危峯古木。境絕幽邃。焯猷登其上。建佛寺。置香田。至今遂爲名刹。焯猷既富。遂居於此。而舊志不傳其人。故不詳。

張必榮淡水海山堡人。力田致富。乾隆三十一年。與族人沛世合築永安圳。引擺接溪之水。造大陂以瀦之。度梘通流。長三十里。前時海山多旱田。及成。足資灌溉。而擺接堡之西盛柏仔林。興直堡之新莊頭二三重埔等。皆仰其水。凡六百餘甲。故又稱張厝圳。而必榮復與吳際盛合築福安陂。亦引擺接溪之水。以溉堡內之田三百餘甲。上自石頭溪。下至三角埔。後以大水冲壞。業戶林弼益乃集佃修之。先是有劉承纘者。亦海山堡人。以乾隆二十六年。築萬安陂。引擺接溪之水而入。至興直堡之新莊。以灌中港厝之田。亦數百甲。

郭元汾字錫瑠。漳人也。乾隆間來臺。居淡水大佳臘堡。墾田樹穀。擁資厚。時拳山一帶多荒土。而水利未興。乃傭工鑿圳。引新店溪之水。自大坪林築陂蓄之。穿山度梘。至溪仔口。又引至挖仔內。過公館街。抵內埔。分爲三溝。濬縱橫長數十里。臺北近附之田。皆資灌溉。凡千數百甲。既成。名金合川圳。而佃人念其功。稱瑠公圳。

連橫曰。今之臺北。古之所謂荒土也。鄭氏以投罪人。康熙四十七年。泉人陳賴章始墾大佳臘之野。爲今府治近附。而舊志不載。故老又不能言。惜哉。成祖焯猷。皆以豪農而勤稼穡。鑿渠引水。利澤孔長。至今猶受其賜。是咸有功於墾土者也。夫以臺北今日之富庶。文物典章。燦然美備。苟非我先民之締造艱難。詎能一至於此。而居是邦者。乃忘蓽路藍縷之功。而爲奢華淫靡之行。何其昧耶。

臺東拓殖列傳

連橫曰。臺東。天府之國也。平原萬畝。可農可工。而森林之富。礦產之豐。久爲世人所稱道。顧開闢二百餘載。而少有經營之者。嘉慶元年。漳人吳沙募三籍之氓。入墾蛤仔難。闢地數百里。乃建噶瑪蘭廳。語在吳沙傳。自是臺東之北。稍有至者。光緒元年。牡丹之役既平。欽差大臣沈葆楨奏設恒春縣。劃鳳山絕南以擴其地。而臺東之南。亦有至者。當是時。開山撫番之議既行。以總兵吳光亮帥中軍。同知袁聞柝帥南軍。提督羅大春帥北軍。三道而入。募商工隨行。設招墾局。獎勵移民。建卑南廳以理之。於是至者日多。漸有闢田廬長子孫之計。十一年。建省。陞卑南廳爲臺東直隸州。而臺東之局勢一展。然當荒昧之時。天氣瘴毒。野獸猖獗。生番出沒。而我先民如陳文賴科吳全輩。入其地。闢其土。利用其物產。勇往不屈。險阻備嘗。

用能以成今日之富庶。其功業豈可泯哉。今列其行事。舉其壯志。亦足以爲後生之策厲也。

陳文彰化人。居淡水。年少豪俠。與友林侃合賈。往來沿海。康熙三十二年。遭風舟至岐萊。其地爲生番所處。未嘗與漢人通。文至與互市。居經年。略通番語。始能悉其港道。漢人之至臺東者。自文始。

賴科亦居淡水。爲鷄籠番通事。素勇敢。每出入番社。聞後山有番。欲通之。康熙三十四年秋八月。率壯者七人。度高山。晝伏夜行。歷數十番社。達崇爻。番喜導遊各社。禾黍芃芃。比戶殷富。語科曰。吾族聚居此地。已數百年。而野番時來掠刼。殺人爲害。欲約西番夾擊。間阻不得通。若歸寄語長官。若能以兵相助。則山東萬人。亦將鑿山刊道。和睦往來。共爲天朝之民矣。科旣與番狎。撫之歸附。附阿里山番輸餉。凡九社。曰均榔。曰斗難。曰竹腳宣。曰薄薄。曰芝蘭武。曰機密。曰猫丹。曰丹朗。曰水輦。計有四百八十戶。男女可二千人。每歲贌社者以小舟載烟布鹽糖農具與易。歲一往返。同行潘冬。亦勇士也。

林漢生淡水人。以乾隆三十三年。召衆入墾蛤仔難。地在臺之北。東三面負山。東臨海。土壤肥饒。而番性悍。輙出殺人。漢生竟被害。衆亦散去。其後。吳沙乃繼成之。

吳全亦淡水人。力田起家。聞臺東之富。與其友吳伯玉合謀開墾。道光八年。全募噶瑪蘭人二千八百餘。至其地。築土城以居。劃田畝。興水利。數年漸成。而瘴氣所侵。居者多病死。土番復時出沒。全百計防備。莫能濟。憂勞以死。伯玉亦率衆去。其地則今吳全城。爲臺東之一大市鎭。

黃阿鳳亦淡水人。咸豐元年。集貲數萬圓。募窮民二千二百餘。往墾岐萊之野。其地距大南澳之南七十里。港口稍狹。內則可容巨舶。水極陡。每年三四月。漢人往與互市。番以繩牽舟進。各與鹽一二合。歡躍而去。已而各挾鹿茸獸皮來易物。不事金錢。無所用也。阿鳳既至。自爲總頭人。狀若官府。其餘數十人。各受約束。分地而治。然瘴氣尙盛。阿鳳以不服水土。數月病死。各頭人復不相能。越五年。貲漸罄。又與番相仇殺。墾田遂廢。佃人咸去。餘亦移於璞石閣。在秀孤巒之麓。或作樸寔閣。番語也。地平而腴。有水可漑。前時漢人已至其地。居者千家。遂成一大都聚。

鄭尙鳳。山水底寮人。咸豐五年。至卑南。與土番貿易。且授耕耘之法。番喜。以師事之。土地日闢。尙亦富。乃募佃入墾。卑南處臺東之右。山與鳳山接。陸路可通。康熙六十一年。朱一貴之變。餘黨王忠竄入卑南。有衆千人。聚處大湖。蓄髮持械。耕田自給。總兵藍廷珍慮其復亂。檄千總鄭維嵩往諭土目文結搜捕。凡漢人皆逐之。文結之祖亦漢人。避難竄於卑南。踞地爲長。能以漢法變番俗。子孫凛祖訓。不殺人。不抗官。其後女土目寶珠盛飾若中華貴婦。治家有法。或奉官長命。遵行惟謹。故漢人至者日多。而臺東愈闢矣。

連橫曰。麥禮荷斯奇之事。舊志不載。而西史言之。危矣。當是時。西力東漸。已張其機。荷據爪哇。西營呂宋。而英略印度。其策果行。則臺東非我有矣。而臺之士夫乃瞠乎無聞。何其昧也。麥禮荷斯奇者。波蘭伯爵也。乾隆三十四年。俄波之戰。被俘竄於勘察加。三十六年。與其黨二十八人越獄逃。奪俄艦而乘之。出北太平洋。航日本海。八月二十有六日。至臺灣東岸卽今之秀孤巒溪口也。上岸探險。遭生番襲擊。走艦中。備戰鬬。漸征服之。而他番又乘虛而來。時掠器物。輙擊退之。解纜北行。黎明至東北海岸。二十有八日上陸。漢人見之。愕眙相視。言語不通。末由問訊。薄暮遇兩西班牙人。喜爲奇遇。西班牙人者。爲逃亡武弁。久寓是地。深得鄉人之心。家在西方附近。漢人之村落也。二十有九日。西班牙人導至其家。爲陳此地狀況。麥禮荷斯奇乃以已名名其港。考察地理。籌殖民。當是時。臺東雖隸中國版圖。而野番出沒瘴氣。披猖。政令不至。天然寶藏。置之化外。麥禮荷斯奇旣抱開拓之志。自以撫番爲要。其番之强者爲富亞波族。有衆二萬五千餘。固一方之雄也。然與他族爭地。每相鬪。麥禮荷斯奇欲用之。以爲羽翼。乘舟至其社。與酋相見。說以同盟。卽以所略之地爲用。酋許之。其明日築室。移器置礮。四門。以漢人八名守之。是夜開宴。以西班牙人米優魯尼摩爲參軍。十一月朔。率富亞波族而進。山路崎嶇。災熱如火。備嘗辛苦。初二日夜半至一大谷。行三小時始出。尋至一湖。旁有小社。撫之。初三日。將至馬波奧時科族之地。部署戰略。命富亞波番先發。初五日黎明。兩軍相見。發礮擊敵。人大敗。逐北數里。遂據其地。俘男女二十有四人。酋請成。以富亞波族統之。立誓而還。酋獻黃金二十斤。銀八百斤。皆土產也。麥禮荷斯奇詳察一切。以爲他日拓殖之地。歸艦。草殖民之策十二條。略曰。臺灣拓殖之策。以人民自任其事。而請本國保護。編爲屬地。先借國帑。以振興之。派兵駐守。以衞人民。將來事業旣成。勢力充裕。則可以握東洋互市之航權。若其所借國帑。應於三年之後歸還母利。又念將來拓殖。必熟番語。留一少年於此。十一日歸歐州。說法政府。不聽。又說墺皇。亦不聽。乃至倫敦。日鼓其說。欲以聳動英國之富人。或可得成其志。而終無應者。越數年卒於法國。而歐人始有謀拓臺灣之議。

吳福生黃敎列傳

吳福生鳳山人。往來南北。或曰朱一貴之黨也。一貴敗後。福生謀復之。雍正九年冬。大甲西社番亂。總兵呂瑞麟率軍討。郡中空虛。越年春三月。福生以番亂未靖。圖起事。其友商大概等從之。且議曰。今若潛集黨羽。乘不意襲陴頭。則一鼓可得。陴頭距鳳治十餘里。商賈輻輳。爲今縣城。二十八日。福生樹旗於家。至者百十數人。夜襲岡山汛。焚之。翼日。復焚舊社汛。鳳屬震動。虎頭山赤山皆樹旗應。四月初三夜。福生率衆攻陴頭。守備張玉把總黃陞拒守。不得入。別遣一軍燬萬丹巡檢署。巡檢秦輝適在郡。故不及難。時鎭標各軍多北征。郡中兵少。原任總兵王郡聞變。命中營遊擊黃貴留守。初四日。率軍夜發。晨至埤頭。分兵進攻。以參將侯元勳守備張玉林如錦各帶兵行。福生亦併衆以待。官軍火礮齊發。殺傷甚夥。福生却而復集。自晨戰至日中。狂呼震撼。守備張玉外委徐學聖千總鄭光宏皆死。已而官軍援至。郡亦嚴號令。各兵奮鬪。福生不敵。各散去。俘蕭田蕭夷蕭詔李三許擧李成等。初六日歸郡。戮之。又數日。福生大概等三十餘人悉被捕。解省訊。亦戮之。六月。番亂平。越三十九年。而有黃敎之變。

黃教臺邑人。居大穆降。距城東十數里。內倚層巒。萑苻魁桀之輩。出沒其間。而敎爲首。亡命多歸之。見時以一牛爲贄必擇肥而獻。既居門下。則衣食遊宴皆供之。不數年。客至愈多。族人黃弼與敎枝梧。敎客辱之。弼訴諸官。臺灣知縣飭差捕。差不敢往。詰之曰。敎客多健者。偵及城市。今聞差往。則半途被殺矣。知縣嗤其怯。別命兩差行五六里。遇一壯者自林樾出。問何之。囁嚅不敢告。曰余固知女行也。而爲令所命。殺而無益。然女輩倚官勢。虐小民。罪當死。今先斷一指歸報。而令頭顱須自重也。知縣懼。不敢捕。弼控於總督。飭守吏嚴緝。而近村以盜牛告者。月十數起。乾隆三十五年冬十月。敎遂集徒起事。陳宗寶鄭純等應之。夜襲岡山。殺汛兵。遂踞之。臺灣府知府鄒應元接報。會鎮兵合剿。攻圍數日。互殺傷。事聞。下旨嚴譴。限四月蕩平。於是敎黨多逮。而敎竟入山。巡道張珽被議奪職。繼之者又不能獲。佯以敎死亂軍具報。事始息。

林爽文列傳

林爽文漳之平和人。來臺。居彰化大里杙莊。墾田治產。家頗饒。莊距治二十餘里。逼近內山。溪流交錯。植竹爲藩。近鄉多巨族。時起械鬭。蔓延數十村落。爽文亦集衆自衞。乾隆四十八年。有嚴烟者自平和來。傳天地會。爽文客之。天地會者。相傳爲延平郡王所創。以光復明室者也。於是彰化之劉升陳泮王芬。諸羅之楊光勳黃鍾張烈。淡水之王作林小文。遠至鳳山多入會。立盟約。有事相救援。群不逞之徒。亦出入其間。衆至萬人。有司畏葸。莫敢治。五十一年秋七月。臺灣道永福知府孫景燧聞之。密飭所屬會營緝捕。石榴班汎把總陳和獲黃鍾。解諸羅。而楊光勳與其弟媽世不睦。媽世亦設雷光會。結黨以抗。父文麟不能止。攝縣事董啓埏逮文麟。索其子。陳和又獲張烈。夜宿斗六門。爲黨人所殺。總兵柴大紀接報。偕永福赴諸羅。縱兵捕數十人。欲小其事。改天地會爲添弟會。以光勳兄弟不睦。故爲此會以相勝。歸罪於文麟一家。擬置諸法。財產入官。按察使李永祺來臺勘審。亦以此入奏。獄定。黨人紛紛入大里杙。謀起事。莊人林石謂不可。爽文欲止。而勢莫可遏。十一月初旬。大紀北巡至彰化。理番同知長庚請駐壓。不從。倉皇歸郡。遣游擊耿世文率兵三百。偕知府孫景燧赴彰化。而近山一帶已前後起矣。二十五日。知縣俞峻與北路營副將赫生額游擊耿世文至大墩。嚴飭莊人禽捕。先焚數小村以怵之。大墩距大里杙僅七里。無辜婦孺。號泣於道。爽文因民之怨。二十七夜。襲大墩。軍覆。文武俱沒。進攻彰化。城兵才八十。不足守。二十九日陷之。殺知府孫景燧理番同知長庚攝縣事劉亨基都司王宗武署典史馮啓宗。護淡水同知程峻偕守備董得魁巡防至中港。聞警。趣回竹塹。王作李同等要之。峻自殺。十二月朔。陷廳治。殺竹塹巡檢張芝馨。衆擁爽文爲盟主。遵故明。建元順天。駐彰化縣署。以劉懷淸爲知縣。劉士賢爲北路海防同知。王作爲征北大元帥。王芬爲平海大將軍。爽文以玄緞爲冠。盤兩金龍。結黃纓。自項垂背。衣袞服。高坐堂上。衆呼萬歲。初六日。破諸羅。殺攝縣事董啓埏原署縣事唐鎰典史鍾燕超左營游擊李中揚及臺灣道幕友沈謙沈七等。諸羅爲府治右臂。財賦之區也。諸羅破。則府治垂危。故急籌防禦。而是時各處響應。斗六門南投猫霧捒俱破。殺縣丞周大綸陳聖傳巡檢渠永湜。郡中大震。未幾而鳳山莊大田起。大田亦平和人。隨父渡臺。寄籍諸羅。父沒。遷鳳山竹仔港莊。盡力農功。擁貲厚。鄉里有急。輒周恤之。以是義俠聞南路。既入天地會。與爽文通書訊。稱莫逆。及爽文起事。大田族弟大韭大麥號召莊人。推大田爲首。宰牛歃血。至者二十有餘人。莊錫舍王阮郭簡天德許光來李惠亦各以衆至。大田出資造軍器。樹大旗。自稱南路輔國大元帥。或曰定南將軍。或曰開南將軍。數日之間。衆至數千。十三日。攻縣治。南路營參將胡圖里以兵三百禦諸北門。未戰而逃。千總丁得秋把總許得陞外委唐宗保王朝桂俱沒。遂入城。殺知縣湯大紳典史史謙教諭葉夢苓訓導陳龍池走陴頭集義民。謀規復。爽文大田合攻府治。海防同知楊廷理兼府事。募義勇。修城柵。日夜籌戰守。遣員渡海告急。總兵柴大紀拒戰於鹽埕橋。檄游擊蔡攀龍率澎湖兵七百駐桶盤淺。而爽文之軍已據大穆降。距城二十里。循山行。可達南路。廷理偕守備王天植伐之。千總沈瑞先行。戰於大灣而沒。廷理天植突圍出。爽文之軍逐之。遂圍府治。福建總督常青聞變。急調水陸兵赴泉州。居中策應。五十二年春正月。水師提督黃仕簡率金門銅山之兵二千。入鹿耳門。陸路提督任承恩統提標長福興化之兵二千。至鹿港。海壇鎭總兵郝壯猷副將徐鼎士各以兵至。仕簡檄大紀取諸羅。而壯猷南出。二十里。即阻止。頓兵五十日。始達鳳山。鳳山城已空。招民復業。黨人混入。吏不之覺。三月初十日。城復陷。福寧游擊延山安平游擊鄭嵩同知王雋均死。壯猷逃府治。承恩至鹿港。距大里杙不遠。亦不敢進。爽文之起也。適漳泉人械鬪。後鹿港爲泉人互市之埠。故不從。兩提督既至。爭效命。而不知驅策。逡巡觀望。詔以常青爲將軍。往督師。李侍堯爲閩浙總督。調廣東兵四千浙江兵三千駐防滿兵千。以江南提督藍元枚赴軍。與福州將軍恒瑞均爲參贊。誅壯猷逮承恩以大紀代之。元枚至師未久卒於鹿港。常青之至也。統兵萬人。勢頗振。及見事亟。固壘自完。請濟師。二十四日。大田復攻府治。官軍禦之。退駐中洲。翌日。陳靈光謝檜掠東郊逼草店尾。許尙陳聘亦攻小北門屯柴頭港。皆大田之黨也。爽文之弟永率所部千人至大穆降大田約會師。二十七日。自擊桶盤淺以莊錫舍攻小南。謝檜攻大東。林永攻大北。許尙攻小北。四路合圍。號稱十萬。常青亦分所部。以游擊邱維揚守備黃象新守柴頭港。守備曾紹龍守草店尾。守備王天植守小東。都司羅光照守小南。參將宋鼎守大北。參將左淵守小北。檄蔡攀龍固守桶盤淺而自佩弓矢至大東門督戰。義民數萬出城助。自黎明至於日中。戰愈烈。官軍槍礮併發。退而復進。蔡攀龍之拒桶盤淺也。大田引軍東。攀龍隨之。伏兵盡起。不能脫。乘馬被創。徒步更戰。常青在城上望之。令參將特克什布馳救。攀龍回擊。始出。把總余興王澤高俱死。兵丁沒者百數十人。而謝檜等又迫小東門之下。縱火焚敵樓。王天植撲之。義民饑不得食。退入城。城人大譁。爭走海口。一時傲擾。乃無何而莊錫舍倒戈降。單騎入見。常青大喜。立與六品頂戴。賞帑二百兩。令出城助戰。大田聞之大駭。慮有變。急收軍回南潭。林永亦去。圍始解。錫舍泉之晉江人。居陴頭莊。大田之起也。糾漳人而錫舍亦集泉人。勢相埒。衆推大田爲長。錫舍屈意下之。及再破鳳山。建功多。益自負。錫舍有親屬爲道署胥吏。時通尺素。大田疑之。使人諷錫舍互易所部。錫舍愈恚。巡道永福知其意。令親屬以書招之。錫舍諾。至是果降。請赴竹滬募義民以絕大田歸路。常青未許。知府楊廷理以爲無害。縱之去。途次爲大田所得。欲殺之。許光來諫曰。錫舍之降。非屬本心。今旣歸來。仍當重用。不宜自傷手足。以啓離叛。光來亦泉人。故爲錫舍地。大田從之。置左右。出入必偕。及大田分兵攻諸羅。防範稍弛。使人潛載其孥入郡。約內應。五月十二日。常青將兵三千。自伐南潭。大田已去。錫舍執林紅金娘以獻。金娘下淡水番婦也。習符咒。能治病。大田信之。軍中咸呼仙姑。爽文亦封爲柱國夫人。林紅其男妾也。皆戮於北京。十三日。參贊恒瑞領侍衛八人兵一千至府治。總兵梁朝桂魏大斌亦率兵先後至。常青議出師。而爽文已久圍諸羅矣。爽文之南下也。北莊粵監生李安善復彰化。獲楊振國高文麟陳高楊軒。檻送福州。淡水同知幕友壽同春亦復竹塹。磔王作。斬鄭加。集義民一萬三千人以守。及柴大紀北上。鹿仔草武舉人陳宗器雙溪口武舉人黃奠邦各率泉人從。正月二十三日。復諸羅。殺侯元。爽文回軍破彰化。又圍諸羅。大紀竭力守。疊請援。五月十五日。常青令出師。以總兵梁朝桂魏大斌爲前鋒。副將謝廷選蔡攀龍爲左右翼。率各營將弁四百三十七員。滿漢兵五千五百人。出大北門較場祭纛。啓行。以莊錫舍爲嚮道。聞大田又在南潭。遣梁朝桂伐之。不利。自駐關帝廳。軍中夜譁。達旦始息。翌日諜報大田集諸部。據濠樹栅爲久住計。常青悉師攻之。又不利。守備林士春千總謝元把總劉茂貴皆戰沒。飛章入告。再請師。下旨嚴責。且命舍南就北。六月二十四日。以魏大斌率兵千五百援諸羅。至鹿仔草而敗。又以參將特克什布游擊藍田玉副將蔡攀龍等三次往援。皆被截。損兵大半。僅得入城。詔以柴大紀爲參贊大臣。然諸羅被圍愈密。無可得食。掘樹根煮豆粕以充饑。而守志益堅。八月。廣東副都督傅清額江寧將軍永慶各以兵至。常青仍頓兵府城。恒瑞及總兵普吉保兩路援兵各五六千。亦不敢進。反張皇事勢。請兵六萬。詔解常青恒瑞之任。以協辦大學士陝甘總督福康安領侍衛內大臣參贊海蘭察代之。並飭大紀率民出城。再圖進取。大紀不從。下旨嘉奬。改諸羅爲嘉義。康安途次亦奏請增兵而進。下旨嚴飭。十月二十九日。統侍衛巴圖魯一百二十餘員。滿漢兵九千。至鹿港。爽文聞報。遣所部拒之。十一月初四日。戰於八卦山。索倫佐領阿木勒塔先登。爽文之軍敗走。彰化又復。康安南下。遇戰於崙仔頂。海蘭察率侍衛巴圖魯分兵爲五。以義民千餘爲左右翼。再戰於牛稠山。爽文復敗。初六日入嘉義城。次日康安至。初九日。爽文率衆數萬。再攻西北隅。海蘭察出戰。殺傷甚多。爽文退守斗六門。康安命海蘭察普爾普鄂輝等自十四甲而北。自與恒瑞策其後。大戰於興化店。護軍統領舒亮亦受策。自鹿港而進。伐中寮。破大肚溪而南。以通海口之路。十八日。攻斗六門。爽文據壘守。決水以阻。別屯所部於大埔林及中林大埔尾。復東屯菴古坑以爲援。康安分軍進隘口。悉布竹釘。不良於行。乃斬竹圍而入。爽文遁大里杙。築土城高壘。列巨礮。內設木柵兩層沿溪置卡以拒清軍。二十四日。康安至丁臺莊。爽文乘夜攻。列炬如白晝。清軍寂然。既迫而戰。矢礮齊發。互有死傷。翌日。康安分諸將。自西南西北兩路進。併力搏戰。爽文不敵。挈眷走集集。清軍入莊。殺林素林成林快江近許三江劉懷清二百餘人。獲大小礮百六十餘尊。器械糧食無算。遂燬之。十二月初五日。清軍至集集。爽文築壘溪勘。斷木塞道。列營山上。康安遣普爾普繞山行。海蘭察亦率侍衛涉溪進。四川練兵攀援而上。爽文走小半天。匿拏番社。社丁杜敷縛其父林勸弟林壘母曾氏妻黃氏以獻。清軍復逐之。爽文竄埔裡社山中。康安分汎諸軍。檄歸化土番入山搜索。五十三年春正月初四日。爽文至老衢崎。自知無可免。投於所善高振家。曰。吾使若富貴。振縛以獻。並其弟躍。康安統師而南。駐灣裡溪。肅清中路。二十四日。克鳳山。大田走瑯璚。地絕險。乃駐軍柴城。二月初五日。康安以侍衛烏什哈達自海進。海蘭察鄂輝自山行。而自統師至風港。越菁穿林。深入三十里。大田悉衆以拒。三軍會攻。自辰至午。死者二千餘人。遂被禽。及弟大韭母黃氏等四十餘人。大田至郡。病亟。磔之。而爽文嚴烟劉升等皆檻致北京。餘斬於市。南北俱平。十七日。康安至郡。海蘭察普爾普班師歸。常青恒瑞入京。柴大紀以貽誤軍機處斬。黃仕簡任承恩罪均貸其一死。李永祺永福亦被議。以蔡攀龍爲水師提督。梁朝桂爲陸路提督。普吉保爲臺灣鎮總兵。知府楊廷理署臺灣兵備道。徐夢麟署知府。餘各擢用。命福州將軍魁倫渡臺。協辦善後事宜。

連橫曰。林爽文之役。南北俱應。俶擾三年。至調四省之兵。乃克平之。較之一貴。爲尤烈矣。夫臺灣之變。非民自變也。蓋有激之而變也。一貴之起。始於王珍之淫刑。繼由周應龍之濫殺。從之者衆。而禍乃不可收拾。若夫爽文固一方之豪也。力田致富。結會自全。乃以莊民之怨。起而誅殘。渫血郊原。竄身荒谷。揣其心。固有不忍人之心也。善乎鄭兼才之言曰。林爽文之變。寔激之使起。則此後張丙之變。戴潮春之變。又孰非激之使起哉。而論者乃輒謂臺人好亂。何其傎也。

孫景燧列傳

孫景燧浙江海鹽人。進士。乾隆四十九年春正月。任臺灣府知府。五十一年冬十一月。彰化天地會謀起事。兵備道永福命偕游擊耿世文領兵往辦。及林爽文攻縣城。城兵僅八十。不足守。卽與都司王宗武原任知縣張貞生署典史馮啓宗等分門禦。城破被執。不屈死。

兪峻浙江臨安人。舉人。乾隆五十一年冬十月。任彰化知縣。時天地會已謀起事。偕北路營副將赫生額率兵赴大墩剿辦。林爽文攻之。軍覆被殺。

馮啓宗浙江山陰人。乾隆五十一年。任鹿港巡檢。兼彰化典史。林爽文之役。城破被殺。

周大綸忘其籍。乾隆五十一年。任南投縣丞。及林爽文陷彰化。以南投無城可守。赴諸羅與知縣董啓埏合籌戰備。城破。巷戰。死。

渠永湜忘其籍。前任斗六門巡檢。調署猫霧捒。林爽文之役。既破大墩。途經犁頭店。執之。不屈。死。

陳聖傳浙江山陰人。乾隆二十七年。舉於鄉。爲鹽場大使。候補福建。兩充同考官。例轉知縣。以忤上官意。授羅漢門縣丞。乾隆五十一年。調守斗六門。斗六門爲諸彰衝要。用兵必爭之地也。聖傳既至。急募鄉勇百餘人守衛。分兩隊。詰奸宄。五十二年正月二十一日。林爽文來攻。勢張甚。鄉勇多走。聖傳猶力戰。或勸其去。不聽。騎馬略陣。大呼曰吾斗六門縣丞也。來諭爾輩降。遂被殺。從僕。顧景亦死。

程峻安徽六安州人。乾隆五十一年。護淡水同知。林爽文既起事。破彰化。將略淡水。其黨林小文謀應之。峻至中港防堵。被攻不敵。創重。至柯仔坑而死。

張芝馨直隸南皮人。乾隆五十一年。任竹塹巡檢。林小文以衆來攻。驟募義勇防禦。城破。被獲。不屈。死。

湯大紳江蘇武進人。任鳳山知縣。林爽文之役。莊大田起兵應。破縣治。大紳被創。子荀業左右翼蔽。俱被殺。常州人以其父子忠孝。建祠祀。荀業著有竹居詩。僅存半卷。

王雋浙江仁和人。舉人。前任北路理番同知。卸事。晋省。適林爽文起事。巡撫徐嗣曾命赴臺。

巡道永福檄運糧鳳山。以濟郝壯猷。及鳳山再破。被殺。

劉亨基。湖南湘潭人。乾隆四十九年。任北路理番同知。及林爽文起事。彰化知縣俞峻赴大墩剿辦。以亨基攝縣事。城破。遇害。女滿姑年十七。侍父在旁。懼被辱。挺身投池水。水淺不能沒。枕籍泥淖中。一家死者十二人。自景燧以下。皆予卹。襲職。祀昭忠祠。而滿姑特旨優褒。賜祭。塋。建坊。原籍。

壽同春。浙江諸暨人。佐淡水同知程峻之幕。時年已七十有二。矍鑠能任事。乾隆五十一年冬。林爽文起事。破彰化。陷竹塹。峻死焉。同春亦被擄。王作聞其名。以禮相待。願受教。同春佯許之。而潛遣人揚言內地大兵已至。黨人聞之。頗張惶。遂約原任竹塹巡檢李生椿明志書院掌教孫讓糾合義民萬三千人。以十二月十三日並起。復竹塹。禽王作許律陳覺鄭加等。斬之以狥。上書省吏。陳其事。先是巡撫徐嗣曾聞變。奏調閩安副將徐鼎士率兵援淡水。阻風月餘始至。駐軍艋舺。時閩粵各莊洶洶欲動。同春撫之。始輯。而新任淡水同知徐夢麟亦至。大甲各莊毗鄰彰化。同春慮有變。親赴鹿港。謁提督任承恩。請合攻大里杙。不許。而白石湖金包里等處閩粵又鬭。漳人半屯白石湖山上。夢麟撫之。歸者少。同春往陳利害。眾始從。

翌年冬十月。率義民駐烏牛欄。至三十張犁莊。遇戰。馬蹶。被禽。不屈。死。事聞。賜知縣銜。予卹。廕一子以知縣用。祀昭忠祠。胡遠山浙江某縣人。歲貢生。主彰化白沙書院講席。范琪耀浙江會稽人。王某、俞某亦浙江人。均爲彰化知縣俞峻幕賓。城破。皆死。各附祀昭忠祠。

福康安列傳

福康安字瑤林。號敬齋。姓富察氏。滿州鑲黃旗人。大學士一等忠勇公傅恒之第四子也。乾隆三十二年。授三等侍衛。洊擢至一等。金川之役。以功封三等嘉勇男。嗣晉侯爵。協辦大學士。總督陝甘兩省。五十一年冬。彰化林爽文起事。鳳山莊大田應之。南北俱擾。先後命福建總督常青、將軍恒瑞、陸路提督任承恩、水師提督黃仕簡率兵往。皆無功。詔書切責。仍觀望。疊請濟師。五十二年秋八月。詔以康安爲大將軍。領侍衛內大臣超勇侯海蘭察爲參贊。率領隊大臣普爾普、護軍統領舒亮、浙江提督許世亨、四川松藩鎭總兵穆克登阿、江南狼山鎭總兵袁國璜、四川副將張芝元、頭等侍衛穆塔爾及巴圖魯侍衛等一百二十餘員。調湖南兵二千。廣西兵三千。貴州兵二千。四川屯練兵二千。往平之。康安入京。面授機宜。是時。爽。

文已久圍諸羅臺灣鎭總兵柴大紀與民堅守効死勿去城中無所得食掘樹根煑豆粕以啖詔命諸將趣救遲疑不前又命大紀捍民出城再圖進取大紀奏言諸羅爲府城北障諸羅失則府城亦危且半載以來深濠增壘守禦甚固一朝棄去克復爲難惟有竭力固守以待援師高宗覽奏墮淚詔曰大紀當糧盡勢急之時唯以國事民生爲重雖古名將何以加玆其封爲義勇伯世襲罔替令浙江巡撫以萬金賞其家俟大兵克復與福康安同來瞻覲康安途中亦請增兵下旨嚴飭頒內庫大吉祥右旋螺以利渡海冬十月至泉州徵進士鄭光策舉人曾大源入見詢以臺灣亂故光策對曰守土好侈民生日削爲亂之階夫臺灣固殷富之地然官貪則民貧民貧則亂作固自然之勢也康安曰然卽撤行轅供具令所司辦事毋近侈華有獻地圖言機事者皆納之十月二十一日發大擔門守風崇武二十八日諸軍畢集遂進鹿港遣舉人曾大源監生陳文會職員楊振文等登岸招撫近莊分發露布脅從罔治其來歸者給以盛世良民之旗令樹鄉中師至不討以是頗多分散方是時爽文久圍諸羅而自駐營於牛稠山之上十一月初四日康安令海蘭察率巴圖魯攻八卦山克之遂復彰化乘勢救諸羅爽文拒戰於崙仔頂而敗再戰於牛稠山復敗遂解諸羅之圍進破

斗六門。燬大里杙。爽文走集集。逐之至小半天。竄老衢崎。遂縛之。檻送北京。捷聞。封一等嘉勇公。移師而南。戰於楠梓坑。復鳳山。莊大田竄瑯嶠。水陸併進。禽之。磔於府治。餘黨悉平。其右旋螺命存福建藩庫。凡將軍總督渡臺及册封琉球。佩之行。當諸羅解圍之時。柴大紀出迎。自以參贊伯爵。不執櫜鞬之儀。康安啣之。至是劾其前後奏報不實。詔以大紀固守孤城時逾半載。非得兵民死力。豈能不陷。若謂詭譎取巧。則當時何不遵旨出城。其言糧食垂盡原所以速外援。若不危急其詞。豈不益緩救兵。大紀屢蒙褒獎。或稍涉自滿。於康安禮節不謹。致爲所憎。遂直揭其短。殊失大臣休容之度。又福康安抵諸羅後。凡有攻剿。皆不派大紀蔡攀龍。而於擁兵不救之恒瑞。非惟不劾。且屢叙其戰功。曲爲庇護。恒瑞本應軍前正法。恐駭聽聞。其逮交刑部治罪。尋遣戍伊犂。會侍郎德成自浙江歸。高宗以康安所劾大紀事詢之。德成奏言大紀在任貪黷。令兵私回內地貿易。及事起倉卒。不早撲滅。以致猖獗。又逮問提督任承恩。供亦同。乃命康安與閩浙總督李侍堯查奏。五十三年春正月。詔曰。柴大紀前此久困孤城。不肯退兵。奏至時。朕披閱墜淚。即在廷諸臣。凡有人心者。無不歎其義勇。用人者當錄其大功而宥其小過。豈能據福康安虛詞一劾。遽治以無名之罪。前詢李侍堯之旨。

至今尚未復奏。殆亦難於措詞乎。尋李侍堯奏至。略如福康安指。福康安奏言。大紀鹽埕橋之戰。尚能出力。守禦諸羅。亦有微勞。惟以專閫大員。既不能整飭於平日。又不能撲滅於臨時。皆紀律不明所致。請即解京正法。七月。大紀逮至京。命軍機大臣會同大學士九卿覆訊。大紀再三稱寃。及廷訊。始引咎。仍微訴其枉。詔曰。福康安等擬大紀斬決。朕念其守城微勞。原欲從寬末減。改爲監候。乃展轉狡辯取死。豈可復從寬典。其即依所擬正法。於是大紀處斬。時論寃之。臺灣既平。康安上善後策十六事。其要在習戎備。除奸民。淸吏治。速郵政。下旨允行。又以歸化番人效力軍前。請援四川屯練之制。設置屯丁。語在軍備志。八月。命於臺灣府城及嘉義縣各建生祠。御製詩文以紀其事。再圖形紫光閣。凱旋之時。適駕幸熱河。賜宴賦詩。並立碑熱河文廟。告成而繫以辭曰。瀛壖外郡。閩嶠全區。厥名臺灣。古不入圖。神禹未略。章亥所無。本非扼要。棄之海隅。朱明之世。始聞中國。紅毛初據。鄭氏旋得。恃其險遠。難窮兵力。每爲閩患。訖無寧息。皇祖一怒。遂荒南東。郡之縣之。闢我提封。一年三熟。蔗藷收豐。漸興學校。頗進生童。始之畏途。今之樂土。大吏忽之。恣其貪取。既嬉其文。復恬其武。匪今伊昔。叛亂屢覩。向辛丑年。昨丙午歲。一貴爽文。其亂爲最。水陸提督。發兵於外。奈相觀望。賊益張大。天啓予衷。更遣重臣。百巴圖魯。勇皆絕倫。川湖黔粵。精兵萬人。水陸併進。至海之濱。至海之濱。崇武略駐。後兵到齊。恬波逕渡。一日千里。以遲爲速。百舟齊至。神佑之故。馳救諸羅。群賊蜂擁。列陣以待。不値賈勇。如虎搏兎。案角隴種。頃刻解圍。義民歡動。斗六之門。爲賊鎖鑰。大里之杙。更其巢落。長驅掃蕩。如風捲籜。夜携眷屬。內山逃託。生番化外。然亦人類。怵之以威。賚之以惠。彼知畏懷。賊竄無地。遂以成禽。爽文首繫。狠狽爲奸。留一弗可。自北而南。如上臨下。海口遮羅。山塗關鎖。遂縛大田。略無遺者。二人同心。其利斷金。曰福康安。智超謀深。曰海蘭察。勇敢獨任。三月成功。勳揚古今。既靖妖孽。當安民庶。善後事宜。康安是付。定十六條。諸弊袪。故永奠海疆。光我王度。凡八武成。蒙佑自天。雖今耄耋。敢弛惕乾。如曰七德。實無一焉。惟是敬勤。勵以永年。是年冬。康安調閩浙總督。歷洊內外。後以功晉封貝子。嘉慶元年薨。晉封郡王。謚文襄。入祀賢良昭忠兩祠。配饗太廟。事在清史。海蘭察亦滿州人。勇敢善戰。康安每統師。輒爲參贊。所向克捷。臺灣之役。以功晉封超勇公。與舒亮普爾普俱圖形紫光閣。御製平定臺灣二十功臣像贊。餘亦晉擢有差。

楊廷理列傳

楊廷理字雙梧。廣西馬平人。以拔貢生初知侯官縣。歷陞至臺灣海防同知。乾隆五十一年冬十一月。彰化林爽文起事。知府孫景燧遇害。全臺震動。乃攝府篆。是時爽文已圍諸羅。鳳山莊大田亦起應。府治戒嚴。府治固無城。植竹爲藩。聯以木柵。年久多毀。廷理急集紳民。籌守備。各街置一柵。派人守之。甫就。而諸羅陷。總兵柴大紀率師扼鹽埕。城中空虛。廷理手一旗。大書募義勇。馳呼於市曰。好男子。其從我。聞者走集。不三日而得八千人。告以守城之義。皆曰諾。復募海口水手一千。調熟番一千。凡萬人。設蓁帳。整礮械。具糧秣。數日而戰具備。乃以四千人守各隘。六千人屯城中。時各省援軍未至。府治當南北之衝。爽文大田合兵攻。五十二年元旦。薄東門。廷理出小東門。左營游擊古淵出小南門。合擊之。二十四日。大田復攻。四路合圍。號稱十萬。廷理率衆禦。兩軍方戰。黨首莊錫舍忽倒戈降。廷理以書招之也。大田聞之氣沮。遂不敢復攻府治。十月。大將軍福康安至鹿港。克彰化。廷理率義勇從。三戰三捷。疏通中路。遂見康安於丁臺莊。康安勞之。爽文既擒。移師南下。進攻大田。獲之。臺灣平。五十三年春。署臺灣道。加按察使銜。經理善後。遂建府城。六十年。以在侯官任內。虧欠庫款。謫戍伊犁。嘉慶八年。赦還。十一年。捐復知府。分發福建。十二年。又任臺灣府。當是時。蔡牽俶擾海上。叠犯臺灣。七月。南澳鎭總兵王得祿敗朱濆於雞籠港內。濆竄蘇澳。廷理率兵北上。至五圍。集耆老撫慰。又知熟番土目潘賢文陰與濆通。厚結之。衆皆鼓勵。願效命。遂與得祿會攻。濆大敗去。廷理巡視蛤仔難。謀開設。而大府以地在險遠。民番雜處。慮有變。不許。十五年四月。總督方維甸巡臺灣。次艋舺。蛤仔難民番皆請收入版圖。命廷理偕巡檢胡桂往勘之。廷理以臺有業戶。其弊頗多。力主裁除。業戶不從。勸諭再三。始各領丈。乃將籌辦情形。條陳大府。而司中以臺洋隔絕。事難懸擬。請交臺灣鎭道議。復十七年七月。始收其地。設噶瑪蘭廳。廷理任通判。十二月。調建寧知府。民思其政。爲位於文昌壇之右。

鄭其仁李安善列傳

鄭其仁。字彭年。號靜齋。臺灣府治西定坊人。少有力。能舉巨石。作掌上舞。年十八。入鳳山武庠。三赴鄉闈。不中。遂居鳳山薑園莊。力田治產。乾隆五十一年。林爽文陷彰化。莊大田起兵應。衆以其仁負重望。請出。不從。乘夜踰垣走。妻林氏慮被害。憂悸暴病。莊人載至烏樹林塭。未至而卒。其仁埋諸沙汕。遂覔船至府。署知府楊廷理命募義勇助戰守。已而大田攻府城。其仁中彈未愈。輒出戰。嗣隨副將丁朝雄由水道攻東港。克之。以功授守備。東港地近薑園。其仁素悉情形。乃集流亡。給口糧。收以爲用。勢益振。而東港恃以無恐。五十三年春。大將軍福康安平北路。率師而南。廷理帶兵協剿。其仁願爲前隊。戰於放縤莊。遇伏力戰死。年三十有四。事聞。加都司銜。謚忠勇。賜祭祀京師昭忠祠。世襲雲騎尉。葬於府治小北門之洲仔尾。林氏附焉。嘉慶十二年。邑人士請與薛邦揚許鴻均祀忠義孝悌祠。詔可。

薛邦揚字垂青。府治寧南坊人。爲臺邑庠生。乾隆五十一年。林爽文攻府治。邦揚募義勇助守。不給。則貨田宅以濟。又從游擊蔡攀龍駐桶盤淺。歷戰數次。五十二年五月初三日。莊大田合諸軍來攻。兵民併力禦。邦揚親自陷陣中。礮墜馬死。妻兄某在旁。奪屍歸。年二十有八。妻陳氏遺腹生一子。

許鴻府治鎭北坊人。入武庠。林爽文之役。總兵柴大紀率兵禦於三崁店。鴻以義勇從。遇戰陷陣。知府楊廷理見其危。督衆救之。而鴻已沒。得其屍歸。年三十有四。

李安善字喬基。廣東嘉應州人。祖某來臺。曾募鄉勇從征朱一貴。以功授職。因家彰化之北莊。墾田致富。安善少讀書。納粟入監。里黨有事。知無不爲。故衆倚爲重。乾隆五十一年冬。林爽文起事。陷彰化。攻諸羅。以楊振國高文麟守城。粵莊因械鬬之怨。故不從。安善窺其虛。集子弟而告之曰。城可取也。粵人聞之。願效命。得數千人。分四隊。與前任知縣張貞生把總陳邦光。以十二月十二日分攻縣治。克之。獲振國文麟等。解省受戮。當是時。城人多去。而所部以搜捕爲名。焚莊掠物。安善不能制。撤歸北莊。城復失。北莊距大里杙不遠。爽文慮爲肘腋患。命衆攻之。安善竭力禦。求援各莊。無有應者。隻身走鹿港。請鉛藥爲戰守之用。而爽文購之急。歸及牛罵頭被獲。挾至大里杙。勸其降。不從。殺之。事聞。賜祭予恤。賞知縣銜。廕一子以知縣用。附祀忠烈祠。

陳周全高夔列傳

陳周全。臺邑人。天地會之黨也。林爽文敗後。南北小康。守土官不以吏治爲意。孳孳爲利。乃與鳳山陳光愛謀。招人入會。從者數百。遂議起事。乾隆六十年春二月。光愛刼石井汛。未破。

爲同知朱慧昌所禽。戮之。周全走彰化。彰固天地會部落。爽文之徒。尙有存者。與黃朝陳容集餘黨。而自爲會首。以洪棟爲軍師。禡旗糾旅。至者數千人。三月朔。襲鹿港。殺同知朱慧昌。鹿港營游擊曾紹龍外委任向標均戰沒。署北路副將張無咎在彰。聞變。令游擊陳大恩馳救。途次聞耗。還屯八卦山。無咎逃。署知縣朱瀾亦棄城走。明日。周全攻城。先擊八卦山。都司焦光宗赴援。未至而破。大恩自焚死。張朱皆被戕。光宗自刄未死。遇救匿武生林國泰家。典史費增運千總吳見龍郭雲秀皆巷戰死。周全既入城。據縣署。大張文告。而斗六人王快亦起事。破斗六營以應。迨嘉義報至。巡道楊廷理登陴。總兵哈當阿知府遇昌游擊麥瑞合率水陸兵九百名往。至灣裡溪。阻水不得進。先是汀州府同知沈颺奉委至彰。遭變。伏民家。密與貢生吳升東廩生楊應選等集鄉壯以待官軍。大肚鹿港各莊應之。周全知力薄。棄城去。國泰率義民數百至。以畚輿舁光宗入城。郡中聞報。以前嘉義知縣單瑞龍署縣事。沈颺署鹿港同知。周全南下。至埔心莊。爲莊人陳昕所執。解獻軍前。哈當阿夜渡虎尾溪。趨入城。令捕餘黨。黃朝陳容洪棟次第被禽。均戮於郡。當周全之敗。鳳山人鄭賀偵郡中兵虛。謀夜襲。其友許强豫聞。官令與之周旋。醉而縛之。獻於道轅。未幾。王快亦被戮。事聞。文武紳民各懲賞有差。越十有六年。而有高夔之事。

高夔。淡水人。時漳泉械鬬方息。無賴之徒又謀起釁。各莊騷動。夔糾集黨徒。得百數十人。嘉慶十六年夏六月初旬。偕族人姣赴柑園。謀起事。未集。新莊縣丞簡清瀚聞之。會艋舺都司莊秉元率兵捕。夔走入五指山。黨人俱散。越一月。知府汪楠同知查廷華各率兵入山大索。被禽。姣亦就捕。諸人皆磔死。

臺灣通史卷三十二

臺南　連雅堂　撰

海寇列傳

臺灣固海上荒島。當明中葉。林道乾作亂閩海。都督俞大猷征之。遁入臺。嗣走大年。既而顏思齊鄭芝龍輩亦出沒海上。及思齊死。芝龍降。海氛漸靜。而臺爲荷蘭所略矣。延平入處。傳祀三世。整軍養民。蔚爲上國。其後遂爲清人所取。臺人之謀光復者。時起兵戎。而海上固無事也。乾隆六十年。安南匪艇犯福建。掠邊民。海壇游擊李長庚敗之。匪艇既散。而蔡牽之亂作。牽福建同安人。素爲盜。犯法。亡入海。嘯聚黨徒。肆刼殺。遂併其衆。而陸上不逞又接濟之。北至山東。南迄兩粵。沿海商務大遭損折。臺灣。尤甚。嘉慶八年夏六月。牽刼臺米數千石。分餉朱濆。濆粵盜也。遂與合。八月。牽猝入閩。詔以長庚統閩浙水師平之。長庚亦同安人。牽慴其勇。每遇輒避。時牽方大敗。破船多。以濆不用命。怨之。濆怒自去。而牽勢稍衰。九年夏四月望日。犯鹿港。未幾進泊鹿耳門。郡城之要隘。素有水師駐防。久無設備。故賊船自若也。二十八日。乘雨攻北汕。官兵潰。礟不得發。遊擊武克勤守備王維光戰沒。遂燔木城。毀礟臺。奪鐵礟。官軍莫如何。薄暮郡中驟聞北汕失。住民恐。總兵愛新泰移鎭安平。以安平爲郡咽喉。而大西門又爲通海要道。派兵駐守。臺灣縣學教諭鄭兼才拔貢生林朝英廩生徐朝選生員張正位各助防。鄉勇亦往來不絕。然其時水師無戰艦。故不得出擊。三十夜。牽焚鹿耳門營署。火光達安平。五月初二日。又燒商船一艘。翼日以十二人駕小艇入焚哨船三。奪去二。營兵義民滿布海岸。莫敢誰何。船戶知無所恃。各赴牽議價自贖。十三日。東南風發。乃擁重貲悠悠而去。十二月初三日。長庚追至淡水。擊之。寇多溺斃。十年春二月。南竄。四月。再至淡水。擁船數百。勢張甚。豫結山匪洪老四等爲援。招誘無賴。入黨者數千人。而船中被虜知書之徒。又以天時人事相附會。牽揚揚自得。以爲南面王可爲也。遂出文告。稱鎭海威武王。建元光明。祭天地。踞滬尾。焚艋舺。署都司陳廷梅與戰死。前淡水同知胡應魁亦傷。官軍皆望風而靡。十七日。郡中得報。戒嚴。翼日。總兵愛新泰提兵援北。知府馬夔陛隨後行。牽自至滬尾。即遣其黨逕趨鳳山。鳳山賊吳淮泗起事應之。巡道慶保聞變。檄臺防同知錢霨以二十一日率把總曾瑞王正華等。領鄉勇屯番往。二十四日。率至鹿耳門。爰新泰歸保郡城。以夔陞守嘉義。而大小㮚榔鹽水港蕭壠北埔諸莊山賊俱起。命千總陳安陳登高等討之。十二月朔。遇賊木柵。與戰。義首陳鳳被殺。虜黃興入船。戮之。安亦傷。逃。賊遂進踞洲仔尾。距郡城才六里也。自是南北不通。臺灣縣知縣薛志亮見事急。念非紳商無可與圖存者。乃屏輿從。自海口入城。集紳董中大義。勸守禦。貢生韓必昌陳廷璧首率衆領義旂。未一日而得義首二百五十人。義民逾萬。咸自備軍糈。願殺賊。初。三郊商人擁貲貿易。自遭海寇以來。商船多被掠。及聞牽至。各挺身募勇。供驅策。助餉數萬金。三郊者。南郊北郊糖郊也。聚處大西門外。當海口入城之衝。故自衞尤篤。三郊總義首布政司經歷銜陳啓良白巡道。請添建木城於海口。自小西越大西至小北。凡千二百丈。費銀六千有奇。以三日夜告成。慶保亦命貢生游化龍赴東路。協和閩粵各莊。防內變也。初。鳳山亂作。慶保復命署守備陳名聲假遊擊三品頂戴以行。未至而鳳山失。澍與知縣吳兆麟遁入粵莊。名聲收兵回埤頭。十一月二十九日。粵莊子弟護送至下淡水溪南。方渡溪。前隊遇賊。而後隊火藥自發。衆亂。賊乘之。要殺兆麟於磚仔窰莊。澍亦鬚眉盡爇。僅以身免。偕名聲入處內埔。而賊黨陳棒葉豹黃灶李璉盧章平等遂率衆攻遊擊吉凌阿於楠梓坑。時以援鳳駐此。所部僅三百人。而敵逾數千。力戰疊勝。糧久罄。乃以計拔營歸。比賊覺。已入城矣。率旣南下。圖郡治。自踞舟中。以觀山賊擧動。十二月初五日。始出攻安平。翼日。又撲郡城。擊退之。附郭居民多挈眷入往來雜踏。商舖咸罷市。一日中數傳賊入城。守城官有易服私去者。苟非紳商協守。則城失矣。陳鴻禧者。鎭署稿房鴻猷弟也。派守西門木城。鴻猷有異志。欲召弟以亂軍心。時天黑。鴻禧與衆爭鬥。軍裝盡失。男婦後至者不得入。相擁哭。道上傲擾喧傳賊迫城。陳啓良聞之。知木城如故。請於都司許律斌。得兵三十。又與義首郭拔萃郭振春等分募義勇八十。協守之。夜以鴻猷狀白巡道慶保。急詣總兵。捕鴻猷。獲通賊白旂。戮之。內防益密。各門皆閉。唯開大西門以通郊民出入。列炬如晝。巡視不絕。民心稍定。然山賊每逢三六九日必攻城。俱以礮擊退之。二十四日。愛新泰出巡。遇賊敗績。千總薛元勳戰死。泰亦陷圍。吉凌阿趣至。始免。而閩浙水師提督李長庚已統舟師至矣。十一年春正月初五日。長庚命金門鎭總兵許松年。澎湖水師副將王得祿入擊。牽慮官軍至。沈舟鹿耳門以阻。長庚知南北汕大港門可通小舟。扼之。別以兩將駕澎船入。風勢適利。放火焚之。燬賊船三十餘艘。捕虜數千。牽退保洲仔尾。官軍進泊內港。而山賊攻城愈迫。聞官軍至。欲分其勢。猛攻大南門。南壇僧澄潭密通賊。獲訊之。幷悉有內應者。
皆就戮。十六日黎明。賊又分隊至。義勇禦之。十八日夜半。將來攻。都司許律斌移駐木城。賊
知有備。趨安平。巡軍見之。開礮擊。折而北。謀與牽合。二月初二日。慶保會伐蔴荖。三郊義首
亦領衆出小北門。既而守備吉凌阿都司許律斌游擊官朝贊知縣薛志亮皆至。郊衆請攻
洲仔尾。且言可取狀。方討議。而愛新泰至。下令出軍。郊衆奮勇行。既至。賊不設備。一鼓破之。
內港水師助戰。長庚別遣將出南汕。自後焚其舟。牽大敗。賊首周添壽陳番等各逃去。是日
爲社公辰。近村之賊多歸。故勢殺也。翼日。收桶盤淺莊。賊首陳棒聞敗。未戰而潰。牽知山賊
不足爲。謀遁去。而官軍困之。初六日。風潮驟漲。沈舟漂起。厚賂浙兵。黎明潛奪鹿耳門出。長
庚追之。奪船十餘。卒以閩兵不助扼各港。竟脫去。蓬柁皆毀。至福寧。又得山賊接應。勢乃振。
長庚列狀聞。詔褫總督玉德職。逮京治罪。以阿林保代之。玉德忌長庚功。主撫。故閩兵不願
力戰也。陳棒自桶盤淺潰後。十四日。回埤頭。又敗。走桃仔園。入番界。吳淮泗亦自旗後遁。賊
船未幾獲。陳番及許和尙。殺之。自是南路漸平。十二日。總兵愛新泰率安平副將張良樹北
路副將金殿安參將英琳等南下。復鳳山城。粵莊聞至。送陳名聲錢靄來會。分勦餘賊。每誣

良民。或捕或竄。兵至苦之。閩粵素不和。無事。輒起械鬭。時粵莊以拒賊功。而助賊者閩人也。遂假其事以逞。官不之察。地方初平。而兩族又將啓釁。鄭兼才上書巡道。請止勸脅從罔治。事乃息。十六日。牽復至泊鹿耳門。越二日。長庚亦至。牽移泊王爺港。旣知不可踞。遂北去。謀佔噶瑪蘭。噶瑪蘭處臺灣北東。絕遼遠。時尚未入版圖。乾隆末。漳浦人吳沙始募流民入墾。嘉慶元年。築土圍於烏石港南。二年。沙死。侄化領其事。從者益衆。牽至。欲取其地。衆懼。化謀所以拒之。夜集鄉勇數百。扼要隘。又命諸番伏岸上。翼辰賊入市貨物。擒之。得十三人。牽怒。進攻。衆斷大木塞港道。船不得入。久之乃去。五月十七日。再踞鹿耳門。刼商船。海道不通。二十七日。福寧鎭總兵張見陞澎湖水師副將王得祿合擊之。軍殊戰。牽麾船出。而鹿耳門道狹。沙汕左右立。每當夏秋間。風濤澎湃。牽船多衝破。狼狽走。自是不敢犯臺灣。未幾而有朱濆之亂。初濆與牽分。自領其衆。橫行海上。十二年秋七月。敗於廣東之大萊蕪外洋。爲澄海副將孫全謀所追。走入鹿港。或至淡水。伺隙刼掠。時王得祿駐銅山。聞其犯臺。放舟索之。夜至雞籠。見濆船匿港內。突擊之。濆竄噶瑪蘭。大載農具入蘇澳。謀奪溪南地。蘇澳爲臺東番界。距噶瑪蘭東南。官軍未至也。五圍頭人陳奠邦告急。知府楊廷理北上。與得祿合會水陸軍劖之。岸裡社番土目潘賢文處羅東社。勢力振一方。濆思結之。而李祐陰通賊。廷理知其實。召賢文至。曉以大義。犒番嗶吱十疋。紅布五百疋。銀千圓。皆奮起願効命。乃設木柵於海口。捕通賊者。祐懼。挈妻子逃賊舟。九月初九日。廷理自艋舺至五圍。集衆撫慰。義首林永福翁清和願率勇効用。得祿舟師亦至蘇澳。濆以巨纜繫鐵鏊沈港口阻之。而廷理已命義首各領番人。隨山刊木。達蘇澳。賢文亦斷賊樵汲。二十日。兩軍夾攻。焚賊船三。巨舟一。濆大敗。率十六艘順流而東。嗣爲許松年所滅。自是臺灣無海寇。事平。詔收噶瑪蘭。設官經理。是役曾命將軍賽沖阿視臺。戰守文武官紳各隨功入奏。賞給有差。十二月二十五日。長庚追牽入黑水洋。牽勢蹙。將就擒。其奴開礮中長庚。遂死。事聞。下旨軫悼。封伯爵。謚忠烈。建專祠。以王得祿提督閩浙水師。得祿臺之嘉義人。久隨長庚立戰功。十四年秋八月十七日。偕提督邱良功南下。追牽至魚山外洋。牽勢大蹙。集兩省兵船困之。十八日。至黑水洋。賊船盡沒。牽知不免。開礮裂舟。落水死。妻子黨徒皆沒。奏入。晉得祿子爵。餘亦嘉獎。自是海寇盡平。

王得祿列傳

王得祿字百遒。號玉峰。先世居於江西南城。曾祖奇生以千總隨征朱一貴。陣歿鳳山。賜恩騎尉。遂遷諸羅溝尾莊。年十五入武庠。乾隆五十一年冬。林爽文起事。陷諸羅。得祿走府城乞師。遂募義勇五百以待。五十二年十一月。大將軍福康安復諸羅。從戰有功。隨攻大里杙。躍馬先渡。後軍繼之。遂破堅壘。爽文竄內山。康安率軍進。命隸汀州鎮總兵普克保麾下。及平。賞戴花翎。以千總實缺用。六十年。補督標右營。陳周全之變。隨閩浙總督伍拉納入臺。事畢而去。當是時。閩粵海上多盜。而蔡牽朱濆為之魁。刦船越貨。商務阻遏。閩浙總督檄銅山營參將李長庚平之。得祿從。頗殺賊。嘉慶五年春三月。長庚為福建水師提督。一意剿盜。而得祿與邱良功為之輔。四月。護送封舟赴琉球。十一月回省。旋率兵艦出洋。時有殺獲。以功晉級。九年十一月。護澎湖水師副將。時牽有窺臺之意。而澎湖為臺之門戶。孤懸海上。乃籌守備。討軍實。築礮臺以防侵擾。十年春正月。牽至入虎井嶼。將登岸。得祿禦之。八月。署澎湖副將。十一月。牽入鹿耳門。勾結陸盜。攻圍府治。得祿隨長庚赴剿。牽沈舟以阻。而自屯岸上。得祿知大港可達安平。自駕小舟入。與鎮道會商剿圍之策。嗣與義首吳春貴柯緯章王得昌等率義民三百。十一年春正月初五日。嚴軍行。戒諸舟勿燃燈。既迫始奮擊之。牽揚帆欲遁。得祿揮舟堵截。擲火礶火箭以焚。烈焰漲舟。賊驚惶。多墜海死。燬船二十有二。獲其三。禽股首蔡正等百六十八人。斬首八陣。鹵器械無算。牽以是奪氣。然猶據險守。二月初二日。舟次洲仔尾。睹岸上民兵參差而東南。氛甚惡。訝曰。不趣援。賊必伏戎於莽。兵勇將不支。所領舟置劈山礮十二尊。揮衆上岸。舉礮擊。戒曰。視吾旗進退。時潮將落矣。每舟以善泅者六人扶之進。麾旗放礮。賊果伏莽中。不虞官軍之猝至也。爭走。而水陸阻隔。莫能援。城中義勇又數隊至。賊愈窘。縱火燬其營。牽大敗。謀遁。走港塞不得行。初六日。風潮驟漲。遂被逸。長庚及得祿追之。不及。奪船十餘。頗斬獲。詔革頂戴。三月。將軍賽沖阿渡臺。仍命剿堵。五月。牽復泊鹿耳門。賽沖阿令得祿率兵船十二。小澎船二十。出戰。與福寧鎮總兵張見陞內外合攻。得祿憤前之被逸也。鼓勇而進。衝其中堅。獲船十。擊沈十一。禽股首林略傅琛及徒二百數十人。牽敗去。詔加總兵銜。十二年春正月。會浙江提督李長庚剿牽於粵洋。頗斬獲。嗣調南澳鎮總兵。至銅山。聞朱濆竄鹿港。追之。七月。至雞籠。見濆舟潛匿港內。又諜知夜突。擊之。斃賊七百。獲船九。燬二。擊沈三。救回商船一。濆敗竄蘇澳。謀據地久居。復追之。見港狹。以小舟載火具入。伏巨艦於港口。縱火焚。濆舟爭出。開礮擊之。狼狽走。沈舟三。獲一。器械無算。濆乃東去。自是不敢犯臺灣。十二月。長庚追牽於黑水外洋。中礮殞。十三年春正月。詔任浙江提督。總統閩浙兵船。爲長庚雪憤。五月。受事。六月。調福建水師提督。與總督阿林保奏言。臺灣北路守兵單薄。請改興化協左營守備爲水師。移駐滬尾。以延平協左營守備移駐艋舺。管轄陸路。從之。十四年八月。會浙江提督邱良功剿牽於定海之魚山。牽勢已蹙。追之不敢息。明日仍據上風。傍午逾黑水洋。見綠水。將遁走外洋。得祿恐其復逸。麾閩浙各船遏之。牽殊死戰。篷索相糾。賊以綻鈎浙舟。矛貫良功之腓。浙舟毀綻脫。而得祿之船復迫之。轉戰良久。濺血聲喧。牽彈盡。以番銀爲礮子。官軍亦以大礮轟擊。烟霧蔽海。得祿傷右額。猝倒。再起。大呼殺賊。牽知不能免。自沈其舟。妻孥皆死。捷聞。詔封二等子爵。賞戴雙眼花翎。十五年四月。統師出洋。搜剿餘黨。多納降。海上稍靜。然猶有黃治聚衆海壇。刦截商旅。討之。自是每有斬獲。海寇漸平。十六年九月。入覲。垂詢水師情形。溫旨褒嘉。歸福建。十八年二月。福建巡撫張師誠疏言。臺灣之鹿耳門鹿港兩處。港內悉係暗沙。須淺水船隻始能守禦。應造守港及八槳快船。分設防堵。王得祿素諳臺地情形。請令酌定船式。得祿遂繪圖以進。奏請造竣之後。分撥鹿耳門十六隻。鹿港八里坌各八隻。從之。又以厦門爲全閩要口。港汊紛歧。商旅往來。

時虞伺刦。奏請動撥房租。添造槳哨巡船。以利緝捕。亦從之。旋赴臺灣閱兵。請假展墓。得祿少失恃。長嫂許氏育之。至是特請追封一品夫人。長兄追贈振威將軍。蓋異數也。七月。回任。整剔營伍。多所更改。二十五年。復赴臺灣閱兵。道光元年春正月。調浙江提督。翌年六月。以病乞回籍。捐運津米。並倡修鳳山縣城。奉旨交部優叙。七年八月。入覲。旋閩後。寄家廈門。已而嘉義張丙起事。南北俱動。卽募義勇五百。隨水師官兵至樸仔脚。助戰有功。詔加太子少保銜。得祿以嘉義城垣爲張丙所蹂躪。倡議重修。並建義倉。儲穀二萬石。爲兵荒之用。居鄉時。頗有義舉。二十一年。英人之役。駐防澎湖。十二月。薨於防次。年七十有二。追贈伯爵。加太子太師銜。謚果毅。賜祭。有子十。長朝綱。任山東濟東道。次朝綸。候補員外郎。

謝鄭列傳

謝金鑾字退谷。福建侯官人。少孤貧。事母孝。好讀宋儒言行錄及五子近思錄。常曰。士以忠孝好學爲立志。倫常日用爲力行。空言存誠。愼獨主敬。存養而不讀書。有體則失之偏。乾隆五十三年。舉於鄉。嘉慶六年。任邵武教諭。嗣調南靖安溪。所至以興學爲任。士論歸之。十年。

任嘉義教諭。時蔡牽作亂。刼略海上。陷鳳山。南北戒嚴。嘉義知縣詢以籌防之策。金鑾對曰。此間士民。曾遭林爽文之亂。造柵鑿濠。治兵習礮。皆有成法。可召而謀之。如其言。衆果集。偕視四門。指揮區畫。分地而守。夜漏三下。而部署定。已而總兵武隆阿帥師至。牽黨盡去。隆阿知其才。至學署。見壁間教士條約。歎曰。通儒也。禮之。初牽謀踞蛤仔難為巢穴。而朱濆亦屢窺蘇澳。金鑾以蛤仔難居臺之北。東勢控全局。若為賊有。則禍害靡寧。遂考其圖經。徵其始末。著蛤仔難紀略六篇。首原由。次宣撫。次形勢。次道里。次圖說。而終之以論證。語在撫墾志。上之當道。請收入版圖。咸以險遠為難。乃郵示鄉人少詹事梁上國。據以上聞。詔命閩浙總督派員經理。設噶瑪蘭廳。臺灣知縣薛志亮聘修縣志。與府學教諭鄭兼才同事。兼才亦主開蛤仔難者。秩滿。調南平教諭。嗣移彰化。復調安溪。欲引退。諸生籲留。未幾遘病歸里。卒年六十有四。著教諭語。風行海內。又有二勿齋文集。道光五年。祀鄉賢祠。

鄭兼才字文化。福建德化人。乾隆五十四年。拔貢生。充正藍旗官學教習。嗣授閩清教諭。嘉慶三年。舉鄉試第一。改安溪。調臺灣。已而蔡牽犯府治。踞北汕。山賊亦竊發。城中議戰守。以兼才駐大南門。詰出入。晝夜巡防。不遑寢食。事平。以功授江西長寧知縣。辭。請改教諭。會試。

乃任建寧。復調臺灣。時議開蛤仔難。衆論未決。兼才以地處上游。漳泉雜處。其釁易啓。萬一有失。臺灣之患。從是多矣。力主設官。後從其言。初鳳山亂後。閩粵莊民。藉端搆陷。猾吏土豪又以捕賊爲名。貪緣市利。兼才聞之。言於巡道。其害始戢。府治昭忠祠祀陣亡官兵。頗有疏漏。亦旁求事例。補祀二千四百八十餘人。兼才雖爲學官。而吏治民生。靡不悉意講求。著六亭文集。

連横曰。噶瑪蘭開設之議。前後繼起。而金鑾之論。尤爲剴切。兼才之語。亦有同心。是皆有用之文也。士君子讀書論世。操筆爲文。足垂不朽。而儇薄之徒。但工藻繪。拘虛之子。多屬空談。非所以爲經國之業也。夫不知而言。是不智也。知而不言。是不忠也。不智不忠。非人也。若乃二子以冷署閒曹之官。而爲拓土開疆之計。可謂能立其言者矣。

吳沙列傳

吳沙。漳浦人。少落拓。來臺。居北鄙之三貂嶺。任俠。通番市。番愛其信義。遠近歸之。民窮蹙來投者。則與米一斗。斧一柄。使入山伐木抽籐以自給。於是客至愈多。淡水廳慮其亂。遺諭羈縻之林爽文之變全臺震動及平黨徒多北走遁入山同知徐夢麟素知沙有爲請大吏檄沙堵守沙既通番市嘗深入蛤仔難視其地平廣而腴可墾田蛤仔難者番地也三面負山東臨海平原萬頃溪港分注天然沃壤也自三貂嶺越山行一二日可至然漢人鮮入者乾隆三十三年林漢生始召衆入墾爲番所殺後或再往皆無功沙既議墾謀於其友許天送朱合洪掌之三人者亦番割也分募三籍流民率鄉勇二百餘人前進佃農隨後嘉慶元年秋九月十六日至烏石港築土堡以居則今之頭圍也闢地日廣番始驚怖傾其族以抗而鄉勇力戰沙弟立死焉沙既遭番害竭智併力不稍屈乃使告曰吾輩奉官命而來以海寇將踞茲土爲番人患非有心貪而之土地也且駐兵屯田亦藉以保護而之性命爾番信之鬪稍息居無何番患痘枕籍死闔社遷徙沙以藥施之不敢食強而服之病立瘥凡所活百數十人群番以爲神納土謝未一年得地數十里初沙將入墾苦無貲淡水柯有成何繢趙隆盛聞其事皆助之沙所募多漳籍約千人泉人漸乃稍入而粵人則爲鄉勇已而漳人蕭竹來游沙禮之爲之畫策二年沙赴淡水廳給照許之與以吳春郁義首之戳疏節濶目一切聽從其便沙乃召佃農立鄉約徵租穀刊木築道沿山各隘分設隘寮十一所曰民壯寮

募丁壯以守。每隘十餘人。或五六十人。晝夜擊柝。行旅無害。故來者皆有闢田廬長子孫之志。而沙亦歲入愈豐。以其餘力拓地。至二圍。三年。沙死。子光裔無能。侄化代領其事。已而吳眷劉胎蔡添福來附。拓地至湯圍。番慮其逼。復時有戰鬬。互殺傷。化乃與番和。約不相侵擾。番喜。進至四圍。皆爲漳人踞。泉人初不及二萬。僅得二圍地。民工衣食皆仰於漳粵人。忿且諗泉人弱。起而攻。泉人與鬬。輒敗。將棄地走。漳人留之。更與以柴圍之六十九結奇立丹之地。化及三人者咸戒其衆毋更進。而三籍亦相安矣。七年。人至益衆。漳人吳表楊牛林循簡東來林瞻陳一理陳孟蘭泉人劉鐘粵人李先共率衆一千八百十六人。進攻得五圍。謂之九旂首。九旂者人各建一旂。立地上。以色爲界。於是漳得金包里股員山仔大三鬮深溝地。泉得四鬮一四鬮二四鬮三渡船地。而粵亦得一結至九結地。然泉人別闢溪洲一帶。三籍之氓雖各耕鑿防備。而皆奉化爲義首。化亦能御其衆。聽約束。不敢犯。九年。彰化社番土目潘賢文犯罪。懼捕。率岸裡阿里史阿東東螺北投大甲吞霄馬賽諸社番千餘人越內山逃至五圍。欲爭地。而阿里史番強挾火鎗。漳人不敢鬬。謀散其衆。犒以粟。分置諸番而食之。阿里史番說。漸以火鎗易衣食。幾盡。漳人始侮之。而番不能鬬矣。十一年。淡水漳泉械鬬。有泉人走入蛤仔難。其族納之。復與漳人鬬。粵及阿里史諸番皆附。然漳人地大族強。與戰輒勝。遂併泉人地。諸番無所棲息。移住羅東。奉潘賢文為長。未幾又鬬。漳人林標黃添李觀各領丁壯百人。以吳全李佑為導。夜度叭哩沙。潛出羅東後。突擊之。諸番驚潰。於是漳人復併有羅東。既而泉人請和。許之。乃自溪洲沿海闢地。至大湖。粵人亦順伏焉。先是海寇蔡牽之亂。侵犯沿海。十一年春二月十六日。泊鹿耳門。窺府治。為福建水師提督李長庚所敗。遂北去。圖踞蛤仔難。衆懼。化謀拒之。夜集鄉勇數百。扼險要。又命諸番伏岸上。明日寇至。入市貨物。禽之。得十三人。牽怒。進攻。衆斷大木塞海道。船不得入。久之乃去。十二年秋七月。牽黨朱濆犯雞籠。澎湖水師副將王得祿逐之。濆竄蛤仔難。大戰農具。入泊蘇澳。將奪溪南地為巢穴。蘇澳為臺東番界。距蛤仔難東南。官軍固未至也。五圍頭人陳奠邦告急。知府楊廷理北上。與得祿合。會水軍剿之。濆苦無援。思結潘賢文為內應。而李佑亦陰通賊。廷理知。召賢文諭以大義。犒其衆。番喜。願效力。乃設木柵於海口。捕通賊者。佑懼逃賊舟。九月初九日。廷理自艋舺至五圍。召義首林永福翁清和撫慰之。各率丁壯防守。而得祿舟師亦至蘇澳。合攻濆。大敗之。自是海寇不敢復來。是役化功特著。所部尤用命。事平。請以土地入版圖。大吏慮其險遠難治。不納。十五年夏四月。總督方維甸上其事於朝。詔可。乃改稱噶瑪蘭。十七年秋八月。設廳。置民番通判。築城建署。經劃地界。三籍之氓。復日至。多至數萬人。洎光緒元年。改爲宜蘭縣。

蕭竹。漳之龍溪人。頗能文。喜吟咏。精堪輿術。以臺爲海外奧區。必有奇山水。足供游攬。遂從其友來。窮歷南北。至蛤仔難。時吳沙方闢斯土。客之。竹乃探形勢。標爲八景。且益爲十六景。悉賦詩。或記述其山川脉絡。當是時。墾地未廣。平原萬頃。溪注分流。竹於圖中凡可以建城築堡者。皆遞指之。後如其言。沙既闢斯土。至者數千人。力田自給。顧自恥化外。百貨鮮通。竹又爲畫策。請入版圖。有司以土地遼遠。慮有變。不許。未幾竹卒。沙亦死。侄化領之。後從其議。

陳奠邦。亦漳人。來臺居淡水之金包里。豪俠自許。與柯有成何繪善。每有義舉。慨然爲之。已而移居蛤仔難。與吳沙相結納。嘉慶十二年。海寇朱濆犯蘇澳。將踞爲巢穴。居人或通款。奠邦聞。獨遣人走府告急。至艋舺。得楊廷理會援之信。遂促有成諸人募鄉勇。而自偕泉籍義首導官軍。水陸夾攻。濆敗走。事聞。賜緞袍銀牌。以旌其功。蘭治初建。奠邦爲街坊總理。努力任事。復率衆築城植竹。以底於成。道光四年。山匠林永春滋事。奠邦亦有功。事母孝。與士信。

排人之難。濟人之急。有古烈士風。通判高大鏞旌其廬曰。純孝性成。里人曾疏其行於廳。未及核報而奠邦死。家亦中落。

連橫曰。吾讀姚瑩楊廷理所爲書。其言蛤仔難之事詳矣。而多吳沙開創之功。夫沙匹夫爾。奮其遠大之志。率其堅忍之氓。以深入狉榛荒穢之域。與天氣戰。與猛獸戰。與野蠻戰。勇往直進。不屈不撓。用能達其壯志。以張大國家之版圖。是豈非一殖民家也哉。吾又讀謝金鑾蛤仔難紀略。力陳廢棄之非。其言曰。夫君子之居官。仁與智二者而已。智者慮事。不在一日而在百年。仁者之用心。不在一己之便安。而求益於民生國計。倘敬事以愛民。蛤仔難之民。則堯舜之民也。何禍端之有。旨哉。斯言可以治當時之蛤仔難。且可以治臺灣矣。夫蛤仔難番地爾。勢控東北。負隅固險。得失之機。寔係全局。使非沙有以啓之。則長爲豺狼之域矣。然則沙之功。不更偉歟。

姜周列傳

姜秀鑾廣東人。周邦正福建人。均居竹塹。爲一方之孟。當是時。竹塹開墾。漸入番境。東南一帶。群山起伏。草莽林菁。雖設隘數處。以防番害。而力寡難周。番每出而擾之。番之强者爲錢朱夏三族。錢居中興莊。朱居北埔。夏居社寮坑。大小三十餘社。有衆二百數十人。憑其險阻以掠近郊。急則竄入山。官不能討。道光六年。始設石碎崙隘。頗足恃。然僅守一隅。墾戶猶未艾也。十四年冬。淡水同知李嗣業以南莊墾務既啓其端。而東南山地未拓。諭秀鑾邦正爲之。遂集閩粵之人。各募資本一萬二千六百圓。治農畝。設隘寮。名曰金廣福。初圓山仔金山面大崎雙坑茄苳湖南寮鹽水港石碎崙等各設隘。爲塹城之蔽。至是悉舉而委之。別給千金。以充開辦。而兩人遂糾其子弟。自樹圮林入北埔。相地勢。置隘四十。配丁二百。部署佃人。以墾北埔南埔番婆坑四寮坪陰影窩等。凡二十有五社。鋤耰併進。數年之間。啓田數千甲。時與番鬭。十七年冬十月。大撈社番集其類大舉來襲。戰於蔴布樹排。佃農不敵。殪者四十餘人。秀鑾在北埔。聞警。率壯丁馳援。始擊退之。已又戰於番婆坑中興莊等處。大小十數回。二人。志不稍屈。日夜籌防。所部亦一心助戰。番不得逞。久之淡水同知詳請鎮道題奏。頒給金廣福鐵印。與以開疆重大之權。歲加給費四百圓。統率隘勇數百。拓地撫番。權在守備以上。金廣福既任其事。益募股。召佃。橫截內面。以墾月眉之野。以制大崎水仙崙雙坑崎林水尾溝一帶。腹背併進。而壓臨之。於是芎蕉諸番遂不敢抗。竄於遠山。保其殘喘。而草山順興南坑火瀝柑仔崎寶斗仁等之地。皆爲金廣福有矣。田工既竣。且拓且耕。至者數千人。分建村落。歲入穀數萬石。以配股主。二人亦巨富。秀鑾遂居北埔。子孫蕃衍。唯邦正之後稍凌替爾。

連橫曰。新竹爲北臺沃壤。王世傑既墾之矣。而沿山一帶。草萊未啓。番害靡寧。地利之興。猶有待也。姜周二子。協力一心。前茅後勁。以張大版圖。其功偉矣。顧吾聞之。西人每以拓殖公司。併人土地。而濬其利。若英之經營印度。荷之侵略爪哇。則其策也。金廣福受開疆重大之權。以攘除蠻族。而肇造田功。比之西人。何可多讓。孰謂我臺人而無堅毅遠大之志也哉。

許尙楊良斌列傳

鳳山。處郡治之南。俗浮民鷙。號稱難治。道光四年夏五月。打鼓山鳴。竹生華。七月。逢閏。愚氓以爲亂兆。訛言四起。草澤不逞之徒。遂出刼掠。署鳳山知縣劉功傑銳意捕盜。盡寘於法。羣盜聚語。共推許尙爲首。尙廣安莊人。販檳榔。爲鄉保告發。懼捕走匿。而群盜適謀起事。十月朔。尙與所善楊良斌蔡雙弼張阿來高鳥紫王曾等密議。期以十一日襲下淡水縣丞衙門。次攻鳳治。然苦無資。乃刼富戶。一時閤屬騷動。知府方傳穟聞盜。飭縣嚴捕。尙適在莊人劉黃中之家。黃中聞官令。勸勿出。功傑捕之不得。焚其居。跡至黃中家。嚴刑以逞。遂以尙獻。械送於郡。傳穟親訊。得其狀。言於鎭道曰。許尙雖禽。其黨尙在。今事破。必速亂。鳳治無城。不足守。而劉令新任。參將又懦。宜早增兵防堵。且臺每有變。南北互應。今須兩路并重。方爲萬全。從之。密飭嘉彰淡各守吏戒嚴。未幾而楊良斌起矣。良斌亦鳳邑人。以尙被獲。衆將散。告之曰。今散則力弱。合則勢强。鳳治雖有兵。攻之易破。吾願爲先驅。皆曰可。乃入鳳梨山造刀仗旗幟。使屯番潘老通向其舅潘巴能借礮。卜日誓衆。分爲二。良斌自爲元帥。以林溪爲軍師。王曾爲都督。領紅旂隊。李川鄭榮春爲正副先鋒。領烏旂隊。餘各爲股首。分募徒卒。約以二十四夜襲埤頭。埤頭鳳山新治也。舊治在興隆里。林爽文之役被燬。乃移此。郡吏慮其易失。以同知杜紹祁縣丞丁嘉植都司翁朝龍率兵二百守之。良斌既約期舉兵。又遣徐紅柑自臺邑。沈古老自嘉義。各舉應。別命吳賜入郡。偵舉動。二十一日。林溪至埤頭市五色綢製旂。溪故縣役。城吏所謀。莫不知。歸家。使人肩綢入山。已將飯而後行。母詰之。具以告。母懼誅。自首。遂獲溪下獄良斌聞。不待衆集。二十二夜。率數百人。分西北兩路而往。途次破苦楝門汛。殺汛兵。斬竹圍入城中。戒備。紹祁功傑偕守縣署。朝龍嘉植守義倉。良斌攻之。朝龍迎擊。而別隊已斬縣署木柵。爲鄉勇擊退。翼日。朝龍移守火藥局。文武隨至。住民恐。各走避。無賴從而掠奪。一城鼎沸。塘兵被殺。文報不通。二十三日夜半。郡中始聞警。文武會議。檄城守左營及安平水師駐守。署總兵趙裕福率中營游擊楊傑督師往。傳檖從。斬許尙而行。郡中亦訛言亂事。人心震駭。紳士韓高揚黃化鯉入見傳檖。請方略。傳檖曰。鳳治距郡城百里。朝發夕至。今賊氛惡。雖退必進。郡城爲全臺根本。君等其協力守之。乃修築城垣。以兩日夜而竣。各街皆設柵自衞。別以精兵三百。環城巡視。又檄安平副將以水師六百。駐西城外之老古石街。或請嚴扃城門。傳檖不可。曰。南路難民避亂至者日數百人。若城門一閉。則北路以爲郡城被困。將乘勢而起。二十四日。鎭兵南下。明日。傳檖以兵勇四百繼之。次阿公店。爲鳳治通府要途。留所部二百駐防。使訓導謝代壎率之。二十六日。至埤頭。撤功傑。以紹祁任知縣。裕福亦以朝龍爲南路營參將。傳檖督民夫補竹圍。拓深溝。嚴守備。通飭各莊緝捕。而縣役多與事。紹祁悉赦之。故無患。初良斌退駐鳳梨山樹旂。糾衆。勢復振。裕福至鳳。以衆多地險未敢遽伐。既而兵勇續至。各莊亦受約束。嘉義會黨越山南下。爲官軍所扼。不得至。吳賜至郡。被殺。新授臺灣鎮總兵蔡萬齡至。人心稍定。良斌知事敗。不可爲。遂散其黨。各歸去。官軍至。破之。王曾李川蔡雙弼等皆被捕。斬於軍前。良斌自駕小舟入海。至彰化。爲知縣李振青所獲。解郡戮之。南路平。奏入。下旨嘉賚。自鎮道以下皆從優議敘。明年。乃建鳳山縣城於舊治。

姚徐列傳

姚瑩字石甫。安徽桐城人。世以文名。瑩亦好學。工文章。嘉慶十三年。登進士。出宰福建。嗣任臺灣縣。道光元年。署噶瑪蘭廳通判。蘭爲初闢之地。瑩多方規畫。興利除弊。民稱其善。已而丁艱。寓郡中。知府方傳穟延爲幕客。時議開埔里社。瑩條陳八事。巡撫孫爾準見而難之。事遂寢。服闋。陞同知。擢臺灣兵備道。臺灣士習敦古。而文風未盛。瑩整剔海東書院規約。時與諸生相討論。考核名寔。以是士氣丕振。十九年。英艦犯廣東。窺閩浙。臺亦戒嚴。瑩與總兵達洪阿籌戰守。士民亦悉心禦侮。先後獲英兵一百六十八名。英人遂不得逞。及江寧約成。英領事璞鼎查訐臺灣鎮道妄殺遭難兵民。而江蘇主款者及福建失守文武。忌臺灣功。互相構陷。欽差大臣耆英據以入告。將逮京訊問。兵民洶洶罷市。瑩與達洪阿殷勤慰諭。終褫職去。初瑩在臺灣。以班兵驕惰。當繩以法。著班兵議。而總督趙愼軫亦以臺營惡習。幾有魏博牙兵之勢。下詢其事。瑩復之曰。自古治兵與治民異。蓋兵者凶器。其人大率粗魯橫暴。馭之之道。惟在簡嚴。簡者不爲苛細。責大端而已。嚴者非爲刻酷。信賞罰而已。夫虎豹犀象雖甚威猛。然而世有豢畜之者。馭得其道也。馬牛犬豕雖甚馴擾。僕夫童子可操鞭箠而驅之。壯夫鹵莽。或受角蹄之傷。且死者。馭之不得其道也。市井無賴。三五群毆。其勢洶洶。婦人孺子心膽欲碎。老儒學究向判曲直。反受詬誶而歸。搖手氣憤。痛罵其無良而已。道旁之人袖手竊議長短。紛紛未已。一武夫健卒奮怒叱之。二者鬨然而散。臺營情勢亦若是而已矣。臺灣一鎭水陸十三營。弁兵一萬四千有奇。天下重鎭也。兵皆調自內地督撫提鎭協水陸五十八營。漳泉兵數爲多。上游各營兵弱。向皆無事。興化一營稍黠。多不法。其最難治者漳泉之兵也。人素勇健而俗好鬭。自爲百姓已然。水提金門兩標尤甚。昔人懼其桀驁。散處而犬牙之。立意深遠。然如械鬬。娼賭。私載禁物。皆所不免。甚而不受本管官鈐束。不聽地方官逮理。蓋康雍之間尤甚。乾嘉以後。屢經嚴治。乃稍戢。此兵刑二律所以臺地獨重也。豈惟今日哉。

重法如迅雷霹靂。不可常施。常施則人側足不安。故曰一張一弛。文武之道。然小者可弛。而大者不可弛。小者狎妓聚賭私載禁物欺虐平民之類是也。若械鬬傷人且死且不受本管官鈐束。不服地方官逮理。則紀綱所繫。必不可宥。此輕重之別也。故治兵者不可不知簡嚴之道。不辨輕重者。不可以簡。不簡者。不可以嚴。不嚴者。不可以用威。威不足則繼之以恩。恩不足。則守之以信。自古名將之得士力者。皆由此。今之用兵者。既不知簡。又不能嚴。有罪而不誅。則無威。將不習校。校不習兵。勞苦之不恤。而朘削之是求。則無恩。當罰者免。當賞者吝。則無信。此所以令之不從。而禁之不止也。夫兵之可慮而難治者。叛與變爾。魏博之牙兵皆魏博人也。故敢屢殺逐其大將而不受代。若臺兵則皆分檄自內地建寧延平諸郡與漳泉不相能也。興化與漳泉鄰郡。亦不相能也。漳與泉復不相能也。是其在營常有彼此顧忌之心。必不敢與將為難明矣。況其父母妻子皆在內地。行者有加餉。居者有眷米。朝廷豢養之恩甚至。設有變。父母妻子先為戮矣。臺地大半漳泉兵民。素有相仇之勢。故百餘年來有叛民而無叛兵。乃治兵者每畏之而不敢治。則將之懦也。且漳泉之人。其氣易動而不耐久。一夫倡而千百和。初不知何故。及稍知之。非有所大不願。則已懈。更作其氣勢以臨之。則鼠伏而免脫矣。漳泉之兵既治。則他可高枕而臥矣。請以近事徵之。嘉慶二十四年七月。安平兵鬭。死者數人。將裨理論之不止。情懇之不息。鎮將怒。整隊將往誅之。衆兵聞聲而散。竟執數人。分別奏誅。無敢動者。二十五年正月。郡兵群博於市。瑩爲臺灣令。經過。弗避。呵之。皆走。一兵誣縣役掠錢。相爭。瑩命之跪。而鞫之。衆以爲將責此兵。一時群呼。持械而出者數十人。欲奪去。縣役將與鬭。瑩止之。下輿。手以鐵索繫此兵。告曰。汝敢拒捕。皆死。衆愕然不敢犯。乃牽之至鎮署。衆大懼。求免。不許。卒責黜十數人。而禁其博。自是所過。兵皆畏避。又是年九月。興化雲霄二營兵鬭。將謀夜擢殺。諸將倉卒戒嚴。瑩亦夜出。周視各營。衆兵百十爲群。見瑩過。皆跪。諭之曰。吾知鬭非汝意。特恐爲人所刼。故自防爾。毋釋伏。毋妄出。出則曲在汝。彼乘虛入矣。衆大喜曰。縣主愛我。至他營亦如之。竟夜寂然。天明罷散。音鎮軍切責諸將。衆兵乃懼。皆叩頭流血。察最狡桀者每營數人。貫耳以徇。諸軍肅然。此三事其始洶洶。幾不可測。卒皆畏服不敢動。可見臺灣之兵。猶可爲也。及再至臺。則紛紛以兵橫爲言者。或慮有變。詰其事。大率如聚賭違禁之類。將裨懦弱畏事。營縣又不和。是以議者紛紛。張大其詞。而非事實。夫聚兵一萬四千餘人之衆。遠涉重洋風濤之險。又有三年更換之煩。舊者未去。新者又至。此其勢與長年本土者固殊。而營將能以恩威信待兵者百不得一。時方無事。終日嬉游。悍健之氣無所洩。欲其無囂呌紛爭少違犯禁令之事。不可得也。而巽懦無識者。既不能治。徒相告以驚怪。是可喟矣。居無何。署督劉鴻翱以臺人之籲。白其寃。旋起用。分發四川。調兩淮。整飭鹽務。咸豐元年。陞湖北鹽法道。嗣任廣西按察使。均有名。著石甫文集東溟文集東槎紀略。皆刊行。自瑩去後。越三年。而徐宗幹任臺灣道。

徐宗幹字樹人。江蘇南通州人。以進士出宰曲阜。洊陞至汀漳龍道。道光二十七年。任臺灣道。時姚瑩方去。凡所規畫。多繼成之。宗幹爲治。循名核寔。而振興文教。尤汲汲以育才爲務。臺灣遭英人窺擾之後。士民蓄憤。自立鄉約。禁不與貿易。宗幹亦著防夷之論。論曰。夷狄之患。自古而然。議者以許和示弱。爲非國計。要在令其畏我之威。喜我之賂。鴟鳴狠踞。不足喜怒。惟宏之以大度。制之以遠算。勝之以深權。此今日撫夷之大概也。然所慮者。喜我之賂而不畏我之威。久則無賂可喜矣。此時情形。閩省與他省不同。閩省已准其設口通商。有撫法。無剿法。所謂懷之以德也。臺地本非原約。孤懸海外。無商可通。覦及煤炭。無微不入。且所欲亦不在此。名爲改易口岸。寔則聲東擊西。借此發難。昔年曾於此地大受創痛。難保其不懷叵測之心。現在防守要隘。以淡境雞籠洋一帶爲先著。竊以爲有堵法。無撫法。堵之以官兵。究爽前約。而開後衅。堵之以民。堵之以番。則無可藉口。所謂堵者。非必列兵布陣。但阻其不上岸而已。民番或無紀律。以官兵間之。兵亦可裝爲民。民亦可裝爲番。彼固無從辨別也。夫欲杜內奸。官之耳目不如民之耳目。官之號令不如民之號令。蓋以民防民。而內奸絕。內奸絕。而外侮必不能入。此尤在地方守令平日之得民有素。然論吏治於今日。但不視如寇仇足矣。安望其能如子弟之衞父兄乎。計惟以重利動之。一須酌墊屯糧。以固屯番之守望。一須寬發軍餉。以期士卒之飽騰。一須收雇壯勇。以防內奸之勾結。無事之時。但以聯莊緝匪爲名。靜以俟之。當是時。綠營廢弛。班兵多宿民家。挾械以嬉。宗幹移鎮管束。改建營房處之。兵民始分。又議改澎湖募兵。變通船政。清理人犯。語多可行。水沙連六社番久請內附。而廷議以險遠爲難。照舊封禁。宗幹上書總督。請援乾隆五十三年之例。先設屯丁。以便管理。從之。其後遂設官焉。咸豐三年。鳳山林恭起事。陷縣治。攻府城。宗幹與紳民守禦。命知縣鄭元杰以兵平之。四年。陞福建按察使。其後襄辦皖豫軍務。同治元年夏四月。任福建巡撫。彰化戴潮春已起事。全臺俱擾。而福建上游軍務復急。省議頗不以臺爲意。宗幹獨顧念焉。卽檄前署臺灣鎮曾玉明渡臺。又奏簡丁日健爲臺灣道。會辦軍務。次第蕩平。嗣請乞休。卒謚清惠。著有斯未信齋文集。宗幹曾輯治臺必告錄。以授日健。日健刊之。

連橫曰。臺灣沃野千里。民殷物盛。前時僅設一府四縣。而寄其權於巡道。以遙受督撫之節制。是巡道者。非僅有監司之責也。地方之治亂。國計之盈虛。民生之豐嗇。兵制之張弛。風化之純此。均於是賴。康熙中。陳璸任臺灣道。吏治爲海疆第一。其後寂寂無聞。迨道光間。內外多事。而姚瑩徐宗幹後先而至。皆能整飭吏治。以立遠大之謀。至今人猶道之。故余多採其言。以入各志。

張丙列傳

張丙。嘉義人。其先自漳之南靖來臺。居店仔口莊。世業農。能以信義庇鄉鄰。衆倚重之。道光十二年夏。大旱。粒米不藝。各莊皆禁糶。丙與莊人約。莫敢違。而陳壬癸潛購數百石。爲約故不能出。賂生員吳贊護之。贊族吳房。逸盜也。與詹通劫諸途。店仔口之禁米。丙董其事。贊牒縣。謂丙通盜。嘉義知縣邵用之獲房。誅之。並捕丙。丙怨令不治米出境。而反治禁著。要贊之妻孥於途。又爲縣役護去。益恨之。陳辦者巨盜也。居北崙仔莊。其族爲粵人張阿凛所辱。阿凛居雙溪口。粵莊之强者。閏九月初十日。焚辦室。辦邀丙與鬭。率衆三百人攻之。不勝。臺灣鎮總兵劉廷斌適北巡。丙聞而歸。辦遂掠粵莊。二十五日。刼大埔林汛兵軍器。廷斌追至東勢湖。戮二人。北路協副將葉長春與用之亦至。合擊辦於紅山仔。辦走攻蕭姜崙莊。官兵至。斬其黨王興王泉。辦竄白丙。丙觸前忿。謂官兵之專殺閩人也。與詹通謀起事。通父經知之。命長子日新往殺通。刄其額。不死。傍人殺日新。十月朔。攻佳里興巡檢署。殺教讀古嘉會及汛兵。掠下茄苳北勢坡八掌溪各汛。用之逐之。入店仔口。丙執而殺之。報宿怨也。初二日。臺灣知府呂志恒聞嘉令被圍。率鄉勇二百人往援。南投縣丞朱懋從之。丙禦之大排竹。署遊擊周進龍却。懋以言激之。乃前。施礮。爲丙衆所乘。義民許邦亮以其馬授志恒。徒步與戰。俱陷。懋有循政聲。丙後悔之。進龍間道歸。是以免。初辦之約丙也。無戕官意。至是其妻自經死。丙乃約所交遊。稱開國大元帥。建號天運。張告示。禁淫掠。令民無恐。以詹通黃番婆陳連陳辦吳扁爲元帥。劉仲劉港劉邦項王奉陳委洪番吳猫李武松許六孫惡爲先鋒。柯亭爲軍師。吳允不受封。自稱開國功臣。賴牛亦自稱元帥。各就所居。糾集黨羽。分大小四十六股。股首稱大哥。下爲班首。所部曰旗脚。每股百餘人。或數百人。初三日。丙率衆攻嘉義。典史張繼昌集兵民嬰城守。而股衆聚愈多。蔡恭梁辨莊文一吳鰍陳開陶黃元德各率所部至。凡萬五六千人。越日丙分衆攻大武壟汛。傷巡檢秦師韓。又攻目加溜灣。把總朱國珍死焉。廷斌北巡在途。聞警。以兵二百往。丙分道要擊。官軍將敗。適王得蟠率義勇至。擁以入城。副將周承恩殿。不知也。反馬入陣。馬蹶被刃。猶殺數十人。乃殪。將弁死者九人。兵百餘人。軍械盡失。廷斌既入城。以繼昌權縣事。修戰具。募義勇。爲固守計。而莊民之起應者。忽分忽合。郡城戒嚴。初七日。股首黃番婆攻鹽水港。破之。守備張榮力戰死。巡檢施模亦殊傷。鹽水港爲嘉義咽喉。郡北屏障也。既破。黨勢大振。初八日。丙解圍去。而迤南之黨漸迫郡城。郡中初不知守令之被戕也。有歸自大排竹者。述其狀。兵備道平慶以同知王衍慶權府事。環城樹柵備戰守。紳士亦助餉募勇。貢生陳以寬內渡告警。訛言日起。中營遊擊武忠泰落井死。相率欲逃。衍慶令曰。敢言走者斬。獲偵探吳連戮之。衆稍定。十一日。丙略鹽水港。辨亦攻北港。縣丞文烜千總蔡凌標合禦之。嘉義自解圍後。築土垣於城下。甫成而丙復來攻。凡三日。解圍去。鳳山縣人許成亦以月之十日豎旗觀音山。號天運。封歐先爲軍師。柯紳庇爲先鋒。以滅粵爲辭。遏運郡之米爲丙援。十四日。攻阿公店。千總許日高擊退之。於是始不敢窺府城。然彰化人黃成受丙約。亦以十二日豎旗於林圯埔。稱興漢大元帥。用故明正朔。僧允報爲謀主。郡中聞嘉義被圍久。念諸將在外無援。以都司蔡長青率兵九百運械往。股首蔡恭要之曾文溪。長青背水爲營。十九日。恭擊之。大敗。死焉。兵士亡者二百餘人。軍械盡棄。二十三日。丙焚嘉義北門。城兵出擊。互殺傷。三十日。又戰。股首陳太山劉眉滾被禽。磔之。於時黨中互爲雄長。分踞各莊。丙亦舍城去。殷庶之鄉慮其必敗。遂建義民旗鼓。輙禽股首殺焉。是日南路股衆圍鳳山。夜縱火逼縣署。署游擊翁朝龍退守火藥局。署知縣克通阿千總岑廷高列礮於庭。擊退之。自是亦不敢窺鳳治。閩中既接臺灣之報。陸路提督馬濟勝將兵二千馳援。以十一月朔抵鹿耳門。駐北門外較場。初五日進兵西港仔。獲偵探。知黨狀。初七日至茅港尾。遇股衆二千。敗之。濟勝曰。此地可戰。壘土爲營以待。翼日。股衆果以五六千人來撲。濟勝戒勿動。俟其懈。開壁出擊。陣斬數百。十二日進兵鐵線橋。二十二日。丙擁衆二萬。自搏戰。氣銳甚。呼聲震山谷。自辰至於日中。濟勝堅壁不動。薄暮始縱兵出追逐數里。禽五十餘人。斬七八百人。溺水死者相枕籍。丙亦能軍。收其衆踞橋北。翼日再戰。又敗。李武松詹通被禽。丙走伏近山蔴林中。而金門鎭總兵竇振彪以月之三日。至鹿港而南。會於鹽水港。濟勝令攻南黨。自帥所部入嘉義城。分兵搜剿斗六。嘉之北蔽也。黃城率衆來攻。破竹圍而入。千總張玉成外委朱承恩許國寶林登超蔡大貴皆巷戰死。縣丞方振聲守備馬步衢放火自焚不死。爲股衆所執。振聲妻張氏玉成妻唐氏皆不屈死。弁兵沒者二百數十人。城以黃雖榮爲縣丞。守斗六。自率其衆助丙。丙自敗後。勢蹙。各莊又多助官軍。皇皇無所之。十二月被執。黃城陳辦詹通陳連吳扁等亦先後被獲。以丙通辦連爲禍首。解囚郡獄。梟李武松吳扁等於嘉義各處。而剖黃城之心以祭斗六諸人。株連而死者數百。北路平。初七日濟勝率軍赴鳳山股衆禦之三滴溝。初八日獲許成蔡臨。斬之。南路亦平。十三年春正月。總督程思洛至自浙江。將軍瑚松額佩欽差大臣關防抵臺灣。當總兵劉廷斌之被困。兵備道平慶以亂狀入奏。命松額署福州將軍。哈朗阿爲參贊。領侍衛巴圖魯章京二十四員。又調西安馬兵三百。河南兵一千。貴州兵五百。四川兵千五百。赴臺。巡撫魏元烺以十二月十一日接提督捷報。奏請止軍。故各省之兵。皆未入閩境。而總督將軍先後渡臺也。窮治餘黨。按名悉獲。梟斬者三百餘人。遣戍者倍之。丙與通辦連俱械至京。磔之。詔祀方振聲馬步衢陳玉成於昭忠祠。餘亦賞。罰。有。差。

方振聲列傳

方振聲浙江山陰人。寄籍順天。遂家焉。供事武選司。出任福建閩安巡檢。歷陞至斗六縣丞。道光十二年秋九月。嘉義張丙起事。攻縣城。振聲聞警。卽與署守備馬步衢署千總陳玉成籌守禦。增壘浚濠。又以眷屬居營中。誓偕死。斗六爲嘉義北藪。負山扼溪。地險絕。然兵力單薄。慮陷圍。乃檄嘉義都司許荊山軍其外。以爲犄角。玉成善火器。每發必中。相持久。丙轉戰嘉南。十一月初三日。股首黃城以衆來攻。荊山宵遁。城自外放火。破竹圍而入。玉成率所部巷戰死。振聲步衢欲自焚。被執不屈死。妻張氏女某玉成妻唐氏亦死。幕客沈志勇沈聯輝家丁江承惠等皆死。弁兵沒者二百數十人。步衢玉成臺灣人。家世莫詳。而同心協力以守危疆。卒之勢蹙駢死。闔家俱亡。人以爲烈。事聞。下旨軫悼。賜祭。振聲追贈知府銜。謚義烈。步衢游擊銜。謚剛烈。玉成都司銜。謚勇烈。各世襲騎都尉罔替。入祀京師昭忠祠。張氏贈淑人。唐氏恭人。均謚節烈。建坊旌表。予志勇六品頂戴。聯輝七品頂戴。均照銜議恤。命於斗六准建專祠。春秋致祭。以從難幕客家丁弁兵配。

李石林恭列傳

道光之末。清政不飭。洪王起兵。奠都南京。建國太平。奄有諸夏之半。風潮震動。遠被臺灣。於是而有李石之變。於是而有林恭之變。李石臺邑人。時以小刀會踞廈門。而臺多漳泉人。謀起應。咸豐三年夏四月下旬。與楊文愛林清十數人樹旗灣裡街。以興漢滅滿爲言。從者衆。知縣高鴻飛聞警。將往討。命廩生許廷道率練勇從。廷道以練勇未集。請暫待。不聽。移營借兵三十。多羸弱。器亦不備。二十八日出軍。翌日至鹿仔草。度林投巷。石設伏以俟。自後刺之。鴻飛墜。馘首去。餘兵皆走。郡中聞報戒嚴。總兵恒裕出駐北較場。而鳳山之變作矣。林恭鳳山人。充縣署壯勇。與無賴伍。知縣王廷幹汰之。及聞北路之變。與其黨張古羅阿沙賴棕集衆百數十人。攻踞番薯藔。搶掠至鳳治。各鄉騷動。廷幹召義首林萬掌入衛。萬掌恭兄也。性奸猾。群不逞之徒。出入其家。二十八日。率衆入城。廷幹大喜。以所戴花翎加其首。曰。闔城付汝。全家付汝。恭亦擁衆入城。邑人猶以爲義民也。直入縣署。廷幹方作書達郡吏。見之欲走。

曾玉水揮刀以砍。幕友張竹泉趨救。亦被殺。典史張樹春聞堂上鬨聲。趨止。亦死。廷幹長子鈞未冠。倉卒持槍刺恭。不中。力鬭死。次子湜裁九歲。遇救獲免。家人臧獲死者十九人。妻張氏初避民家。日夜哭。主人患之。紿之出。卒以伶仃死。其妾匿火藥局以免。而樹春之家亦受害。廷幹山東安邱人。以進士仕閩。英人之役。運餉來臺。初知嘉義縣。繼任鳳山。性貪墨。邑人怨之。故變時無肯救者。恭既得鳳城。踞縣署。開倉庫。縱獄囚。自爲縣令。出示禁殺掠。以王光讚爲軍師。南路營參將曾元福適巡哨城外。急入援。無及。退守火藥局。恭攻之不破。放火決水。又不破。元福每乘隙出哨。示無恐。而糧食日用之物。僞奪於民者。而陰給其直。故不困。郡中聞變。兩令又前後被戕。巡道徐宗幹議自守。五月初二日。恭分衆攻郡。廷道謀內應。事洩喬死。城得不破。郡人擊退之。越數日。幕客唐壎語宗幹曰。鳳邑之陷久矣。鳳民之望救亦亟矣。今曾參將獨守危局。而郡無援兵。他日大府詰問。將若何。且不戰。亦不能守。宗幹意始決。議出師。無敢往者。乃以鄭元杰署縣事。赴援。元杰固辭。宗幹曰。吾知汝才。且知汝父才。汝其往哉。舉令箭授之。曰。此朝廷所畀也。今轉以畀汝。汝其便宜行事。元杰猶豫。而中營遊擊夏汝賢請行。乃誓師。以二十八日南下。父應璠爲治糧。汝賢亦率所部從。分三隊。以義首李澄清爲前軍鄉導。翁夢熊爲左隊。何璇璣爲右隊。西螺把總李朝祥率練勇八百來會。六月初二日至二層行溪。元福之子登瀛自募勇三百屯弁林鼎山以屯兵五百。先後至。翌日戰於新園。凡三遇伏。遂入舊城。初七日。元福聞官軍至。欲自內出擊。登瀛急欲見父。先破圍入元杰汝賢繼之。恭踉蹌走。餘黨伏城隅以戰。却之。陣斬方烏翠梁蘆等七十餘人。東港踞鳳治三十里。爲通海之市。民戶殷庶。恭敗後。將踞之。以收拾餘黨。元杰請郡吏會水師夾攻。二十九日。恭渡溪。走大莆林官軍追之。竄水底寮元杰久駐東港。餉絀。請於郡。不與。兵勇無所得食。大譁。令從變民戶。罰鍰贖罪。苛求富室。縣役黃添又假威以逞。元杰且爲所愚。東港之人怨焉。初萬掌道恭入城。退居水底寮。及敗。又庇之。應璠素識萬掌。遣人說以利害。七月二十七日。乃縛恭獻軍前。元杰解郡報功。戮之。已而總兵恒裕獲石等。皆斬之。事後以元杰知臺灣縣。其明年。樹春之子扶櫬。或言殺樹春者黃添也。元杰庇不與。樹春之子控於總督。召省察看。

鄭勒先列傳

鄭勒先泉人也。咸豐初來臺。居彰化。彰屬有埔里社。處萬山之中。土厚泉甘。袤延十數里。而番愚且惰。不知耕稼。漢人多往墾之。然時常仇殺。大府亦每議開設。未行。勒先既至。與互市。番疑之。乃從番俗。改姓名。與和睦。番信之。每得物。輒就勒先求售。卽以鹽布易之。獲利多。從者衆。勒先又與諸人約。毋侵奪。毋虞詐。毋強占土地。番愈信之。遂建市廛。定貿易。以棲來者。則今之大埔城也。洎光緒元年。乃設埔里社廳。

連橫曰。余游埔里社。觀其土腴。山廻水抱。氣象偉麗。頗欲置產於是。以事耕稼。而提筆遠游。荏苒未就。每一顧念。心爲憮然。夫埔里社旣爲我臺之沃壤。又經我族之經營。設官撫番。亦易事爾。而清廷臣工。猶以甌脫視之。何其昧也。烏乎。彼固以臺灣爲不足惜。何論乎此。然而時會所趨。莫可阻遏。前茅後勁。再接再厲。則此後之埔里社。或爲東西連絡之紐。而成一大都會焉。始作也簡。成功也巨。沈文肅創建之勳。不更偉歟。

郭光侯施九緞列傳

郭崇高字光侯。以字行。臺邑武生也。居保西里。以義聞里閈。臺灣賦稅。固重正供之外。有耗羨。有丁稅。有採買。凡納石者倍其半。折穀納銀又倍之。官吏之私飽。胥役之剝削。又兩倍之。每徵收時。官符一下。皂隸四出。捕業戶。逮農民。所至騷動。道光二十四年春三月。臺灣縣開收下芒之租。知縣閻炘示納穀者折銀。縣民以非例不納。糧總李捷陞至期無可繳。請治逋者。炘檄典史率役赴東門外。迫促每至索供帳。富家多走避。則拘貧民以刑。示儆也。保西里人葉周劉取余潮聚議曰。官暴至此。民不堪命矣。嗾壯士夜殺之。炘以亂事白道府。請會營剿辦。鄉人懼。洶洶欲變。猶未發也。許東燦者郡人也。名朝錦。納貲捐同知。攬辦官租。日出入衙署。聲勢振一邑。時穀賤。亦命納戶繳銀。石徵二圓。不從。皆運穀至東門下。堆積如邱陵。東燦白縣。命弟東寮捕抗者。納戶困。群哀籲光侯。至是集耆老謀入郡。訴大吏。四月朔。至東郭外。鄉人不期而會者數百。皆呼冤。行且近城。兵疑民變。急閉門。趣報守備。文武皆至。詰以故。咸言納銀之苦。命且散。不從。自辰至於日中。聚愈多。衆且數千。郡中猝聞警。一時震動。守土官亦皇皇無策。乃介東燦解散。許以收回告示。而鄉民始紛紛去。翌日。鎮道以民變白督撫。懸捕光侯。將以糾衆圍城之罪罪之。顧光侯所爲。出於公憤。若一旦受罪。身戮名穢。則地方事誰肯爲耶。二三魁桀之士。密晤光侯。請起兵以抗。不可。曰。吾之出首者。冀幸官之一悟。民之一解也今事勢未可知若稍有舉動則罪案成矣擬入訴鎭道。而偵騎四出。慮被害。乃爲叩閽計。潛伏糖簍中。以牛車運至船。其友豫俟之。至天津入京。而朝廷已下諭拿辦矣。當是時晉江陳慶鏞爲御史。直聲聞天下。光侯念非此莫可白者。八月二十有五日。至晉江會館。見慶鏞。哭陳始末。初東燦曾以巨案逮京訊。慶鏞諗其惡。比聞此事。尤詆之。早日上其事。下諭解閩。炘任逮問。着總督劉韻珂飭屬捕東燦東寮及黃應清蔡堂李捷陞等。皆朋比爲奸者也。至日部訊。東燦桀驁。出言傷部吏。定讞誅之。餘亦治罪有差。而光侯以債事之罪流口外。越四十二年。而有施九緞之事。

施九緞。彰化人也。居於二林堡浸水莊。世業農。好預鄉里不平事。光緒十二年。巡撫劉銘傳奏請清丈。十三年。彰屬十三堡均舉辦。知縣蔡麟祥率巡檢黃文瀞吳雲孫等。自橋仔頭起丈。每甲長約加一。隨丈隨算。錯則改之。民無怨言。已而麟祥調用。以李嘉棠知縣事。嘉棠固墨吏。狠貪民財。肆用奸猾。既接任。而撫署札催竣丈。乃悉變舊章。各堡派員數月而畢。丈員多昧算田賦等則。不計肥瘠。任意塡寫。下鄉之時。索民供帳。皆囊巨金而歸。彰之民庶早已不平矣。嘉棠示領丈單。每甲費二圓。彰賦三萬有奇。丈後倍增其數。各員在署分單。領者少。

而是時嘉義亦以催領故。民戶騷動。管領武毅右營提督朱煥明素駐彰。銘傳檄往彈壓。以棟字營副帶林超拔代之。煥明至嘉。縱兵焚殺。莊豪李盤率黨入彰境。主湖仔內莊楊中成家。潛謀不軌。彰署又迫領丈單。皂隷四出。嘉棠欲邀功。令愈嚴。官暴民怨。而九緞之變作矣。

九緞年已六十餘。既遭委員魚肉。莊人又多往愬。大憤。欲走訴巡撫。請展期。其友曰。巡撫端居衙署。委任縣令。左右之人誰肯爲我言哉。且而一往北。則縣令以爲抗。已而捕而家殺而身矣。九緞曰。然則奈何。曰且待之。二林爲濱海之區。或毗溪畔。土壤枯瘠。領者尤少。十四年八月。嘉棠又以刑威民。膊囚林武林蕃薯於北斗西螺。戮簡燦於鹿港。燦固土豪。雖犯法。未定讞。傳者以爲許猫振。猫振亦獄囚。弟得龍謀劫之。至是知其誤。然衆已嘯聚。遂入街。掠鹽館。蕃薯莊施慶從之。楊中成亦在行。無賴二百餘人。一鬨而散。嘉棠赴鹿港。得龍要諸途。從者二十餘人。懼不敢前。請鹿紳解散。始得歸。鹿港爲施氏聚族之地。生員施家珍聞警。召鄉勇不及。嘉棠幾不免。遂卸之。當是時。民戶洶洶。浸水莊人尤激。九月朔。環請九緞爲首。至者數百人。裂布爲旗。大書官激民變。九緞立神輿後。如報賽狀。楊中成許得龍施慶李盤等從行。禁刦殺。沿途鄉民多持兵隨之。亭午至城下。駐南瑤宮。大呼索焚丈單。日晡不期而會者數千人。嘉棠閉城門。電撫署告變。未幾電綫絕。都司葉永輝洪盤安棟字營副帶林超拔各登陴。丈員亦助守。檄召各堡紳董。每堡集丁壯二百。而譔書二人。堡董皆遲疑。無敢入援者。初二日。九緞率衆駐八卦山。山在城東隅。高數十丈。上有礮壘。衆請開礮擊縣署。不可。曰。殃民之罪。祗在嘉棠。若礮擊之。則玉石俱焚。是以暴易暴矣。夫我輩之來。爲民請命。若得縣令一諾。收燬丈單。則相率歸鄉。可告罪於父老也。衆聞之。皆以九緞爲仁。稱之曰公道大王。初三日。城圍益急。所檄兵又不至。嘉棠懼。欲自殺。左右止之。煥明在嘉。聞變馳救。至北斗。紳董以民亂途險。請止軍。不聽。及大埔心。爲無賴尾擊。所部死十餘人。彈藥又罄。煥明逃至竹巷尾。九緞偵其來。迎擊之。遂死事。聞詔建專祠。城中聞煥明之耗。衆愈懼。欲走。嘉棠介敎諭周長庚局紳吳景韓總理蔣攀龍縋見九緞。勸其歸。九緞索焚丈單而後退。嘉棠不決。而圍愈迫。乃佯許之。以望援兵。然彰城如斗。攻之則破。環圍數日。米油告竭。紳士請發綏豐倉以振。集壯丁爲義勇。而援兵亦且至矣。初。統領棟字營林朝棟駐臺北。聞警馳救。初六日至田中央。調兵募食。自率士勇八百入市仔尾。以副將余保元衞隊把總林青雲各帶所部潛行突擊。林超拔亦自城上助戰。克八卦山。九緞退駐平和厝莊。圍始解。十一日。朝棟復出擊。環戰兩時。陣斬四十一。捕八人。皆戮之。官軍亦傷十七。九緞歸浸水莊。朝棟以亂平電撫署。先是都司鄭有勤率隘勇二營援彰。初七日至大甲。翼日至牛罵頭。所部與莊人爭鬭。銃斃數人。莊民蔡訪鳴金聚衆。欲報怨。隘勇走。十三日。抵城而駐。防基隆總兵竇如田亦率銘字營三營至。十四日。嘉棠以各路兵至。倡攻二十四莊。夜令炊飯進軍。浙人凌雲在幕。知民冤。告於有勤曰。朱提督之死。非二十四莊之罪也。自武西堡北上。已被沿途截殺。損失過半。抵竹巷尾始殉難。固非其界。若攻勦之。恐激變。則城安而復危。唯君圖之。有勤遍告各統領。始止。敎諭周長庚中軍葉永輝札告二十四莊紳董。速入城領旗。否則聲討。然莊民未知城中虛寔。且道梗。不至。嘉棠大怒。復令進攻。貢生吳德功聞其事。夜見周葉曰。二十四莊之不來。昧於事而非敢違縣札也。請遲一夜。德功當馳函泣告之。是時各隘截斷。路布蒺藜。無敢往者。生員陳捷華王贊成白一聲白玉音等皆願去。分持德功書。間道往。十五日。布政使沈應奎臺東州知州吳本杰澎湖鎮總兵吳宏洛統領銘隘各軍至。嘉棠又力主燬莊。皆觀望不來。唯線東西堡數十莊猫羅三十五莊東西螺各堡。已由德功函招領旗。應奎亦出示招安。人心始定。當變之起也。嘉棠釀之。及應奎查問。反誣鹿港紳商助匪。復請討。不聽。召鹿紳蔡德芳黃玉書詢之語。及嘉棠。於是嘉棠大恨鹿人矣。十六日。請攻鹿港。宏洛將發兵。鹿人惶恐徹夜。德功請止。不聽。請應奎止之。亦不聽。應奎知民冤。電稟銘傳。以鹿港一攻。則沿海皆將激變。銘傳乃令宏洛歸應奎節制。十七日。福寧鎮總兵曹克忠至自基隆。爲查變也。當是時官軍疊至。九緞潛伏浸水莊。二十三日。宏洛攻之。走湖仔內莊。所至民爲供食。園楊中成家亦已走。不得一人。二十五日。各提兵歸。浸水莊總理王煥年七十。當事之起。向鹿港徵餉。商人以官兵不足恃。慮被刼。潛助之。未半日而得五千金。分發民軍。然彰人之變。嘉棠之罪也。銘傳知其暴。二十九日。撤任。以朱公純代之。發示安民。脅從罔治。設保安局。以紳士蔡德芳吳景韓吳鴻賓劉鳳翔吳德功等理善後事。令捕施九緞王煥楊中成李盤施慶許得龍等。餘皆赦之。十一月初六日。銘傳上彰變始末。以嘉棠剛復自肆。不洽輿情。又以丈賦不均。失民心。請撤銷清賦保案。並褫施家珍施藻修衣頂。以其比匪也。臺灣兵備道唐景崧奉銘傳命赴彰會辦。途次二十四莊。莊民跪道呼冤。以棟字營駐兵其內。索取李撫等犯。雞犬不寧。景崧令撤營。至彰查核嘉棠罪狀。稟請奏參。新任布政使邵友濂亦以其殘酷。視民如寇仇。詳請革職。永不敘用。嘉棠懼。星夜赴撫署。哭求卸罪。且譖愬鹿港官紳比匪。一時蜚語沸騰。

地方復動。二十二日。銘傳電拘教諭周長庚。提解游擊鄭榮進士蔡德芳生員施家珍施藻修吳景韓等到轅集訊。以長庚止攻二十四莊。又招徠莊者領旗。故嘉棠言其比匪。長庚亦訐之。銘傳札飭新任彰化知縣羅東之臺灣知縣黃承乙會審具供。送轅及嘉棠往北。言長庚罪。撫署中人又受賄。爲左右袒。長庚已請假會試。十九日。自塗葛堀乘舟內渡。追之不及。銘傳通電福州上海等處捕之。十四年春二月。嘉義進士徐德欽獲王煥解轅訊鞫。竟無比匪情形。復提鹿商帳册。亦無援助軍火數目。乃釋鄭榮。令赴鹿港。罰捐軍糈三萬兩。案始結。十八年冬十二月。臺灣府知府程起鶚舉前都司葉永輝行淸莊法。遂獲李盤。旣而許得龍施慶楊中成亦次第就捕。與王煥皆殺之。而九緞已於十六年病歿浸水莊中。或曰。潛走泉州也。

連橫曰。嗟乎。士大夫讀書論世。慨然以天下爲己任。而一逢其變。則縮項潛伏。身未行而氣先羸。或且枉己狥人。翻然而與之合。以行其不義者。何其卑耶。光侯九緞。皆鄉曲之細民。手無寸柄。而爲義所迫。不顧利害。此則士大夫之所不敢爲。而彼肯爲之。何其烈耶。其事同。其志同。故竝傳之。

臺灣通史卷三十三

臺南　連雅堂　撰

戴潮春列傳

戴潮春字萬生。彰化四張犁莊人。籍龍溪。祖神保。樂善好義。有名鄉黨中。生四子。長松江。松江有子七人。潮春其季也。家素裕。世為北路協署稿識。兄萬桂與阿罩霧人爭田。不勝。集毆戶。為八卦會。約有事相援。潮春未與也。咸豐十一年。知縣高廷鏡下鄉辦事。潮春執土棍以獻。北路協副將夏汝賢以其貳於己。索賄不從。革其籍。時萬桂已死。潮春家居。乃集舊黨。立八卦會。辦團練。自備鄉勇三百。隨官捕盜。廷鏡大喜。給戳重用。彰屬因不靖。殺人越貨。時見於塗。而潮春善約束。豪强歛手。行旅便安。至有捐巨款。始得入會者。以是黨勢日盛。八卦會者。祀五祖。事在宗教。志不數月。多至數萬人。同治元年春。廷鏡免。以雷以鎮接之。仍用潮春而會衆滋蔓。漸不能制。三月初九日。臺灣兵備道孔昭慈至彰化。執總理洪某殺之。檄淡水同知秋日覲辦會黨。曰覲前任彰化。以武健爲治。頗自任。金萬安總理林明謙薦林日成。募勇四百以從。日成四塊厝莊人。性粗率。綽號戇虎晟。曾犯法。日覲欲捕之。未果也。又檄阿罩霧林奠國率練勇六百來會。十五日。日覲偕北路協副將林得成守備游紹芳率兵千餘至大墩。日成忽反戈相向。日覲退入竹圍。攻之。勢危。十七日。破圍出。其奴猫阿鹿刺之。僕從顏大漢力戰死。幼奴小黃年十五。以身翼曰覲。大呼曰。殺我毋傷我主人。亦受數刃死。守備郭得昇把總郭秉衡皆從死。得成被執。囚於日成家。當日覲之出兵也。潮春居鄉。而黨人已四起。是日。鄭玉麟黃丕建戴彩龍葉虎鞭糾衆攻彰化城。城兵少。昭慈命都司胡松齡千總呂騰蛟禦之。會黨已踞八卦山。礮擊城中。而鹿港之召募未至。千總楊奪元請出戰。不聽。幕客汪寶箴請退守鹿港。亦不聽。城人王萬謀內應。事洩。爲官兵所執。明謙免之。命帶勇守城。既復命縋城議和。且按兵。明謙揚言已就撫。昭慈信之。文武皆相賀。守兵懈。十九日夜半開城。黨人自東門入。大呼曰。凡在約中。爇香爲識。城人具香案迎之。守兵潰。陸路提兵李得志率十餘人巷戰。被執。問銀庫所在。得志佯引入署。至火藥局。奪火爇之。衆悉死。黨人既入城。鼓吹以迎潮春。潮春冠黃巾。穿黃馬褂。健卒數十人前後擁。騎馬入城。出示安民。令蓄髮遵明。

制。自稱大元帥。以戴彩龍爲二路副元帥。鄭玉麟爲大將軍。鄭猪母爲都督。盧裕爲飛虎將軍。鄭大柴爲保駕大將軍。以叔戴老兒任戴如川如璧及黃丕建葉虎鞭林大用陳大戇爲將軍。陳有福爲殿前大國師。相士黃阿狗副之。外甥余紅鼻烏鼻爲左右丞相。烏鼻兼刑部。其弟爲禮部尙書。黃秋桐爲戶部尙書。設應天局於白沙書院。以蔡茂朱爲備糧使。司理局務。魏得爲內閣中書。設賓賢館於城內。以禮待搢紳。餘各封拜有差。猫阿鹿以日觀之頭獻潮春。潮春歎曰。汝爲人奴。而弒其主。是不忠也。不忠之人。誰能容之。與以數金。叱之去。而瘞其首。且曰。我之起事。狥衆意也。秋公有知。其能鑒我。當是時。文武俱羈。金萬安總局南投縣丞鈕成標嘗奉檄淸莊。捕盜多。黨人恨之。執見鄭玉麟。不屈死。幕友姚玆孔道隨員戴巖亦死。前任知縣高廷鏡同知馬慶釗見潮春。縱之鹿港。雷以鎭素持齋。逃入齋堂得免。初潮春將起事。寡嫂羅氏泣諫。及入城。請毋戮百姓。毋入齋堂殺人。而後自縊。前任副將夏汝賢以貪酷。一家俱受辱死。昭慈被囚。猶問計於汪寶箴。寶箴復書曰。朝聞道。夕是夜。卽仰藥死。守備游紹芳千總呂騰蛟皆走鹿港。四月。潮春命日成攻阿罩霧。報宿忿也。莊人林奠國率丁壯力守。子文鳳尤勇敢。陷圍三晝夜。會羅冠英援至。日成乃退。陳弄攻鹿港。紳士黃季忠糾泉人三十五莊以拒。故不破。郡中騷聞彰化之報。文武議戰守。知府洪毓琛已陞漢黃德道。或勸之速行。不聽。遂攝道篆。修城垣。備器械。通驛站。設籌防局。總兵林向榮遣安平副將王國忠游擊顏常春以兵戍嘉義。至柳仔林。爲黨人所擊。倉卒入城。而黃猪羔黃萬基羅昌已來攻矣。戴彩龍陳弄嚴辦亦至。已而復去。紳士王朝輔陳熙年會城人至城隍廟。誓死守。富戶許安邦亦傾家助軍。故稍安。初。日成起事。自以位在潮春下。與洪叢何守謀殺之以贖。故猶覊林得成於家。及江有仁說之。且曰。大平軍蹂躪半天下。淸軍猶無力戡定。臺灣雖小。可自霸也。從之。得成知不可復。遂自殺。日成入見潮春曰。古之王者以兵定國。南征北伐而後有功。今鹿港近在肘腋。攻之未下。而嘉義守禦日固。豈可坐鎭城中。以貽後悔。潮春曰。然。遂歸四張犁莊。而以彰化委之。日成自稱元帥。以林猫爲中軍。掌帥印。江有仁爲軍師。何守爲掃北將軍。王萬何有章及弟林狗母爲將軍。於是陳鯑據茄投。陳九母據大肚。蔡通據牛罵頭。紀番朝據葫蘆墩。廖有譽據捒東。洪叢據北投。皆受約束。稱將軍。大甲踞彰化之北。爲淡水往來孔道。扼溪築壘。駐守備。居民約五千。莊人王和尚知彰治已破。起兵應。猝入土城。守備巡險俱逃。潮春命馬泉往鎭之。泉倚和尚爲耳目。無設備。竹塹紳士林占梅遣勇首蔡宇擊走之。占梅爲淡水巨室。聞變。集紳士鄭如樑翁林萃鄭秉經陳緝熙等籌防務。以候補通判張世英攝淡水廳篆。出資練鄉勇。設保安局於城中。馳稟巡撫徐宗幹。與以總辦臺北團練之權。至是復大甲。而和尚知鄉勇僅數百人。初六日又來攻。斷水道。會大雨。城人得食。十三日。張世英率兵來援。羅冠英亦以鄉勇至。冠英東勢角粵人也。驍勇仗義。所部皆精銳。城人出戰。和尚敗走。馬泉逃彰化。潮春斬之。檄和尚再取。十一日。合何守戴如川陳鮄劉安陳在陳梓生等凡二十七營。以楊大旗爲先鋒。復攻大甲。斷水道。天復大雨。張世英援桴登陴。羅冠英蔡宇等各開門出。奮勇力戰。和尚復敗。大甲始無害。四月初七日。總兵林向榮率兵三千。發府治。初九日。次枋埤。立五大營爲犄角。戴彩龍據南靖厝。以八掌溪爲界。時霖雨。溪流盡漲。官軍餉項俱屯鹽水港。二十八日。彩龍據白沙墩。斷糧道。翌日官軍出擊。澎師大敗。守備蔡安邦把總李連陞外委周得榮皆落水死。五月。兵備道洪毓琛以千總龔朝俊率屯番五百。從九品陸晋亦率兵二百。護餉行。初五日。至安溪寮。向朝江要之。晋爲其下所殺。餉悉被刼。初七日。彩龍乘勢攻大營。官軍復潰。澎湖副將陳國詮游擊陳寶山把總周應魁皆陣沒。向榮踉蹌走。遇朝俊。掖之行。至安溪寮。越二日。移駐鹽水港。收合餘軍。其弟林向日以新兵五百來援。勢稍振。栁仔林黃猪羔店仔口吳志高俱請降。當是時。嘉義久攻未下。潮春議往取。自稱東王。以莊天賜爲丞相。賴阿矮爲先鋒。率所部而南。至水沙連。令莊民治道。丞相先行。繡衣朱履。騎馬佩劍。潮春衣黃衣。冠黃冠。乘轎行。壯士數十人。戎裝執刄。列前後。擇吉登壇。祭告天地。嗣行藉田之禮。鼓吹喧天。遠近觀者數萬人。水沙連人劉參筋五城人吳文鳳皆受封爲將軍。以許豐年爲總制。嘉屬各莊多樹紅旗以應。遂攻斗六門。都司湯得陞拒戰。千總蔡朝陽陣沒。適副將王國忠援至。乃退。於時嘉義被圍已三月。糧食漸罄。向榮選精銳八百。以王飛虎林有才爲先鋒。遣龔朝俊甯長泰率班兵屯番分道赴援。陳弄嚴辦連戰數日。乘勝薄城下。紳士王朝輔陳熙年亦率鄉勇開門出。圍始解。六月初八日。向榮入城。兵備道洪毓琛趣守斗六門。向榮不可。毓琛馳書激之。乃拔隊往。未幾。而嚴辦陳弄合圍之。矣。初潮春得彰城。以鹿港近在肘腋。爲海通孔道。命葉虎鞭攻之。虎鞭泉人也。對曰。鹿港爲泉人生聚之區。攻之是無泉人也。潮春怒。虎鞭負氣出。退謂黃丕建曰。以吾兩人當日之約。將聯和二屬。以成大事。今城中漳人任出入。而泉人移徙。輙遭刼。且約中禁濫殺。陸提之兵皆泉人。而無一免。吾恐他日兄弟之約不堅。復成分類械鬭之禍。丕建以語潮春。令止殺。限三日中。許民自去。虎鞭率所部巡北門。以捍泉人之出。改命林大用爲鎮北大將軍。狥鹿港。大用亦泉人。鹿港之人鼓吹迎之。未久而去。黃季忠卽籌守禦。陳弄攻之不下。五月。總兵曾玉明以兵六百至鹿港。玉明亦泉人。曾任北路營副將。與戴林有舊。寓書招之。不從。及潮春南下。以二十四莊附官軍。命戴彩龍鄭玉麟李炎等攻之。至燕霧下堡大莊賴登雲之家。索餉。茄荖脚莊拔貢陳捷魁密約莊人要之。六月十九日。二十四莊俱起。彩龍李炎大敗被禽。解至鹿港受戮。玉麟力戰死。於是漳泉相睨。葉虎鞭降於官軍。七月十九日。林日成以林大用陳九母趙憨率衆攻滿仔莊。破之。放火以燬。西至和美線北及竹仔脚番社。迫加寶潭莊人陳耀禦之。連戰三日。不支。獻馬請降。日成不肯。陳九母趙憨皆其佃。爲求成。乃撤圍。耀卽乞陳清泉率勇二百駐李厝莊。又求援於新港柯姚二姓。衆至。遂擧白旗以拒。日成怒。命林大用攻之。不克。八月十五日。日成率諸將誓師於大聖王廟。翌日進攻白沙坑陳捷魁。又率衆禦。鏖戰數日。互殺傷。日成登觀音之山。以望見其莊固不可拔。鳴金而退。復攻秀水葉虎鞭。中礮陷陣。黃丕建逸之。總兵曾玉明駐安東莊。固壘自完。故日成得無忌。閏月二十八日。爭葫蘆墩。與羅冠英大戰於圳寮。廖世元陣沒。張世英以其弟廖江峯領其衆。冠英退屯翁仔社。林向榮之入斗六門也。地絕險。糧運不通。潮春長圍之。援絕。以龍眼核爲糧。殺馬食士。屯番不與謀內應。九月十三日。放火焚街中。退入土城。士皆罷弊。莫能興。向榮自殺。國忠率所部十八人突圍出。皆被禽。不屈死。管理糧臺同知甯長敬鎮標游擊顏常春署斗六都司劉國標守備石必得及弁兵數百人皆死。俘王飛虎莊天賜以爲壯士。免之。義首陳有才亦被執。潮春聞其勇。欲降之。不從亦死。於是議取嘉義。軍師劉阿匙曰。斗六既破。鎮兵俱沒。若悉我精銳。鼓行而南。則郡城必望風瓦解。既得郡城。據中樞以號令全臺。則嘉義可不戰而得。今若以全力爭一小邑。勝負未可知。而嘉義城堅。衆協。恐急切未易下也。潮春不聽。令陳弄嚴辨呂梓廖談洪花等攻之。黃猪羔亦來歸。已而何守陳鰗各以衆援。築長圍以困。數十步立一礮臺。與城樓等。以瞰虛實。自是無日不戰。辨妻侯氏談妾蔡氏皆勇敢。每臨陣騎馬督率。城中亦竭力守禦。故不破。陳弄嚴辨遂攻塗庫。陳澄清拒之。不能克。十月。別攻鹽水港。亦不克。十一月初十日。林日成自攻大甲。十八莊起應。與官軍戰於大安莊。守備鄭榮大敗。進而圍之。十四日。羅冠英援至。十七日。林占梅亦遣千總曾捷步率兵至。翌日戰於水堀頭。官軍先潰。冠英獨奮鬭。陷圍不得出。柯九興救之。乃免。日成環之。放火焚南門。城崩數丈。水道復絕。居民將喝死。何守爲書射入城中曰。我攻其兵。不害其民。約以明日出汲。遂撤西門之圍。然水輒罄。會大雨。日成乃去。二年春正月十八日。復圍之。候補同知王楨率義首林盛拒戰於磁窰莊。日成衣黃衣。張黃蓋。麾衆而至。軍官復敗。遂登鐵砧山。禱於延平郡王。不吉而還。二月初五日。羅冠英廖廷鳳合攻新廣莊。克之。又克埔仔。迫四張犁。潮春久圍嘉義。以陳梓生守之。據壘力戰。各死傷。二十七日。莊破。林日成在四塊厝莊。聞之。遂集死士以拒。初署水師提督吳鴻源兵至府治。議出師。進駐鹽水港。以降將吳志高爲鄉道。二月十二日。破馬稠後莊。斬首百餘級。次下茄苳。以吳邦基洪金陞分駐白沙墩。多設疑兵。以楊興邦張啓煃駐水窟頭。爲犄角。而自將游擊周逢時守備蘇吉良赴嘉義。嘉義被圍已六月。城中無糧。搗龍眼核爲粉。蒸而食之。紳民死守。至是守將湯得陞開門夾擊。陳弄嚴辦皆敗去。鴻源命蘇吉良徐榮生攻劉厝莊等。疏通道路。以規復彰化。四月。伐南靖厝。呂梓之妻與羅彭胡拒戰。竹圍堅密。不能拔。吉良力攻。彭胡被殺。梓妻亦中礮死。五月。攻嚴辦於新港。進圍大崙。呂梓降。六月十八日。義首陳捷三進駐沙仔崙。陳貞元助之。與楊目丁大戰於濁水溪。遂復南投。義首陳雲龍來援。進復集集。潮春檄所部復攻義民。力守。九月。陳大用以中寮降。曾玉明。

羅冠英廖廷鳳亦破大墩。以通阿罩霧。參將林文明迎之。然官軍猶未敢進。攻彰化各地。用兵。忽起。忽仆。詔以福建陸路提督林文察視師臺灣。文察阿罩霧人也。以十月至麥寮登岸。逕歸其家。巡撫徐宗幹亦奏簡兵備道丁曰健會辦軍務。以兵三千。自北而南。駐牛罵頭。十六日。林占梅率翁林萃陳尙惠等。督勇首蔡宇以軍三千進棨山腳。三路併攻。何守乞降。趙憨陳鮄猶據城。勇首林忠藝林尙等奮勇而前。薄城下。十二月初三日。總兵曾玉明率林大用破北門而入。丁曰健林占梅以次至。趙憨陳鮄陳在廬江逃四塊厝莊。江有仁鄭知母巷戰被禽。戮於較場。糧官蔡猪亦被磔。彰化既復。曰健檄諸將會攻斗六門。鏖戰數日未能下。會林文察至。登高而望曰。如此險阻。接濟不斷。何以能破。不如先分其勢而後取之。於是以四品軍功洪廷貴赴嘉屬交界之處。招撫百餘莊。許豐年黃猪羔皆降。以其弟林文明斷水沙連之道。長圍漸合。潮春見勢蹙。欲竄內山。至七十二莊張三顯之家。從者數十人。三顯說以歸罪。許保其孥。妻許氏懼誅。勸之。二十一日。乘轎至北斗。曰健訊以作亂之故。對曰。此皆本藩之事。毋與百姓。曰健怒。命陳捷元推出斬之。許氏自經。西螺廖談亦被殺。始談敗欲降。妻蔡邁娘止之曰。勢敗而背。人非信也。既降而受制。非勇也。命爲丈夫而卒。非信勇。吾寧死。

於紅旗之下。每戰。策馬當前。指揮左右。不避礮火。至是夫婦被禽。戮於北斗。蔡氏之目不瞑。或知其故。以紅旗覆之。乃瞑。三年春正月。文察攻四塊厝莊。以王世清爲左翼。林文鳳爲右翼。自率精銳擣之。日成拒戰。以弟林狗母率陳鯑劉安陳梓生等守外寨。王萬林貓皆等守內寨。連戰數日。狗母陣沒。衆每夜逃。日成疑梓生有異志。闢竇以通出入。梓生陰令人釘其大礮。日成知不免。出賄於庭。分左右。王萬以變入告。日成環火藥桶於門。而與妻妾王萬飲。妾蕭氏聞礮聲漸迫。遽起出。日成挽之。而妻已擲火藥桶中。萬俱死。日成及蕭氏飄至戶外。氣未絕。官軍戮之。函首以狥。三月。攻小埔心莊。陳弄之家也。羅冠英率所部奮擊。官軍乘之。弄敗欲降。妻陳氏曰。今日雖降難免一死。與其俛首受戮。何如併力以拒。戰而勝。猶可後圖。況不至卽死耶。已而大礮轟擊。屋瓦俱碎。穴地爲窟。官軍以水灌之。十九日。冠英率壯士力攻。陳氏接戰。以羸卒誘冠英深入。伏礮盡發。與數十人皆死。文察命且止。而張三顯忽以衆圍彰化。三顯之獻潮春也。自以功多賞薄。頗懷觖望。陳鯑陳梓生鬨之說以起事。陳九母趙憨洪叢皆應之。二十七日。擁衆數千人。據八卦山及市仔尾。薄城。城兵少。知縣淩定國登陴。命吳登健縋城求援。越二日。文察以兵至。衆潰。三顯爲族人所捕。曰健斬之。復攻小埔心。冠英之弟羅坑尤血戰。莊破。陳氏自焚死。弄走新興莊。紳士陳元吉捕之。解至軍前受戮。十一月。曰健率知縣王楨游擊鄭榮及林文明之勇攻洪叢於北勢湳。莊莊多立礮壘。力擊未下。淡水義首林春李光輝皆陣沒。鄭榮以礮攻之。叢病死。埋於豕欄。王春傳執其弟洪番以獻。戮之。得叢屍。梟首示衆。四年春三月。嚴辦復樹旗於二重溝。號召餘黨。呂梓附之。王新婦之母以其子爲將軍。自刻一品夫人之章。每臨戰洎新婦被殺。出貲募死士。歸呂梓。旗書爲子報仇。鄭大柴之妻謝氏亦言爲夫報仇。各起事。潮春之起也。嚴辦最悍。妻侯氏亦有力。疊攻嘉義。每出。辦親爲牽馬。雄冠劍佩。威儀若丈夫。潮春所部十數萬。器械糧秣皆辦給之。故其權最大。四月。曰健以知縣白鸑卿參將徐榮生都司葉保國分兵往伐。辦每假官軍旗幟。伏兵以擊。官軍輒敗。曰健遣都司吳志高率鄉勇以濟。辦力戰死。侯氏被擒。磔於嘉義。新婦之母亦被殺。唯謝氏突圍去。兵勇死者數百人。梓逃布袋嘴。海賊蔡沙素與善。奪其拏而沈之海。自是。餘黨漸平。

林文察列傳

林文察字密卿。彰化阿罩霧莊人。世業農。父定邦爲鄉甲首。負義俠。里黨倚爲重。林和尚者草湖莊人。爲一方雄。群不逞之徒出入其門。椎人越貨。莫敢攖。曾虜林連招。索重金。連招爲定邦族人。遣使請歸。不聽。且拘焉。定邦率季子文明往諭。遂忿爭。和尚召其徒。列械。待定邦突圍出。中彈。反身激鬪。被殺。文明亦殊傷。文察年十九。聞耗大哭。欲赴難。旣念弟尚被囚。慮有變。乃忍痛含寃。介父老請還。幷歸父屍。訴於彰化知縣。知縣受賂不理。文察指天而誓曰。不報仇非人也。旦暮跡和尚。猝擊之。力禽至父墳。剖心以祭。曰。仇報矣。吾不可累家人。赴縣自白。咸豐四年夏五月。小刀會黨犯臺北。破雞籠城。北路協副將曾玉明以爲勇士。出諸獄。命募鄉勇隨征。有功。尋捐銀助餉。以游擊分發福建補用。九年。閩浙總督王懿德檄帶臺勇會剿建陽。十年。平建寧汀州之亂。皆有功。擢參將。換花翎。復助餉。加副將銜。文察所部臺勇。皆鄉里子弟。樸訥堅武。生死相處。故能以少擊衆。協力建功也。十一年春正月。奉檄援浙。太平軍已破江山。文察冒雨搏戰。乘勝攻城。旣而援至。遂破之。以副將儘先補用。賞換烏訥思齊巴圖魯。四月。汀州連城俱陷。奉調回閩。五月。克汀州。晉總兵。七月。平沙縣之亂。是時太平軍自皖南入浙。分陷金衢嚴各府縣。衆數十萬。勢張甚。將軍瑞昌疏調入援。而所部臺勇久戰傷亡。僅存五百餘人。未能速進。十二月。杭州破。詔馳援。同治元年春正月。慶瑞檄率所部自處州進。適衢州被圍。解之。已而太平軍竄福建西北。與弟參將文明合。遂進駐龍泉。以浙江按察使張銓慶爲策應。先克遂昌。以杜入閩之路。七月。補四川建昌鎮總兵。未行。奉旨復處州。遂攻松陽。久而未下。所部臺勇遠道運糧。日不得飽。猶歷戰不餒。遂取之。五戰皆捷。直抵處州城下。與各軍合。臺勇併力奮擊。破門而入。詔加提督銜。十一月。移軍武義。尋調福寧鎮總兵。二年夏六月。署福建陸路提督。當是時。戴潮春起兵大墩。破彰化。圍嘉義。竄淡水。南北震動。詔命渡臺。十月。至嘉義。偕護理水師提督曾元福議進兵。率游擊白瑛等攻斗六。以分其勢。而告總兵曾玉明趣取彰化。克之。然斗六深溝固壘。未能下。乃佯言援彰。拔隊起。民軍開門擊。遇伏殲焉。遂拔之。潮春知勢蹙。欲竄內山。懼罪自投。兵備道丁曰健殺之。進圍林日成於四塊厝莊。死傷甚多。乃築礮臺以困。晝夜轟擊。遂陷之。日成被殺。四月。閩浙總督左宗棠以延平軍務危急。奏調內渡。然全臺尚未平。文察駐軍於家。曰健劾其縱兵騷擾。命宗棠勘之。十月。至福州。巡撫徐宗幹疏言文察赴調延緩。寔以夏秋多颶。重洋難渡。請免議。處文察內渡之際。僅率臺勇五百。不足戰。請宗幹濟師。已而漳州破。下游儆擾。檄統全軍。由同安規復。十一月。駐洋州。踞城三十里。分飭所部策應。十二月。移駐萬松關。太平軍進攻。先以羸卒誘擊。走之。已而圍合。文察督勇奮鬬。所部死傷略盡。援兵不至。遂陣沒。幕客謝穎蘇方食。聞報。投箸起。策馬略陣。亦沒。穎蘇。興化人。字琯樵。善畫蘭竹。書亦秀逸。久游臺灣。慷慨有烈士風。士論壯之。宗棠宗幹先後疏言其事。尋賜祭葬。贈太子少保銜。予謚剛愍。准建專祠。賞騎都尉世職。兼一雲騎尉。襲次完時。以恩騎尉世襲罔替。弟文明隨軍。疊戰有功。至副將。子朝棟。亦有名。

丁曰健列傳

丁曰健。字述安。安徽懷寧人。寄籍順天。以舉人揀發福建。咸豐四年。任淡水同知。時閩粵械鬬後。地方彫敝。曰健出而撫字。其姦猾者。即以法繩之。既而小刀會黃位竄臺灣。陷雞籠。曰健集紳民籌戰守。以彰化林文察率鄉勇二百攻之。位敗走。調署嘉義縣。加知府銜。嗣以軍功賞道銜。歷署福建糧道及布政使。同治元年春。彰化戴潮春起事。全臺俱擾。二年秋。詔命福建陸路提督林文察視師臺灣。而巡撫徐宗幹亦奏簡曰健爲臺灣兵備道。加按察使銜。

會辦軍務。九月。至艋舺。募舊部。謀規復。紳士林占梅豫練鄉勇二千名保衛地方。及是隨行。進兵牛罵頭。數戰皆捷。遂克彰城。文察亦自麥寮登岸。定嘉義。復斗六。駐兵阿罩霧。初曰健以汀州軍務。與文察有惙。至是同平臺灣。文察所部就地籌餉。又以辦理清莊。地方復擾。曰健止之不聽。及福建上游告急。詔命文察內渡。文察未行。曰健劾之。略謂內山揀東猫霧等處。前經署陸提臣林文察入山搜捕。於正月破林巢後。安住家園五十餘日。頓兵不出。以致衆議沸騰。欲圖報復。餘匪藉此復肆攻撲。非先事豫防。聯莊得力。竟有難解之憂。詔命福建總督左宗棠查辦。曰健又致書宗棠。歷詆文察不法。已而文察赴閩。殉於漳州之役。弟文明以副將家居。越二年。賴洪各姓訟其覇田。曰健委知縣凌定國至彰會審。卽就大堂殺之。文察之母控之省。復籲之京。案懸不決。而曰健以病奏免。

林奠國列傳

林奠國。字景山。彰化阿罩霧莊人。阿罩霧。固土番之地。負山環溪。鄰鄉多巨族。各擁一方。非番害。則械鬭。故人多習技擊。而奠國能御之。同治元年春。邑人戴潮春謀起事。淡水同知秋曰覲至東大墩。欲治之途次。聞其勢大。遣人邀奠國。挈鄉勇二百人往。至新莊仔莊。曰覲已被殺。四塊厝莊人林日成爲勇首。護曰覲行。及是而叛。見奠國至。攻之。奠國拒戰。退歸阿罩霧。鑿濠固壘。聚米鹽。討軍實。爲持久計。已而日成來攻。擁衆三萬餘。斷水道。環圍三匝。時莊中丁壯多從文察轉戰閩浙。僅遺七十有六人。願同生死。以長子文鳳率之。爲數隊。扼險要。而自拒於莊北。日成之至也。勢張甚。又以前後厝之怨。誓必滅之。嘗一日陷圍數次。莊幾破。開礮防禦。自日夕自於黎明。莫敢懈。而圍愈急。東勢角莊人羅冠英駐軍翁仔社。聞報。越二日。率二百人至。皆粵族。衆慮內變。文鳳曰。彼來援。是愛我也。寧有是事。椎牛饗之。出家貲十數萬於庭。向衆而言曰。諸公跋山谷。冒危險以來。護我莊。其濟。莊之福也。不濟。吾以死繼之。不腆之貲。願供一醉。幸毋爲賊人有。衆曰。諾。願殺賊。乃耦其人而守之。又一日。林氏之族先後至可四五百人。士氣大振。開壁出搏戰。隴畝間陣斬數百。俘數十。日成大敗。踉蹌走。自是不敢復攻阿罩霧。當是時。彰化既破。南北俱震。潮春日成之黨。多至十數萬人。而阿罩霧以一村落。介立紅旗之間。戰守經年。圳水又爲萬斗六莊洪氏所遏。良田盡暍。粒米不收。發倉以振。聯絡沿山一帶。備器械。立約束。養精蓄銳。爲規復計。二年冬。文察以福建陸路提督平臺。奠國聞官軍至。率鄉勇數百助戰。潮春日成。次第就滅。遂與文察提師歸阿罩霧。招撫近山其不從者。移兵討之。經理善後事。聞以功授知府。賞戴花翎。三年四月。閩浙總督左宗棠以延平軍務危急。奏調文察內渡。奠國從至福州。而漳州陷。下游俶擾。檄由同安規復。十一月。駐洋州。十二月。移萬松關。兩軍相持。疊接戰。互有勝負。時大軍未集。所部臺勇僅五百人。一日偕文察視壘。至瑞香亭。太平軍驟至。陷圍。文察竭力奮鬭。所部多死傷。顧奠國曰。吾爲國家大將。義當死。阿叔可破圍出。毋俱沒。奠國不可。文察復迫曰。勢急矣。趣去。吾不能歸也。遂授命。於是奠國收餘軍以退。而臺勇乏餉。未能歸。至福州見大府。請餉九千兩。爲遣散費。總督慶瑞不許。命待命。已而索賄二萬金。文鳳請與之。不可。曰。吾爲國家效命。率子弟赴疆場。糜財。固不足惜。而彼反以功爲罪。此胡可者。且吾與鄉里五百人而西。今所部多沒。吾則獨歸。又何面目以見父老乎。遂以家事委文鳳。命各恤其家。而自留省垣。越十七年卒。誥授朝議大夫。追贈奉政大夫。子三。長文鳳。次文典。次文欽。

文鳳字儀卿。號丹軒。少任俠。結交多奇士。戴潮春之役既平。地方罷弊。流亡滿道。文鳳拊循鄉里。集農人。治畎畝。構廬樹藝。衆始得息。除夕之夜。圍爐聚飲。文鳳忽流涕曰。當吾莊被圍時吾三夕不寐仰視飛彈如雨入室中吾自分必死邀天之福仗祖宗之靈幸得復睹太平吾今思之心猶悸也又曰莊人可愛與我同患難冒生死吾不能一一存問心良慊命家人往視各贈百錢爲壓歲遂以爲例同治二年冬十二月野番出草乘夜襲阿罩霧文鳳聞警提銃出趣召莊人鳴金發礮列炬如白晝番驚竄逐之文明亦率一隊遏其途番不得歸散走平疇間殲其數十自是不敢復犯阿罩霧四年文明被害彰化報至莊人大憤不期而集者數千人洶洶欲動文鳳病在床聞之驚起止之曰彼設穽陷我今若此是自投其禍也且黑白未可知當稍待衆始散初城吏以計殺文明意林氏必擁衆至卽以圍城之罪辦之及聞是言愕眙而語曰林氏固大有人也兵備道夏獻綸以舊憾故頗不懌戴案被抄諸人亦構辭以訟凡十數起光緒五年獻綸卸任至省謁大府請籍林氏之產命會營往獄將興矣獻綸抵郡未久逝洎巡撫岑毓英來臺召視案卷訟始結

文欽字允卿號幼山性溫和善事父兄林氏自遷阿罩霧以來業農習武而文欽獨好學勉爲世用光緒十年入泮兵備道劉璈見而奇之時法人方犯臺灣檄募義勇衞桑梓遂集佃兵五百駐臺南爲南軍援器械糧秣悉取之家已而調駐通霄捐款助軍事平以貲詮郞

中。分兵部。嗣請歸養。十四年。以淸賦功。加道銜。十九年。舉於鄉。素慕萊子斑衣之志。築萊園於霧峰之麓。亭臺花木。境極幽邃。自畜伶人一部。春秋佳日。奉觴演劇。所以娛親者無弗致。顧尤好義舉。歲率用款數萬金。士之出入門下者。靡不禮焉。嘗道泉州。聞連鄉械鬭。數十年不戢。怨日深。遂集兩造。陳利害。糜數千金解之。十五年。河南薦饑。大府募振。捐萬金以恤。事聞。賜樂善好施之額。彰化舊有育嬰堂。而款絀。不足濟衆。窮民生女。輒棄於塗。見而憫焉。割腴田歲入穀三百石。福馬刺桐之橋久圮。行者病涉。命工造之。又創湖日田中之渡。利人之事。知無不爲。里黨之人無不惠焉。初臺灣巡撫劉銘傳經理番疆。而中路以腦業爲大。乃借從子朝棟合墾沿山之野。謂之林合。東入番界。西至舊墾之地。北沿大甲溪。南及集集大山。延袤數十里。於是張隘線。募佃人。啓田樹藝。番害稍戢。而產亦日進。二十一年。臺灣有事。大府命起兵。募鄉勇千名。自備餉糈。令族弟文榮統之。駐彰化。已而下詔割臺。文武多去。四郊儆擾。分邏各地。故無盜賊患。既見勢蹙。謀內渡。而母老不堪涉風濤。匿跡銷聲。居於幽翳。唯日侍慈幃。教子姪。極天倫之樂。故世稱貞士焉。

連橫曰。阿罩霧處彰化內山。地與番接。故人多尚武。而林氏能部勒之。戮力致果。功在旂常。

是皆干城之選也。然數十年來。林之子孫說禮樂而敦詩書。濟濟蹌蹌。蜚聲藝苑。信乎江山之助也。閒靈之氣。緯武經文。顧陸之風。猶未沫焉。

林占梅列傳

林占梅字雪村。號鶴山。淡水竹塹人。始祖三光以明季自同安來臺。居於今臺南府治樣子林。數遷至竹塹。祖紹賢墾田習賈。復辦全臺鹽務。富冠一鄉。有子七。長祥瑞生占梅。早卒。季父祥雲撫之。占梅少穎異。讀書知禮。無紈袴氣。進士黃驤雲奇之。妻以女。年十一。挈遊京師。出入縉紳門。學乃日殖。性豪邁。好交名下士。濟困扶危。糜萬金不少惜。道光二十五年。英人犯雞籠。沿海戒嚴。倡捐防費。得旨嘉獎。遂以貢生加道銜。二十三年。防堵八里坌口。又捐巨款。事竣論功。以知府卽選。二十四年。嘉彰各邑漳泉械鬭。募勇扼守大甲溪。絕其蔓延。詰奸宄。護閭閻。出貲撫卹。賞戴花翎。咸豐三年。林恭之變。臺鳳俱亂。北路震動。奉旨會同臺灣道辦理全臺團練。又以捐運津米。卽捐三千石。奏准簡用浙江道。四年。艇匪黃位踞雞籠。以克復功。加鹽運使銜。同治元年春。彰化戴潮春起事。淡水同知秋曰覲被戕於東大墩。進略大甲。窺淡水境內土匪亦竊發民心惶惶多走避占梅獨籌維危局故無害初潮春設八卦會勢日盛占梅知其必發集紳商籌團練爲豫防計曰覲不之善也及曰覲南下占梅卽出資備器械討軍實修城濠募勇士以生員鄭秉經貢生陳緝熙職員翁林萃董其事聯絡各莊命勇首蔡宇率練勇守要害部署甫定而警報至城中無主咸議歛資通款以緩其來或言棄城走占梅獨排衆議曰淡水爲財賦之區彼必來爭卽令行賄安能保其不至既至而又何如我能往彼亦能往走將安之耶今與諸君約不如以通款之資爲戰守之費其濟諸君之功也不濟吾以死繼之衆曰諾占梅卽以家貲十數萬爲餉糈城中紳商亦踴躍輸將於是共擁候補通判張世英權廳篆遣人造省請大吏示進止率衆至城隍廟刑牲設誓願共存亡民心始定五月以蔡宇率勇四百名復大甲陳緝熙偕行請張世英駐軍翁仔社遣人結東勢角羅冠英以撫內山一帶而自巡淡南爲聲援旋奉巡撫徐宗幹檄准布政使頒總辦臺北軍務鈐記通飭所屬時北門外蘇黃二姓械鬭地方俶擾占梅止之禽其渠其尤不逞者送官懲辦鬭始息然城中游民多頗喜亂飭各街造籍嚴管東日給口糧所費不貲而軍需又亘稱貸以應不足割腴田充之凡數十萬金產幾破二年春勇首蔡宇克牛罵頭梧棲等汎。占梅之策也。梧棲爲通海之埠。殷商聚集。占梅以爲進規彰化之道。潛結郊戶楊至器。二月。取之。乘勢至山脚莊。張世英亦自內山來。首尾相應。當是時官軍多駐城附近。相持久。各罷儆。占梅議進兵。爲忌者所阻。宗幹催之。上書陳其事。略曰。賊本烏合之衆。死據孤城。其勢難久。我軍前後進勦。非不能戰。乃至今未克。誠以諸軍皆由鹿港而進。賊已備。識虛實故也。若得省垣遣一大員。由淡水登岸。沿途招選兵勇。以壯聲勢。占梅當統練勇數千。同時南下。勦撫竝行。彼將聞風膽落。不戰而平。兵有先聲而後實者。此也。宗幹韙之。遂以丁曰健爲臺澎兵備道。十月。至竹塹。與占梅議進兵。占梅自率精銳二千。扼山脚莊。拔茄投。攻大肚。進駐溪南。縱降將入城。爲內應。潮春久處斗六門。城中議降。股首江有仁持不可。十一月初三日。占梅以前鋒林忠藝林倘等攻南門。與官軍會破之。遂復彰化。曰健入城。旋往鹿港。以占梅所部駐城中。曰健之行軍也。脅從各莊多痛勦。占梅輒請宥。全活甚衆。十二月。振旅歸。潮春就滅。事聞。加布政使銜。福建督撫以占梅急公好義。品學兼優。奏請簡用。得旨召見。病辭。遂不出。占梅工詩書。精音樂。軍興之時。文移批答多出其手。暇則彈琴歌詠。若無事然。築潛園於西門內。結構甚佳。士之出入竹塹者。無不禮焉。文酒之盛。冠北臺。著琴餘草八卷。未刋宗幹序之。又有潛園唱和集。同治四年卒。年四十有九。弟汝梅字若村。少入泮。光緒六年。巡撫岑毓英創造大甲溪橋。贊襄最力。及建省後。督辦鐵路。淸賦。有名於時。

連橫曰。侯官楊浚新修淡水廳志。其文多謬。乃復挾其私心。以衡人物。亦何足以徵信哉。林占梅為一時之傑。傾家紓難。保障北臺。忌者多方構陷。占梅竟以憤死。浚不於此時為之表白。而列其人於志餘。謂頗有一髮千鈞之力。夫一髮千鈞。厥功多矣。列之志餘。不亦小哉。同安林豪曰。占梅力排衆議。投袂而前。悉群虜於目中。運全局於掌上。屢收要隘。再復堅城。以視夫階下叩頭者。其人之賢不肖。何如也。連橫曰。林豪之論。賢於楊浚。作史須有三長。而知人論世。尤貴史德。而後不至顚倒也。

羅陳列傳

羅冠英。字福澤。廣東潮州人。祖某來臺。居彰化東勢角莊。莊據大甲溪左。群山環抱。中拓平原。居民多力穡尚武。而冠英精火器。百步外無虛發。善謀略。料事多奇中。內山有某甲者頑嚚。比黨魚肉孱愚。冠英令健兒扼險待進而攻之。賊敗走。擇其尤惡者格殺之。鄉人稱快。同治元年。戴潮春之變。陷彰治。文武多被戕。進兵略大甲。聞冠英名。遣使邀之。不從。當事之起也。冠英集鄉人。伸義約。有事相策應。衆有難色。冠英奮臂起。曉譬利害。衆諾。遂與總理劉衍梯。邑紳呂炳南等。募壯士數百。屯翁仔社。其友廖廷鳳從之。散家貲爲餉。竹塹總辦團練林占梅遣人賫金帛結之。請由內山間攻四張犁莊。以搗潮春之家。而潮春已猛撲大甲。大甲人嬰城守。代理淡水同知張世英率軍至。冠英赴援。大小數戰。圍始解。閏八月。冠英攻蔴脚莊。克之。遂復葫蘆墩汎。廖世元亦拔圓寶莊據焉。進攻圳蔴林。日成自彰化來爭。勢張甚。世元接戰。身被十數創。至翁仔社而卒。世英厚葬之。以兄廖江峰弟廖樹代領其衆。十一月。日成復攻大甲。斷水道。冠英又救之。分軍爲二。邀戰於新厝仔。大呼陷陣。斬首二十餘級。遂與大安莊人合攻水汴頭。城中聞礮聲。分道接戰。廷鳳亦督屯番自後入。首尾夾擊。日成大潰。城圍復解。二年。世英遣冠英等攻馬公厝。拔之。略地至四張犁莊。當是時。官軍大集。潮春親攻嘉義。以陳梓生守之。冠英乘勢突入。破其險阻。獲旗幟軍器甚多。潮春遂無所據。十二月。官軍復彰化。潮春被殺。三年夏四月。福建陸路提督林文察率軍攻小埔心。陳弄拒戰。相持數月。冠英突圍入。周視各壘。中礮亡。軍門震悼。遣員護喪歸。事平。上其功。下旨建坊入祀昭忠祠。追贈忠信校尉。

陳澄清小名兕。嘉義塗庫人。性明毅。遇事果斷。有友十餘人。皆勇敢負氣。援急可恃。遇之如手足。塗庫距嘉邑西北。當孔道。當是時。中原俶擾。淡彰亦分類械鬬。有司畏葸。莫敢辨。澄清隱憂之。乃於所居竹圍外築垣鑿濠。建礮壘。佈竹釘。聚米鹽食物爲三年蓄。左右田園。悉種番薯栽山薯。以防不給。已而戴潮春起事。陷彰化。殺文武。進攻嘉義。各莊多被略。澄清獨起兵拒。附近粵莊暨鹽水港聯防固守。倚以爲重。同治元年秋七月。臺灣鎭林向榮駐軍斗六。檄澄清運糧。嘗一日七戰。三襲敵營。向榮嘉之。錫五品銜及名馬珍物。及斗六陷。攻塗庫。陳弄嚴辦以衆踞街中。市肆皆罷。澄清設伏待。遣壯士蘇阿傳率十餘人。假旗號。徑至街中。呼曰。我元帥諭爾等安堵。照常貿易。違者斬。弄衆方駭顧。而阿傳遽大呼殺賊而出。弄率所部追之。伏兵盡起。扼險擊。阿傳奮勇鏖殺。殪數人。及歸無一傷者。阿傳與吳嬰陳瑞基吳戇王明俱善戰。衝鋒陷陣。弄等憚之。謂之五虎。初潮春以書招澄清。不從。及弄據塗庫。誓必滅之。兕必湖挺身謁弄。弄露刃以見。必湖笑曰。始吾以大哥爲豪傑。傾心相向。願效力。今乃知非。欲成大事者。不然。如愚兄弟。亦足供指臂。而見拒。如此。弄曰。女果從吾。豈相拒。但恐未必然爾。必湖因說之曰。我兄弟欲相從久矣。乘時建不世之業。此士之一時也。然不假重權。無以令衆。如肯畀一將軍。則明日當舉旗相應。弄喜。延之坐。與談竟日。授以令。警備稍懈。必湖歸。即集義勇。約五鼓併力攻之。而是夜三更。澄清已遣人燬屋。阻歸路。弄見火起。知爲所給。踉蹌去。自是不敢復攻塗庫。澄清之治軍也。禁賭。禁洋烟。禁奸盜。賞罰嚴明。多縱間諜。諗虛實。每出軍。不言所向。舉刃而前。既至。始下令突擊。故能以少勝衆。或問之。曰。兵危事也。以奇用之。靜如處女。動如脫兔。臨機應變。而後有功。若大張聲勢。旗鼓喧闐。是使賊知。非所以制勝也。又曰。兵不在多。在勇敢。多則衆心不一。進退失據。雖有良將。無所用之。故所用祇數十人。竝養其家於竹圍內。與共甘苦。拒戰三年。毫無所損。姪適約居下莊。相去二里許。有衆三四十人。亦能戰。鄰鄉丁壯聽命者又六七百人。故能持久。潮春既平。澄清欲誅脅從。必湖止之。弟澄江攻元掌莊。中礮死。澄清力擊之。禽其渠十餘人。梟以祭墓。後任斗六門都司。初澄清起兵。埔姜崙莊生員劉豐慶。粵籍也。聞其義。每助鉛藥。故無乏。後爲其叔阿霖所殺。澄清爲復仇。談者以爲有古烈士風。

連橫曰。嘉義之有塗庫。猶淡水之有翁仔社也。彈丸之地。雖不足以繫大局。而羅冠英駐翁仔社。林日成不能破大甲而略淡水。陳澄清守塗庫。陳弄不能掠鹽水港以迫嘉義。非地之足恃。而人之可用也。不然以斗六門之險。負山扼溪。可以自固。而林向榮竟全師以沒。成敗之機。何其異耶。冠英縱橫轉戰。拖義以隕。人稱其勇。若澄清之從容佈置。運籌決策。尤有名將之風焉。

沈葆楨列傳

沈葆楨字幼丹。福建侯官人。以翰林出任江西廣信府。太平之役。與妻林氏乞援守城。由是知名。歷陞至總理各國事務大臣。事在清史。同治十一年。調福建船政大臣。十三年夏。日本以牡丹社番之殺其人也。以兵來伐。駐南鄙。沿海戒嚴。清廷以葆楨爲欽差大臣。督辦軍務。又命福建陸路提督唐定奎率師入臺。供調遣。五月。葆楨至臺南。籌防備。討軍寔。二國勢將用兵。已而和成。詔命葆楨經理善後。葆楨以臺灣爲海上奧區。東南各省之藩衛也。地大物博。列國覬覦。自非悉心經畫。不足以資富庶。於是奏請移駐福建巡撫。以一事權。語在職官志。廷議從之。臺灣前時僅設一府四縣。而寄其權於巡道。地既遼遠。民又孳生。守土官但求無事非敢稍議更張葆楨以北鄙日闢墾務日興於是奏請添設臺北府縣以資治理略曰臺灣固海外荒島康熙年間收入版圖乃設府治領臺灣鳳山諸羅三縣諸羅卽今之嘉義而嘉義以北尙未設官郡之南北各一百餘里控制綽乎有餘厥後土地漸闢雍正元年乃設彰化一縣竝置淡水同知九年移治竹塹起自大甲溪至三貂嶺下之遠望坑而止計地三百四十五里有奇嘉慶十五年復自遠望坑迤北東至蘇澳計地一百三十里設噶瑪蘭通判以治之則人事隨天時地利之轉移雖欲因陋就簡固不可復得者也然自噶瑪蘭抵郡須十三日始達政令皆統於臺灣府淡水設廳之時淡北三貂等處榛莽四塞卽淡南各社亦土曠人稀今則村莊比連荒埔日闢舊志稱東西相距僅十有七里今乃或五六十里或七八十里蘭廳建治以後自三貂嶺繞至遠望坑復增地數十里有奇其土地之日闢古今不同有如此者臺北海岸昔時僅有八里坌一口往來之船不過數隻其餘叉港支河僅堪捕魚今則八里坌淤塞而新添各港曰大安口曰後壠曰香山曰滬尾曰雞籠滬尾港門宏敞舟檝尤多年來夾板帆檣林立洋樓客棧闤闠喧囂其口岸之歧出不同有如此者前者臺北幅員雖廣而新墾之地土著既少流寓亦稀百餘年來休養生息前年編查戶口除

噶瑪蘭外。已有四十二萬有奇。近頃各國通商。華洋雜處。睚眦之怨。卽啓釁端。而八里坌一帶。從教漸多。防範稽查。尤非易事。其人民之不同有如此者。臺地土產。以藍煤茶腦等爲大宗。皆出自淡北。比年荒山窮谷。栽種愈盛。開採愈多。洋船搬運。客民叢集。風氣浮動。嗜好各殊。且淡南大甲一帶。毗連彰化。習俗尤悍。如淡水同知半年駐竹塹衙門。半年駐艋舺公所。相去百二十里。奔馳廢曠。勢所必然。況竹塹南至大甲溪尙百餘里。而艋舺北至滬尾雞籠亦尙各數十里。命盜等案。層見迭出。往往方急北轅。旋憂南顧。分身無術。枝節橫生。公事積壓。巨案遷延。均所不免。督撫知其難任。必擇循吏能士以膺是選。而到任之後。賢聲頓減。不副所望。是地勢之所使然。其駕馭之難。周又有如此者。淡蘭文風。遜於全臺。歲科童試。廳考四五百人。而赴道考則不及三分之一。路途險遠。寒士乏資。着鞭難至。又如詞訟則四民均受其害。刁健之徒。詞窮而遁。揑造府控。一奉提供。累月窮年。被誣之家。照寃有期。家已爲破。欲矯其弊。因噎廢食。概免廳提。則廳案爲胥吏之所把持。遂失控訴之路。而械鬪之端則萌於內。至徒流之刑以上。擬定罪名。復須提郡轉勘。需費繁多。歲月淹滯。賠累難償。故不得不隨之抹殺。官旣苦之。民尤苦之。其政教之難齊。又有如此者。故前者臺灣道夏獻綸請改淡水同知爲直隸州。噶瑪蘭爲知縣。添一縣於竹塹。臣鶴年臣凱泰互相討議。臺事旋起。因此暫停。臺南騷動之時。卽有潛窺臺北之憂。夏獻綸往在該地。能策機宜。狡謀乃息。然海防洋務。瞬息萬變。恐州牧不足以當之。況去年以來。自噶瑪蘭之蘇澳起。開山撫番。至新城二百里有奇。至秀姑巒又百里有奇。若山前布置。尙未周詳。則山後之經營。何從藉手。故就今日臺北之形勢而畫區爲三縣以分治之。則可以專其責成。設知府以統轄之。則可以繫其綱領。伏查艋舺當龜崙嶺兩大山之間。沃壤平原。兩溪環抱。村落衢市。蔚成大觀。西至海口三十里。直達八里坌滬尾。觀音大屯兩山可爲屏障。且與省城五虎門相對。不特淡蘭扼要之區。寔爲全臺之管鑰。請於其地創建府治。名曰臺北府。彰化以北。直至後山。胥歸控制。仍隸臺灣兵備道。附郭一縣。南劃中壢以上至頭重溪爲境。計五十里。東西相去五六十里不等。方圍折算百有里餘。擬名之曰淡水縣。自頭重溪以南。至彰化大甲溪爲止。南北相距百五十里。其間竹塹卽淡水廳之舊治。擬裁淡水同知。改設一縣。擬名之曰新竹縣。自遠望坑以北而東。以噶瑪蘭原轄之地。擬設一縣。名之曰宜蘭縣。雖籠一區。欲建縣治。則其地不足。而通商以後。竟成都會。且煤務方興。游民四集。海防已重。訟事尤繁。該處向未設官。亦非煤務微員所能鎭壓。若事事仰成艋舺。則官民共困。應請改噶瑪蘭通判爲臺北府分府通判。移駐雞籠。以治之。是臣等當外防內治之策。出於因時制宜。是否有當。伏乞飭部議覆。以便遵循。至建設城署。淸查田賦。以及雜佐營汛可改可增。俟奉旨允准之後。再與臺灣道議詳核奏。廷議亦從之。而臺北乃日趨富庶矣。八月。奏請開山撫番。蠲除前禁。語在撫墾志。於是以提督羅大春。總兵吳光亮。同知袁聞柝。率兵三路而入。會於臺東之水尾。築壘駐兵。衛行旅。而東西之道通矣。臺灣綠營久已廢弛。葆楨奏改營制。築礮臺。架電報。振商務。凡諸要政。多有更置。光緒元年秋七月。奉旨入京。途視澎湖。調兩江總督。五年冬十一月。薨。謚文肅。入祀京師賢良祠。

連橫曰。臺灣歸淸以來。閉關自守。與世不通。苟非牡丹之役。則我鄕父老猶是酣歌恒舞於婆娑之洋。焉天誘其衷。殷憂日至。析疆增吏。開山撫番。以立富强之基。沈葆楨締造之功。顧不偉歟。而惜乎吾鄕父老猶以晏安爲事。不能與時竝進也。

袁聞柝列傳

袁聞柝字警齋。江西樂平人。咸豐間。以辦鄉團有名。嗣隨左宗棠平浙。入閩。洊保知府。同治八年。捐同知。十年。派至臺灣。十三年。牡丹之役。欽差大臣沈葆楨命赴後山察形勢。遂至卑南。招撫呂家望等社。率番酋陳安生至郡。犒以鹽布。自是生番多服。八月。葆楨奏請開山。分軍三路。以提督羅大春率北軍。總兵吳光亮率中軍。而聞柝率南軍。卽募綏靖軍五百及土工三百。由南進。方是時。後山雖隸版圖。而路尙未闢。道卑南者。多自打鼓乘船至瑯璚。轉而東行。其遵陸者。則山徑險阻。瘴毒盛。野番伏莽射。非遇害。卽中疾。行者絕少。當軍發之時。葆楨命以文祭於臺南山神曰。昊穹伊始。群萌荒屯。聖哲闡繹。奠區辟渾。章趾亥步。隔漠絕濛。山川之氣。闕久乃通。我朝御宇。率土臣服。赤嵌一島。版章攸屬。百有餘年。薰陶染沐。陬澨偏隅。聲明文物。臺陽之背。傀儡之東。野番所處。密林深叢。禽伏獸匿。風教未通。竝生竝育。納之帲幪。土牛有禁。豐碑穹窿。勿侵勿軼。安彼顓蒙。流水出谷。古花猶紅。牛刀羽織。獵罝魚筒。涵奄蕃衍。蠢蠢蟲蟲。不識不知。順帝之衷。如何東人。海中之國。敢背盟言。肆其毒螫。稱戈修矛。潛圖邊域。旣戕我番。罔有安集。自牡丹灣。鄰卑南覓。死者含寃。生者累息。疆吏入告。帝心用惆。乃命使臣。持節瀛東。拯之水火。護其蒿蓬。延諭一下。喁喁向風。稽顙轅門。薙髮輸忠。籲請設吏以發贉矇自下淡水暨卑南社群峰刺天大樗滿野麋鹿攸居鳥鳶不下百數十里古無通者維彼番黎踴躍芟夷爲我鄉道千夫隨之乃建一營曰綏靖師特命聞柝率以東馳左載鉏鐝右挾劍鈹開辟險阻削鏟厜巇五里一堠十里一圻毋使魑魅阻途遏歧毋使叢薄踞熊宅羆向爲荒壤崇朝九逵俾我王化靡遠或遺敬維山神公侯攸屬柴燎之祭群望咸集幸相此舉以成厥役側聞疇昔戮民干紀私召詭徒騰岩越鄙顯違邦禁隱匿奸究維神之怒泄霧數里噓噏瘴癘踣崖顛趾靈威昭融遐邇仰止今奉帝命伐木刊山上應氣運下輯獠蠻維神之聰能燭厥端鑿勿集蠱谷勿藏貛吹嵐轉飈泉清水瀾俾我軍士征途孔安維神之祐亦民之歡於戲噫嘻秦通巴蜀誑以金牛漢通邛筰蒟醬是求窮邊黷武以爲神羞維我國家普徧懷柔一夫不獲若納之溝躋於壽宇廓此遠猷彼秦與漢胡能與儔虔具祝版告之山陬神其鑒臨與國咸休遂自赤山入雙溪以至內埔道遇祖望力社番擊退之斬其土目九月踰崑崙坳十月抵諸也葛出研仔崙以達後山十一月駐卑南途次染病重回郡就醫光緒元年春三月復赴卑南任南路撫民理番同知卑南初建制度未備寄治於綏靖營內乃次第招撫卑南以北之番自平地暨高山歸化日衆徠民開墾給牛種以拓

巴壠衛大陂之野。來者漸集。廣設學堂。教番黎。大府嘉之。晉知府。二年。卸綏靖軍。調中路。隨總兵吳光亮討阿棉納納社。平之。賞戴花翎。四年。復帶綏靖軍。駐卑南。五年。阿馬薩社亂。討之。五月。建南路廳署。遂建昭忠祠。祀後山死事諸人。七年五月。陞臺灣府。九年。調福寧府。十年五月。卒於任。年六十有三。聞柝富膽略。勇於任事。而在後山最久。故能締造經營。以數王化。當開山之時。提督羅大春。總兵吳光亮。均有功。

連橫曰。開山之役。爲臺大事。而能聿觀厥成者。則沈葆楨創建之功。而聞柝大春光亮疏附之力也。吾聞聞柝所建之昭忠祠。今已荒廢。死事諸人。亦將湮沒。故附之於後。候補通判辦理營務處湯承。南路撫民理番同知余修梅。南路撫民理番同知鄧原成。南路撫民理番同知歐陽駿。招撫委員陳昌言。幫帶海防屯兵參將李得勝。代理臺東直隸州知州高垚。帮統後軍張吉祥。武功將軍豐炳南。振威將軍劉得勝。

劉銘傳列傳

劉銘傳字省三。安徽合肥人也。少任俠。洪軍之役。湘鄉曾國藩奉詔辦團練。銘傳從之。歷戰有功。同治元年。李鴻章募淮勇。聞其名。以爲管帶。自領銘軍。所向克捷。以功封一等男。事在清史。光緒十年。越南之役。法軍犯臺灣。勢危迫。詔任督辦臺灣事務大臣。旋授福建巡撫。授太子少保。加兵部尚書銜。夏五月。至臺北。趣籌戰守。臺爲海中重地。安危繫東南。而軍政不整。餉械亦絀。未幾而法艦攻基隆。銘傳帥提督曹志忠蘇得勝章高元鄧長安拒之。法軍大敗。陣斬中隊長三人。獲聯隊旗二。秋七月。法艦攻福州。入馬尾。燬船廠。防務大臣張佩綸不能戰。總督何璟亦驚走。詔大學士左宗棠治軍福建。銘傳乃得稍修軍備。兵備道劉璈駐臺南。亦能軍。故無兼顧患。然璈以加營務處。又恃才。頗不受節制。銘傳銜之。八月。法軍復攻基隆。銘傳督戰。礮彈萃至。殪數人。左右請退。曰。人自尋彈。彈何能尋人。衆聞之。奮戰。士氣大振。法軍又敗去。已而諜報法艦別攻滬尾。滬尾爲臺北要害。距城三十里。銘傳慮有失。則臺北不守。命撤軍。各提督力諫。不聽。唯留統領林朝棟駐獅球嶺。或議之。曰。是惡知吾之深意也。其後法艦三攻滬尾。皆受創去。宗棠以基隆失守。劾之。銘傳具疏辯。法軍據基隆。謀南下。輒爲朝棟所扼。十一年春二月。別攻澎湖。據之。而是時清軍在越南疊勝。法人亦無久戰意。乃議和。撤兵去。詔以銘傳駐臺籌辦善後。六月。奏曰。竊法兵退讓澎湖。臣同前陝甘總督楊岳斌於本月十七日會奏在案。善後各事。急須次第舉辦。謹爲我皇太后皇上陳之。一。臺澎以設防爲急務也。查全臺各海口。大甲以南至鳳山。沙線遼濶。兵船不能攏岸。遠隔四五十里。近亦二三十里。設防較易。而大甲以北。新竹一帶海口分歧。直至宜蘭。兵船可入。至遠不過三五里。基隆滬尾雖可停泊兵船。賴有山險。如有巨礮水雷設防。尚能爲力。唯新竹沿海平沙。後攏中港皆可出入。三號兵船。地勢平衍。全恃兵力。頗難着手。然猶較勝於澎湖。臣派提督吳宏洛至該處察看情形。據稱地無草木。一片沙石。無土可取。面面受敵。甚難爲力。唯港口以南天然船隝。最宜停泊兵船。臣到臺一年。察看形勢。不獨爲全臺之門戶。亦爲南北洋之關鍵。欲守臺灣。必先守澎湖。欲保南北洋。亦必須保澎湖。如能澎廈駐泊兵船。防務嚴密。敵船附近。無可停泊。則不能飛越深入。不顧後路。此澎廈辦防。固爲全臺之急。且非僅臺灣之急也。試就澎湖而論。若欲辦防。則須不惜重費。認眞舉行。縱兵船一時難集。而陸兵不過三千。必須多購大礮。堅築礮臺。製辦水雷。屯積糧薪。計購礮築臺需費約在四五十萬兩。須一二年內方可告竣。若敷衍將就。不若不防。既節數營之餉。亦免臨事覆軍之累。應請旨定奪。一。臺澎軍政。急宜講求操練也。查臺灣軍務弛廢已久。湘淮各軍皆强弩之末。欲杜浮冒。

挽回積習。非切寔講求操練不可。近時各營多用後門槍礮。尤非勤習操練。不能施放。不識碼號。則不識遠近高低。槍出無準。是有利槍與無槍同。且不知折機磨擦。遇雨遇濕。上槍則損。重價購之。隨意棄之。尤爲可慨。是練兵非僅臺灣急務。亦各省之急務。唯臺灣烟瘴之地。兵丁半多煙病。將貪兵猾。寬則怠玩不振。積弊難除。嚴則紛紛告假。去而之他。一時頗難整頓。現同沈應奎陳鳴志商酌裁留營數。除鎭標練兵不計外。共擬留三十五營。臺南合澎湖十五營。臺北合宜蘭十五營。中路嘉義彰化新竹一帶擬派五營。論形勢則臺北爲喫重。論地方則臺南爲遼長。則再無可減之兵矣。一全臺賦稅。急宜清查也。查臺灣田產之美。甲於天下。一歲兩熟。而淡水一縣每年額徵錢糧耗羨銀七百八十餘兩。正供官穀九千餘石。宜蘭竝無錢糧。其餘縣分賦稅亦輕。計全臺所入關稅釐金竝鹽務。每年可得銀一百零數萬兩。將來整頓鹽務。剔除各項中飽之資。每年可得一百二十萬兩。以臺澎三十五營。每年需餉一百二十餘萬兩。尙有輪船經費。一切雜款。竝須添設製造局。每年需餉約在一百四五十萬兩。若能將各縣賦稅清查無遺。以臺灣之入款。供臺灣之所用。自可有餘無絀。唯清賦一事。要在官紳得力。臣不諳吏治。昧於理財。商諸沈應奎辦理之法。議必先行清查戶口。次第舉行。恐須一二年內方收寔效。全臺生番急宜招撫也。查臺灣生番從前多在外山。因遭閩粵客民愈來愈衆。日侵月削。遁入內山。種類繁多。近亦耕稼爲生。各有統屬。平居無事。而土匪游勇每有百十成群。聚集於番民交界之處。搶刼居民。或侵佔生番田廬。騙其財物。一有爭端。輙起械鬬。奸民被殺。則訴於官。派兵剿辦。而生番被殺。寃無可訴。集衆復仇。仇怨日深。兩不安靖。若不及早設法招撫。使之歸化。將來番地日蹙。結怨甚多。鬱久必變。恐成陝甘囘匪之禍。卽以防務而論。防海又須防番。勢難兼顧。治理爲難。若得生番全服。僅防外患。不憂內侮。既節防費。且可開山伐木。以裕餉源。夫設防練兵淸賦三者。皆可及時舉辦。唯撫番不易。應俟三者辦成後。方能議行。其次如安設電報。修路造橋。以通南北之氣。淸理屯墾。開礦採木。以興自然之利。亦爲要務。臣智識庸愚。難勝艱鉅。禦敵既無方略。辦事又乏才能。每念時局之艱難。不能圖報於萬一。徬徨中夜。深自愧心。唯有竭其愚忱。努力盡職。勿敢稽延。以開廢弛之漸。管見所及。恭摺敬陳。既又奏請專駐臺灣。略曰。臺灣爲七省門戶。各國無不垂涎。每有釁端。咸思吞噬。前車可鑒。來軫方遒。所有設防練兵淸賦撫番數大端。均須次第整頓。臣曾平居私念。以臺孤懸海外。土沃產饒。宜使臺地之財。足供臺地之用。而後可以處常可以處變此次蒞臺經年訪求利弊深見寔有可爲甚惜從前因循之誤固知補救未晚而時會迫切勢不能不併日經營況臣才質庸愚恐難勝任重以閩疆公事繁多而又遠涉重洋顧此失彼與其貽誤於後曷若陳情於前再四思維唯有乘此未接撫篆之時准開福建巡撫本缺俾得專辦臺灣事務庶幾勉效寸長或可無致隕越詔以楊昌濬兼署福建巡撫而銘傳遂得專駐矣先是同治十三年欽差大臣沈葆楨奏請臺灣建省廷議不從至是宗棠復言九月詔設臺灣省以福建巡撫爲臺灣巡撫兼理學政廷議以臺灣新剏百事待舉非有文武兼備之臣不足以資治理詔以銘傳爲巡撫十二年夏四月就任乃偕福建總督楊昌濬奏議改設行省事宜當以理財爲要語在度支志前貴州布政使沈應奎以罣褫職永不敘用銘傳諗其才奏請破格不許復力擧乃以爲臺灣布政使應奎工心計樂輔助臺灣財政因之日進銘傳既奏陳四事次第擧行定建省會於東大墩以府治初闢諸未設備乃暫駐臺北臺灣前用班兵皆調自福建久而積弊光緒元年沈葆楨奏請裁撤新募勇營不從唯鎭標僅置練勇及法軍之役銘傳自率淮軍十營來臺頗奏膚功至是用之僅存三十五營以當防備設總營務處於臺北隸巡撫以候補道盧本揚任總辦而臺灣軍政

一。新。然臺爲海中孤島。防務維艱。乃聘德人爲工師。建基隆淡水安平打鼓各礮臺。或改修之。購置巨礮。計費六十四萬餘兩。又設軍械機器局於臺北。以記名提督劉朝幹爲總辦。併設火藥局水雷局。以籌自製。蓋臺在海外。當恃航運。一有戰事。往來遏絕。非是不足以自給也。五月。奏請清賦。六月。設清賦局於南北兩府。以布政使轄之。縣置分局。而各廳縣多以欲辦清賦。當先查戶。方足以清其本。通飭各屬。限兩月報竣。既成。據以清賦。計田以甲。從舊例也。每甲當十一畝。語在田賦志。是時蜚語流布。劣紳土豪陰事阻撓。而彰化知縣李嘉棠貪墨。又奉行不謹。縣民施九緞糾衆以抗。各地亦蠢蠢欲動。銘傳檄棟軍統領林朝棟平之。而清賦亦以十四年告竣。驟增四十九萬餘兩。初葆楨在臺。曾辦撫番開墾。至是乃擴大之。設撫。墾。局。奏簡在籍紳士林維源爲總辦。設番學堂。布隘勇制。以勵番政。其不從者。移師討之。朝棟伐東勢角之番。屯兵罩蘭。以脅蘇魯馬臘邦二社。不從。五月進攻。又不利。十二年秋七月。銘傳自往平之。餘番亦先後歸服。當其時。百事俱舉。而南北遼遠。內外阻隔。乃籌行郵傳。增電線。築鐵路。又派革職道張鴻祿候補知府李彤恩考察南洋商務。設招商局於新嘉坡。購駕時斯美兩輪船。以航行香滬。遠至新嘉坡西貢呂宋等埠。臺灣貿易爲之大進。十三年。

兵備道陳鳴志鎭海後軍副將張兆連稟請開山。從之。自彰化之集集以至水尾。新設臺東埔里社兩廳。置腦務煤務兩局。由官辦之。興殖產。勸工商。鑄新幣。行保甲。以謀長治之策。創西學堂於臺北。以教俊士。銘傳既兼理學政。十五年。蒞南歲試。或言其不文。及榜發。多一時之秀。是年檄楝軍築省城。基隆鐵路亦將達新竹。而政府頗多掣肘。士論又譏其過激。銘傳知不可爲。十六年冬十月。奏請開缺。令布政使沈應奎護理。十七年春三月。以邵友濂爲巡撫。而百事俱廢矣。銘傳既告病歸家。遂不出。甲午之役。清廷欲起爲領兵大臣。辭。及聞割臺。李鴻章以書慰之。二十二年冬十一月二十七日。薨於里第。年五十有九。清廷軫悼。追贈太子太保。謚壯肅。准建專祠。

連橫曰。臺灣三百年間。吏才不少。而能立長治之策者。厥維兩人。曰陳參軍永華。曰劉巡撫銘傳。是皆有大勳勞於國家者也。永華以王佐之才。當艱危之局。其行事若諸葛武侯。而銘傳則管商之流亞也。顧不獲成其志。中道以去。此則臺人之不幸。然溯其功業。足與臺灣不朽矣。

劉璈列傳

劉璈字蘭洲。湖南岳陽人。以附生從軍。大學士左宗棠治師西域。辟爲記室。參贊戎機。指揮羽檄。意氣甚豪。及平。以功薦道員。光緒七年。分巡臺灣。時方議建省。歲以巡撫視臺。璈至。多所擘畫。以彰化居南北之中。議移兵備道於此。置同知駐副將。改知縣於鹿港。大肚以北大甲以南。周數百里。平疇寬敞。水環山抱。可作都會。建城築署之費。應由臺鳳嘉彰合貲襄助。而巡撫岑毓英亦擇地東大墩之麓。籌造省垣。尚未行也。璈勇於任事。不避艱鉅。整飭吏治。振作文風。又以臺南爲首善之區。街衢湫隘。疾疫叢生。欲闢大道。開運河。引水入城。以行舟楫。郡人不從。乃僅築溝渠。宣積穢。以鎭海營兵塡造安平之路。郡中大火。燬商廛數十。烈焰漲天。衆莫敢邇。璈聞警。短衣縛袴。躍登屋上。麾兵折屋。遏火路。郡人感之。法事起。毓英治軍廣西。璈上書。請助黑旗以撓法兵。且謂今日之事。鮮不韙戰而誹和。抑知和戰皆係一理。事決於和。不能不先決於戰。蓋能戰而後能和。爲越南計。爲中國計。是在和緩而戰急。然必外主乎和之名。內助其戰之實。愼戰於始。庶能緩和於終。毓英嘉之。其後遂撫劉永福而用之。

中法既戰。沿海戒嚴。璈駐臺南。協士民籌戰守。辦團練。討軍實。而臺灣孤立海外。延袤千里。守兵僅有一萬六千五百名。不敷布置。璈分爲五路。自統一軍。有事相策應。稟請總督駐臺居中調度。不從。又請奏簡知兵大員督辦。以一事權。於是命署福建陸路提督孫開華率所部駐臺北。十年春三月。法艦窺臺灣。四月。璈又上書督撫。略曰。臺灣本有爲之地。爲之亦非無把握。端賴有治人有治法。又有治權。則事可得爲。地方亦可制治。然其事之可爲而不得爲。有非鎭道所能爲者。沈文肅公已言之矣。臺灣防務不外山海。平時則山煩於海。有警則海重於山。然必先整山防。海防始有憑藉。否則內外交訌。防務更難措手。此山海所宜並籌也。議者以臺灣自辦開山撫番。十餘年來。傷人逾萬。糜餉數百萬。迄無成效。以致奏請停辦。意在節流。是不推究於辦理之非人。又非其法。而徒謂開撫之無益。是未知臺事之底細。爾夫事在人爲。爲果得人。不特山前已闢地方。可期整頓。卽山後山中。似闢非闢。未闢各區。墾務。礦務。材木。水利等項。皆利源所賴。若開辦得法。農工番漁。皆足寓兵。且足籌餉。餉藉兵力。而源以開。兵藉操作。而用愈活。始費雖鉅。不十年。間定可次第收回。十年以後之利。正自無窮。所謂始難而終易也。此則因利而利。以臺治臺之大略。然必豫籌於平日。乃能應用於臨時。固非欲速見小所能爲功。尤非偏持遙制所能濟事。如再故事奉行。回護前失。狃於近似。渾忘遠謀。勢必仍舊倉皇。兵餉兩蹙。萬一臺灣爲彼所襲。地大物溥。取多用宏。凡我所欲爲而不得者。彼皆爲所得爲。則南北洋務。將無安枕之日。是誤臺即誤國矣。由辦之不早辦也。臺澎四面皆海。周圍三千餘里。無險可扼。隨處可登。備禦之法。較各邊省尤難。今籌防派分五路。因地制宜。如專歸道統最當衝要之南路。又楊署鎭在元所統中路。張副將兆連所統後路。新舊營勇。皆經職道挑選訓練緊嚴。及另備活營章提督高元所統淮軍。楊提督金龍所帶湘軍。皆屬器精兵銳。能戰能守。兼以水陸團練。認眞操演。虛寔互用。三路陸防固已可恃。如能得前路北路一律整齊。則不患臺防之不振。而患海面之不周。兵船既少。又乏水雷礮艦。以備抵禦。如臺南郡城偪近海隅。淺露平脆。不足當衝。而安平旗後基隆滬尾各礮臺亦如之。倘敵人以堅艦聚泊港外。專以巨礮擊我城臺。一無抵制。是彼則不戰而勝。特逞所長。而我則戰守兩窮。莫掩所短。經歷陳請。亦鮮良方。故前詳不求角力於海中。祇求制勝於陸上。則以陸防之權。固操自我也。夫權在我。則敵由我制。五路防軍雖分。猶合運用。皆可自如。特恐我權不一。是我先爲我制。何能制敵。此又陸防之難者。蓋以遠隔重洋。事事扞格。職道鑒前慮後曾以權緩急決疑難定刑賞三大端斷非專閫節制不可詳懇奏請簡派知兵大員渡臺督辦寔爲安危第一要著而憲示以督辦非外省所得擅請仍飭職道勉爲其難敢不祗遵然難果得爲勉尚有濟勉爲不得爲亦終難義在致身他復何恤唯有盡其心力所能至以仰答君恩憲德於萬一爾五月防務大臣劉銘傳至經理臺北而以臺南委璈當是時軍務倥偬需餉孔亟道府兩庫存銀百五十萬兩銘傳命撥五十萬不從又以兵備道加營務處例得上奏頗不受節制銘傳啣之六月法艦攻基隆敗再攻復敗士氣大振銘傳忽撤兵失地璈揭其短且言李彤恩矇蔽之罪宗棠據以入告嚴旨譴責褫彤恩職銘傳愈恨之九月十五日法國水師提督孤拔下令封港一時航運遏絕璈以其違犯萬國公法晤商各領事請干涉各領事以事關重大須待國命乃密上封章懇沿海各省督撫代奏語在外交志基隆既失澎湖亦陷璈自劾疊請南北洋派艦援臺不至十一年春二月孤拔泊安平介英領事請兵備道會見璈欲往左右諫曰法人狡往將不利璈曰不往謂我怯也咄乃公豈畏死哉至安平戒礮臺守將曰有警即開礮擊勿以余在不中也孤拔相見甚歡置酒饗語及軍事璈曰今日之見爲友誼也請毋及其他孤拔曰以臺南城池之小兵力之弱將

何以戰。璈曰。誠然然城土也。兵紙也。而民心鐵也。孤拔默然。盡醉而歸。法艦亦去。而臺南得以無害。和議既成。詔以銘傳爲臺灣巡撫。經理善後。四月。銘傳奏言包辦洋藥釐金董事陳郁堂呑匿鹿港等口釐金四萬六千餘兩。疊經札提來轅訊究。竟敢抗延不到。臺灣道劉璈有督辦稅釐之責。當上年秋冬餉項支絀之時。應如何籌畫以備接濟。顧持危局。事前既不查察。事後又不追還。顯係通同作弊。已由臣檄令撤任。旣又劾璈十八款。語多不寔。奉旨革職。籍沒家產。命刑部尚書錫珍。江蘇巡撫衛榮光到臺查辦。六月。奏請擬斬監候。改流黑龍江。士論寃之。將軍穆圖善聞其才。延爲幕客。居數年。將爲請環。而璈竟病死。當璈宦臺時。著巡臺退思錄三卷。銘傳奏毁其版。後余乃得之。獲誦所言。初璈議移巡道於彰化。而臺北知府林達泉謂當移臺北。著全臺形勢論一篇。論曰。全臺形勢。翼蔽東南。幅員綿邈。以目前而論。臺灣爲府治所在。鎭道建節。寔爲扼要之區。然統全局而籌之。臺灣地處下游。如人居於矮屋之中。不能昂頭四顧。是未若臺北之地據上游。控制全局。犄角福建。尤有振衣千仭。濯足萬里之概也。夫省郡輻輳之區。必據山水交會之勝。臺灣逼近海濱。地勢卑薄。北有蔦松溪。南有二層行溪。源短流弱。驟盈驟涸。而臺北則平原沃壤。周廻數百里。寔爲天府之域。其山則有三貂嶺大坪林。開列如障。迤邐而來。又有觀音大屯二山。雄峙水口。以為拱護其水則有二甲九三角湧水返腳三溪。源遠流長百有餘里。均滙於艋舺乃由關渡出滬尾以入於海。全臺之水皆不滙。而三溪獨滙。全臺之溪皆不通舟楫。而三溪獨通。此山水之勝一也。昔晉人謀去故絳。韓獻子以郇瑕氏土薄水淺。其惡易覯。民有沈溺重腿之疾。不如新田土厚水深。有汾澮以流其惡。晉侯從之。今臺灣府治地既斥鹵。泉尤不潔。而臺北則有三溪洪流。蕩滌汙垢。且泉脈甘美。飲之舒泰。此水泉之勝二也。臺南所產以糖為巨。而臺北則菁華所萃。米茶油煤硫磺樟腦靛青木料等產。每年二三百萬金。故富庶甲於全臺。此物產之勝三也。全臺通商口岸。南有安平旗後。而安平自夏徂秋。風起水湧。從前安瀾大雅兩輪船皆以是而擱淺毀壞。旗後則內港漸淤。近議用機開挖。聞亦未易疏通。是臺南兩口一險一淤。通商寔無大益。若臺北則基隆潮漲潮退均可碇泊。滬尾潮漲之時。巨舟可入。故全臺通商在臺北者恒十之七八。而在臺南者祇二三。此口岸之勝四也。且基隆滬尾皆與福州對渡。水程不過六更。朝發夕至。又無橫洋之險。若福州至安平。必歷黑水溝。過澎湖。不唯遠倍臺北。險亦倍之。此又遠近安危之迥異。其勝五也。夫臺北與福州地勢既近。呼應極靈。督撫在省調度。左提右挈。萬一臺疆有事。內地師船可以逕渡。卽內地有事。臺北亦可策應。此又兩地相爲表裡。其勝六也。夫就臺論臺。臺北之勝於臺南者四。就閩論臺。臺北之勝於臺南者亦二。竊意臺北經營措置。少則五年。多則十載。臺灣巡道。當移駐臺北。不唯風氣日闢。勢不能遏。抑亦形勢扼要。理有固然也。達泉廣東大埔人。字海岩。前任淡水同知。光緒五年陞臺北府。有循政。又著治臺三策。語多不載。

連橫曰。法人之役。劉銘傳治軍臺北。而劉璈駐南。皆有經國之才。使璈不以罪去。輔佐巡撫。以經理臺疆。南北俱舉。必有可觀。而銘傳竟不能容之。非才之難。而所以用之者實難。有以哉。

林平侯列傳

林平侯名安邦。號石潭。以字行。籍龍溪。父應寅來臺。居淡水之新莊。設帳授徒。平侯年十六。省父。傭於米商鄭谷家。性純謹。習勞。谷信之。數年積貲數百。谷復假以千金。命自經紀。平侯善書算。操其奇贏。獲利厚。谷年老。將歸。平侯奉母利以還。不受。爲置產芎蕉脚莊。歲收租息以餽之。已而與竹塹林紹賢合辦全臺鹽務。復置帆船。運貨物。往販南北洋。擁貲數十萬。年四十。納粟爲同知。分發廣西。署潯州通判。攝來賓縣。嗣調桂林同知。署柳州府。有幹才。大府重之。嘉慶十九年。大學士蔣攸銛督兩粵。有短平侯者。密揭其私。比謁。指陳政事。悉中肯綮。攸銛嘉之。尋引疾歸。當是時。淡水閩粵械鬭。漳泉又鬭。蔓延數百村落。平侯出而解之。而新莊地當衝要。每爲兩族所爭。乃遷大嵙崁。建廈屋。築崇墉。盡力農功。啓田鑿圳。歲入穀數萬石。已復開拓淡水之野。遠及噶瑪蘭。所入益多。遂闢三貂嶺。以通淡蘭孔道。平侯既富。念故鄉族人貧苦。倣范仲淹義莊之法。置良田數百甲。爲敎養費。復捐學租。倡脩淡水文廟及海東書院。道光十二年。嘉義張丙起事。官軍伐之。平侯助餉二萬兩。加道銜。子五人。長國棟。早世。次國仁。國華。國英。國芳。仁英皆收養。而華芳有名。

國華字樞北。英偉有父風。平侯既老。以家事委之。性孝友。旦夕侍左右。飲食起居。躬任其役。每被譴。跪而受命。國芳字小潭。平侯愛之。少好技擊。及長折節讀書。聞厦門呂世宜之名。具禮聘。以師事之。平侯卒後。國華仍居大嵙崁。而地近內山。土番盱睢。裸體出入。咸豐三年。卜居枋橋。起邸宅。園林之盛。冠北臺。遇名士。悉羅致之。兄弟友愛。共產同居。號曰本源。當是時。

淡水之地尚多未闢番界尤腴國華募佃墾之引水漑歲入穀十數萬石七年國華卒越二年漳泉復鬪禍尤烈國芳首辦鄉團築城樓募勇士數百人備攻守每戰親自登陣援桴策勵賞有功而恤死者故人爭效命越十年和建廸穀堂於枋橋祀陣沒至今猶存國華有子三維讓維源維德而國芳無子以維源嗣之

維讓字巽甫咸豐九年欽賜舉人與維源俱學於廈門陳南金及國芳卒歸臺共理家政同治元年彰化戴潮春起事新莊楊貢桃園楊德源等謀應之德源固桃澗堡總理以事被革會盟結黨刼富戶維讓兄弟患之謀於葉春春字靜甫江西人宦游臺灣國芳客之乃授計於桃園紳耆許以復充總理卽請新莊縣丞先給木戳德源大喜置酒宴客春命壯士夜殺之懸首枋橋西門其黨聞之皆散貢亦被誅地方以安已而兵備道丁曰健自省渡臺至艋舺規彰化維讓助餉二萬兩事平以功授三品銜初漳泉械鬪歷年不息及成猶不通慶弔維讓憂之以其妹妻晉江舉人莊正正字養齋名下士也至是來臺與維讓兄弟合設大觀社集兩族之士而會之月課詩文給膏火自是往來無猜維讓性倜儻好士租穀出入悉任管事而維源儉樸巨細必經唯結交官府光緒二年巡撫丁日昌視臺邀維讓至郡維讓病

不能行。維源往焉。日昌語之曰。方今海防重大。財政支絀。子爲臺灣富戶。亦當稍報國家。維源乃捐銀五十萬兩。其母鍾氏以晉豫之災。捐振二萬兩。奉旨嘉獎。追贈三代一品。賜尙義可風之匾。已而維讓生母鄭氏亦以山西之振。自捐二十萬兩。賜積善餘慶之匾。維讓兩子。長爾昌。字介眉。次爾康。字鏡颿。爾康生三子。長熊徵。次熊祥。熊光。

維源字時甫。納貲爲內閣中書。光緒五年。臺北建城。督辦城工。事竣。授四品卿銜。法人之役。兵備道劉璈駐南治軍。而餉絀。議借百萬兩。不許。璈多方勸譬。乃借二十萬。去之厦門。越年和成。巡撫劉銘傳邀其歸。禮之。遂捐五十萬。以爲善後經費。授內閣侍讀。遷太常寺少卿。十二年四月。銘傳奏辦撫墾。以維源爲帮辦。當是時。銘傳方勵行番政。大拓地利。而維源亦墾田愈廣。歲收租穀二十餘萬石。十七年。以淸賦功。晉太僕寺正卿。二十一年五月。臺人自立民主國。設議院。舉爲議長。不就。遂居厦門。維源有五子。次爾嘉。字叔臧。次祖壽。柏壽。松壽。

連横曰。枋橋林氏爲臺巨富。而維源又善守之。故能席豐履厚。以至於今。抑吾聞之。故老林氏世有賢婦。國華之妻。旣以捐貲助振。受錫九重。而爾康之婦陳氏。侯官人。內閣學士寶琛之妹也。明詩習禮。守節撫孤。前年福建籌辦師範學堂。費無所出。陳氏捐款二十萬。而厦門女子師範學堂亦請爲之長。則其造士育才。有功庠序。尤足多焉。昔巴寡婦淸以財助國。爲世所欽。始皇築臺禮之。若陳氏之處世慈祥。齊家穆棣。誠可追蹤前美。而彤管揚芬也矣。

臺灣通史卷三十四

臺南　連雅堂　撰

循吏列傳

陳璸

陳璸字文煥。號眉川。廣東海康人也。康熙三十三年進士。授古田知縣。四十一年調臺灣。淸操刻苦。慈惠愛民。公務之暇。時引諸生考課。與談立品敦行。夜自巡行。詢父老疾苦。聞織讀聲。則叩門入見。重予獎賞。或有讙飲高歌者。必嚴戒之。歲祲。發倉以振窮黎。感其德。明年調刑部主事。遷郎中。四十九年。由四川提督學政任臺廈道。士民聞其再至。爭趨海澨迓之。至則以興化易俗爲務。作育人材。文風丕振。始建萬壽宮。幷修文廟明倫堂朱子祠。設十六齋以教諸生。置學田爲膏火。凡所創建。親董其事。終日不倦。官莊歲入三萬兩。悉以歸公。秋毫不染。其廉介如此。五十三年。擢湖南巡撫。單騎赴任。一切文移。盡出已手。翌年入覲。上目之曰。此苦行老僧也。十二月。調福建巡撫。溫旨嘉賚。陛辭。問福建有加耗否。答曰。臺灣三縣無之。上曰。從前各州縣有留存銀兩。公費尚有所出。後議盡歸戶部。州縣無以辦公。若將火耗分毫盡禁。恐不能行。別生弊端。反爲民厲。故爲吏須清。然當清而不刻。方能官民相安。五十五年七月。奏言防海之法。與防山異。山賊之嘯聚有所。而海冦之出沒靡常。而臺灣金厦之海防。又與沿海不同。何也。沿海之患在於突犯內地。而臺厦之患在於剽掠洋中。欲防臺厦必定會哨之期。申護送之令。取連環之保。今提標水師五營。澎湖水師二營。臺協水師三營各有哨船。宜大書某營字樣於旗幟。每月會哨一次。彼此交旗。爲驗呈送提督查核。若無交旗。卽察取其營官職名。若有失事。卽察取巡哨官職名。則會哨之法行矣。商船不宜零星放行。無論厦去臺來。須候風信。齊放二三十艘出港。臺厦兩汛各撥哨船三四號。護送至澎交代。各取無事之結。月送督撫查核。如無印結。卽以官船職名申報。則護送之法行矣。商船二三十艘同時出港。官爲點明。各取連環保結。遇賊相救。否以通賊論。則連環保之法行矣。疏下部議。以煩瑣難行。上特韙之。着如所言。五十七年十月。卒於官。下旨軫悼。追贈禮部尚書。賜祭塟。謚清端。雍正八年。詔祀賢良祠。璸治臺有惠政。臺人思之。塑像於文昌閣。誕日張燈鼓樂以祝。及卒。哭之。入祀名宦祠。

季麒光

季麒光江蘇無錫人。康熙十五年進士。二十三年。知諸羅縣事。臺灣初建。制度未備。大府每有諮詢。麒光輒陳其利害。語多採納。既又言曰。臺灣有三大患。而海洋孤處。民雜番頑。不與焉。一曰。賦稅之重大也。臺灣田園分上中下三則。酌議勻徵矣。然海外之田。與內地不同。內地之田多係腴壤。爲民間世守之業。臺灣水田少而旱田多。砂鹵之地。其力淺薄。小民所種。或二年。或三年。收穫一輕。即移耕別地。否則委而棄之。故民無常產。多寡廣狹。亦無一定之數。況田租之最重者。莫如蘇松等府。每畝輸納一斗五六升至二斗止矣。今田園一甲。計十畝。徵粟七石八石。折米而計之。每畝至四斗三斗五六升矣。民力幾何。堪此重徵乎。況官佃之田園。盡屬水田。每歲可收粟五十餘石。鄭氏徵至十八石十六石。又使之辦糖蔴荳草油竹之供。文武官田園。皆陸地荒埔。有雨則收。無雨則歉。所招佃丁。去留無定。故當日歲徵粟十二萬有奇。官佃田園九千七百八十二甲。徵至八萬餘石。文武田園二萬二百七十一甲。僅徵四萬石。亦因地以定額也。人丁之稅。莫重於山之東西。河之南北。謂其地曠土疏。故取足於丁也。然稻麥黍稷生之。梨棗柿栗生之。棉蔴荳竹生之。一頃百畝止納銀三四兩。輕於彼而重於此。猶可言也。大江左右田稅既重。丁稅不過一錢。且或一家數口而報一丁。或按田二三十畝而起一丁。未有計口而盡稅之如臺灣者。未有每丁重至四錢八分如臺灣者也。今既多其粟額。而又重其徵銀。較之鄭氏則已減。較之內地則實難。所幸雨暘時若。民力可支。倘卒遇凶荒。莫可補救。所謂不患於瓦解而患於土崩者。正今日之情形也。一曰民兵之難辨也。臺灣之兵。多係漳泉之人。漳泉之人。多係投誠之兵。親戚故舊尚在臺灣。故往來絡繹。鹿耳門之報冊可查也。但此輩之來。既無田產。復無生計。不託身於營盤。而潛蹤於草地。似民非民。似兵非兵。里保無從問。坊甲無從查。聚飲。聚賭。穿壁踰墻。無賴子弟。倚藉引援。稱哥呼弟。不入戶。不歸農。招朋引類。保無奸慝從中煽惑。始而爲賊。繼而爲盜。卒乃啓爭長禍。如胡國材何紀等者乎。然其所以難於稽察者。荒村僻野。炊煙星散。或一兩家四五家。皆倚深篁叢竹而居。非如內地比廬接含。互相糾結。查此則徙彼。查彼則避此。保甲之法。可行於街市。而不可行於村落者。一也。一兵之家。或二或三。名曰火兵。出入鄉市。罔知顧忌。無事則假兵之名。有事則非兵之實。姓氏互異。不辨眞僞。二也。況臺灣之兵。皆抽調之實額。如有死亡。卽行報補。今竟將佃民收充入伍。是營內多一兵。卽里內少一丁矣。丁旣爲兵。則稅不輸役不任矣。奸民輾轉依附。爭相效尤。若不思患豫防。亟加整飭。所謂不在顓臾而在蕭牆之內者。卽此是也。一曰蔭佔之未淸也。賦從田起。役從丁辦。此從來不易之定法也。臺灣自鄭氏僭竊以來。取於田者十之六七。又從而重斂其丁。二十餘年。民不堪命。旣入版圖。酌議賦額。以各項田園歸之於民。照則勻徵。則尺地皆王土。一民皆王人。正供之外。無復有分外之徵矣。乃將軍以下。復取鄭氏文武遺業。或託招佃之名。或借墾荒之號。另設管事。照舊收租。在朝廷旣宏一視之仁。而佃民獨受偏苦之累。哀寃呼怨。縣官再四申請。終不能補救。且田爲有主之田。丁卽爲有主之丁。不具結。不受比。不辦公務。名曰蔭田。使貧苦無主之丁。獨供差遣。夫蔭丁有形之患也。蓋免一丁。而以一丁供兩丁之役。弱爲强肉。則去留有生死之心。勉從而不懷仁。力應而不心服。怨不在大。可畏惟人。固宜深愼。佔田無形之患也。小民終歲勤劬。輸將恐後。以其所餘。爲衣食吉凶之用。今旣竭力於公私。家無餘積。田主非其世業。豐則取之。凶則棄之。萬一犖犖。佃丁無所抵償。重洋孤島。何以爲特。此蔭佔之弊。初若無甚輕重。而關於國計民生爲甚大。則籌之不可不早。昔賈誼洛陽少年。當漢文治安之日。猶稽古按今。爲流涕太息之陳。況海疆初闢。瘡痍湯火之餘。憂前慮後。正在此時。卑縣一介書生。遠遜古人。而身任地方。少知治體。故干犯忌諱。以竭愚衷。惟憲臺留意焉。麒光以諸羅褊僻。民番雜處。首興教育。又以文獻未修。久而荒落。乃撰府志。總其山川風物戶口土田。未畢。翼年以憂去。巡道高拱乾乃因其稿纂成之。

蔣毓英

蔣毓英字集公。奉天錦州人。以蔭生知泉州府。康熙二十二年。淸人得臺灣。督撫會疏交薦。遂調臺灣知府。既至。經理三縣。疆域集流亡。勸撫字。相土定賦。以興稼穡。臺灣固有學宮。制度未宏。二十四年。與巡道周昌拓而大之。又設義學。教子弟。勗以孝悌力田之道。一時稱良吏焉。二十八年。陞湖南鹽驛道。士民告留。不得。建祠以祀。

張尹

張尹山西崞縣人。歲貢生。以康熙二十九年任諸羅知縣。邑土廣漠。多未開墾。招徠流氓。拓田疇。勉撫綏。至者如歸市。不數載。農事大興。民亦殷庶。三十一年。蝗。尹日巡阡陌。憂形於色。竭誠祭禳。雖災不害。性恬淡。寡言笑。蒞職四年。未嘗輕笞一人。嫚一士。二十九年。陞河南彰德府同知。邑人念其惠。塑像於府治竹溪寺。

靳治揚

靳治揚滿州鑲黃旗人。以筆帖式歷漳州知府。康熙三十四年。調臺灣府。蕩滌草竊。招撫土番。捐貲以修文廟。尤雅意作人。番童有未知禮義者。立社學。延師敎之。民稱其德。四十一年。陞廣東高雷廉道。請祀名宦祠。

李中素

李中素字鵠山。湖北西陵人。始任湘鄉敎諭。以卓異擢閩縣。康熙三十四年。調臺灣。善聽訟。遇有冤獄。必竭力申救。而頑梗者則繩之。嘗攝府學篆。敎諸生以孝弟。次及文藝。

衛台揆

衛台揆字南村。山西曲沃人。以蔭生知漳州府。康熙四十年。調任臺灣。以廉能稱。始建崇文書院。時延諸生。分席講藝。親定甲乙。文學以興。四十四年。歲饑。請蠲本年租賦。在任之中。民安衽席。秩滿。陞廣東鹽法道。臺人建祠祀之。

孫元衡

孫元衡字湘南。江蘇桐城人。以貢生知四川漢州。同知康熙四十二年。遷臺灣府同知。性溫厚。於物無忤。而秉志剛正。不屈權勢。凡不便民者。悉除之。

宋永清

宋永清山東萊陽人。以漢軍監生。康熙四十三年。知鳳山縣事。爲政清肅。新學宮。建衙署。創義塾。百廢俱舉。邑治東門外有良田數百甲。歲苦旱。永清發倉穀千石。貸民築隄於蓮花潭。長千三百有餘丈。以資灌漑。歲乃豐。郡南有法華寺。爲夢蝶園故址。四十七年。永清新建前殿。祀祝融。別闢曠地。蒔花果。築茅亭於鼓樓之畔。顏曰息機。公餘之暇。時憩於此。素工詩。好吟咏。每與邑人士講學文教。以興著溪翁詩草。五十一年。秩滿。陞延慶知府。

周鍾瑄

周鍾瑄字宣子。貴州貴筑人。康熙三十五年。舉於鄉。五十三年。知諸羅縣事。性慈惠。爲治識大體。時縣治新闢。土曠人稀。遺利尚巨。乃留心咨訪。勸民鑿圳。捐俸助之。凡數百里溝洫。皆其所經畫。農功以興。又雅意文教。延漳浦陳夢林纂修邑志。當是時。諸羅以北。遠至雞籠。土地荒穢。規制未備。鍾瑄於其間。凡可以墾田。建邑。駐兵。設險者。皆論其利害。稿成未刊。尋擢去。後多從其言。邑人念之。肖像於龍湖巖以祀。

黃叔璥

黃叔璥字玉圃。順天大興人。康熙四十八年進士。歷任京秩。六十一年。始設巡視臺灣御史。滿漢各一員。廷議以叔璥廉明。與吳達禮同膺是命。達禮正紅旗人也。既至。安集流亡。博采輿論。多所建設。著赤嵌筆談番俗六考志臺灣者取資焉。越十九年。有張湄者。亦巡臺御史。愛民造士。湄字鷺洲。浙江錢唐人。雍正十一年進士。以翰林轉御史。著珊枝集瀛壖百詠。

秦士望

秦士望江蘇宿州人。以拔貢生出仕。雍正十二年。調彰化知縣。邑治初建。制度未詳。即以興學致治爲心。凡有利民。罔不爲之。翌年。倣諸羅之法。環植刺竹爲城。建四門。鑿濠其外。又造西門外大橋。通來往。前時臺灣瘴癘盛。水土惡。鄉僻之人。每患癩疾。無藥可治。父母棄之。里黨絕之。流離道路。號爲天刑。士望見而憫之。慮其感染。建養濟院於八卦山麓以居之。旁及廢疾之人。養之醫之。民稱善政。

陸鵬

陸鵬字西溟。浙江海鹽人。康熙五十六年舉人。初授奉化教諭。以卓異薦陞連江知縣。調諸羅。安輯庶民。撫柔番社。治稱最。後丁母憂。嗣任泉州糧捕通判。乾隆八年。調澎湖。治事之暇。則以興學爲務。每逢朔日。集諸生於媽宮公所。課以文藝。而尤敦品行。澎之士風爲之一振。越年十一月。卒於官。

曾曰瑛

曾曰瑛江西南昌人。乾隆十一年。任淡水同知。兼攝彰化縣事。時同知駐縣治。曰瑛以彰化建設二十餘年。尙無書院。慮不足以育人才。乃捐俸倡建白沙書院於文廟之西。旣竣。手訂規條。撥田爲費。復延名師以敎。落成之日。賦詩以示諸生。遠近傳誦。尋陞臺灣知府。有政聲。彰化文敎之興。曰瑛啓之也。

朱山

朱山浙江歸安人。乾隆十六年進士。二十年。知彰化縣。下車謁廟畢。視獄。問獄吏曰。彼繫囚者得毋巨盜乎。對曰。小竊爾。曰。小竊何足繫。悉召於庭而縱之。各予十金。使治生。曰。吾與汝約。再犯。無赦。亡何。獲一賊。訊之。則前所縱也。山語役曰。初法必行。當杖斃之。亡何。復斃一賊。

邑人驚駭。相戒曰。是眞健吏。毋犯法。亡何又獲賊。方喝杖。見其面有淚痕。山曰。犯法者死。何哭爲。對曰。小人自知必死。適與母訣。故悲。爾偵之果。一嫗抱席哭。將裹屍去。山曰。渠有孝心。尚可改。再予十金。且嚴飭曰。汝持販他方。求衣食。毋居此。爲老捕捉也。其人叩頭去。山爲政謹愼。聽訟時。但集兩造於庭。而判之。案無積牘。彰署固有私款。歲入數千金。山不受。言曰。正供而外。則屬橫征。爲民牧者。豈可使民貧困乎。巡道德文。視彰故事。供帳甚奢。山不可。但饋米十石。羊四羫。文銜之。俄而檄下。命册丈田。山力爭曰。彰地初闢。半斥鹵。與他邑異。前時清丈。曾留餘地。以舒貧苦。今若再丈。將大病民。山不忍爲也。而文催愈急。邑人士謀賂萬金以免。山不可。曰。吾在此。斷不使諸公賄上游也。遽令奪錙橐歸。文聞之大怒。劾山私收採買。報罷。山被逮。邑人數萬爭揭竿。逐委員。勢洶洶。山揮手止。語且泣曰。諸百姓苟以我故而抗王章。是殺我。非愛我也。百姓曰。若然。則我等護公往鞫。有不測。願同死。甫登舟。而擔饋糗糧者投艙幾滿。一男子持百金獻。問之。對曰。公再縱之賊也。曰何爲。曰。受金後。改行販魚。已成家矣。今聞公遠行。母命來報恩。山曰。我寔未知汝手中金。安知非盜而遺我耶。曰。公不受。是猶以賊視我也。歸何以見母。不如死。躍入海。舟子急救。山乃受之。繫省月餘。福建將軍諗其寃請赦。召見。復原官。再遷灤州知州。將之任。途赴里門。見非故廬。不敢入。已而妻子出迎。曰。嘻。此。君。前。年。罷。官。時。彰。化。士。民。送。我。家。居。此。者。也。出。劵。視。之。購。價。萬。金。

胡邦翰

胡邦翰浙江餘姚人。乾隆十七年進士。二十七年。調彰化知縣。整剔利弊。頗多建設。先是水沙連荒埔開墾成田。已報科矣。疊遭水災。多崩壞。歲又不稔。賦課未除。追逋日至。邦翰聞之。爲陳大府。述苦狀。已而總督巡臺。復請之。導往詣勘。總督憫其誠。奏請豁免荒田數千甲。供課數萬石。幷請減則。詔至。業農大喜。爲位於水沙連天后宮中。每逢誕辰。備禮以祝。其後有胡應魁者。亦良吏也。應魁字鶴淸。江蘇曲阿人。以會魁爲廬州敎授。嘉慶元年。調彰化知縣。時陳周全亂後。餘黨未平。應魁盡力搜捕。安輯流民。慨然以振興文敎爲任。月試書院。親爲評點。初城中乏泉。汲者須赴東郊紅毛井。路遠弗便。而東門外李氏園忽得泉。甚甘。衆爭汲。禁之不聽。訟於官。應魁捐俸買之。號古月井。嗣建太極亭於署後。以收八卦山峰之秀。任滿。陞淡水同知。蔡牽之亂。防堵有功。卒於官。

胡建偉

胡建偉字勉亭。廣東三水人。乾隆十年。成進士。十四年。授直隸無極縣。洊陞同知。三十一年。任澎湖通判。澎爲海中群島。地瘠民貧。建偉盡心教養。先是澎士獨學無師。爲建文石書院。親校文藝。手訂學約十條。以爲程式。又勸各社多設義塾。助其經費。時往視之。然澎士赴試臺郡。淹留數月。或以無資中途而反。乃請大府照南澳之例。由澎扃試。送院考取。復於郡中創澎士試寓。衆感其便。每値農時。輒行郊野。詢問疾苦。有弊則除。協標戍兵驕悍成習。欺擾鄉人。每裁以法。其怙惡者。則請主將革之。建偉以澎湖開闢已久。而文獻無徵。前任通判周于仁僅成志略一卷。版又失傳。乃輯澎湖紀略十二卷。刋之。三十八年。陞北路理番同知。澎人士感其德政。爲位書院。至今談者稱爲治澎第一。于仁字純哉。四川安岳人。康熙四十七年舉人。雍正十一年。任通判。遇事果斷。不畏强禦。十三年。奉檄清丈。勸民墾荒。闢地一百四十餘畝。資給牛種耕具。吏無侵漁。民沾寔惠。俸滿回籍。澎人建祠祀之。

薛志亮

薛志亮字耘廬。江蘇江陰人。乾隆五十八年。進士。嘉慶十一年。知臺灣縣。蔡牽之亂。募勇守城。與民同疾苦。而游擊吉凌阿號能兵。民間爲之謠曰。文中有一薛。武中有一吉。任是蔡牽來。土城變成鐵。及半。延教諭鄭兼才謝金鑾合修縣志。旋擢北路理番同知。兼海防。倡建鹿港文祠武廟。踰年成。而志亮已調任淡水同知。嗣卒於官。其後與袁秉義李愼彝婁雲曹謹俱祀淡水德政祠。秉義字介夫。直隸宣化人。乾隆三十一年進士。五十三年任淡水同知。時淡水方遭林爽文之變。地方未謐。秉義旣至。摘奸除暴。禁賭尤嚴。五十六年再任。人畏其明。愼彝字信齋。四川威遠人。嘉慶十三年進士。曾任臺灣縣。道光六年署淡水同知。始建廳城。與紳士鄭用錫林國華同董其役。越三年陞任噶瑪蘭通判。婁雲字秋槎。浙江山陰人。以監生納捐知縣。奉檄來臺。道光十六年任淡水同知。淡為山海奧區。閩粵分處。據地爭雄。每有睚眦。輒起械鬬。雲乃集耆老。陳利害。立莊規四條。禁約八條。俾之遵守。又勸各莊設社倉。續修明志書院。以教以養。大甲溪為淡彰交界。奔流而西。以入於海。夏秋盛漲。一望無涯。而駕舟者多土豪。藉端勒索。少不如願。卽肆剝掠。行旅苦之。雲籌設義渡。捐廉以倡。復向紳富勸輸。得款八千九百餘圓。置田息充經費。凡設六渡。而塹南之白沙墩。塹北之金門厝。每至季秋。各架浮梁。以利往來。人稱善政。謹別有傳。

吳性誠

吳性誠字樸庵。湖北黃安人。以廩生捐納縣丞。來閩候委。嘉慶二十年。任下淡水縣丞。倡建書院。二十一年春。署彰化知縣。適穀貴。盜賊竊發。性誠急勸業戶平糶。發穀熬粥以食貧民。故饑而無害。平居課士。多得眞才。建忠烈祠於西門內。以祀林陳蔡三役死事諸人。後以卓異擢淡水同知。未幾以病告歸。

蔣鏞

蔣鏞字懌弇。湖北黃梅人。嘉慶七年進士。補連江縣。道光元年。任澎湖通判。慈惠愛民。文武相濟。文石書院建後。歷年久圮。鏞自爲山長。以束修充修費。評校文藝。如師弟然。九年六月。卸事。十一年春。復至。會鹹雨翼年大饑。稟請發帑振恤。先捐義倉錢三千五百餘緡。以貸貧民借糶。兵穀數百石平糶。存活頗衆。前後治澎十餘年。多所興置。又輯澎湖續編一書。以補胡氏所未備。十六年九月去任。澎人念之。與韓蜚聲俱祀書院。蜚聲字鵝湖。江西鉛山人。以監生出仕。嘉慶二年。任通判。恤民重士。曾修文石書院。卒於官。

周凱

周凱字仲禮。浙江富陽人。嘉慶十六年。成進士。道光二年。授湖北襄陽知府。六年。遷江西督糧道。十三年。以興泉永道署臺灣兵備道。時張丙亂後。民心未定。凱至。督搜餘黨。凡被脅者宥之。而叛卒中有謀起事者。獲其諜林振。乘夜大索。及明。會營禽之。悉置諸法。十六年九月。再至臺灣。十月。嘉義沈知等聚衆謀亂。掠下茄苳糧館。殺汎弁兵丁。凱與總兵達洪阿平之。而大莆林之陳燕。岡山之吳幅。已謀起應。亦剿之。前後搜捕二百八十餘人。皆分別處死。地方以寧。十七年卒。年五十有九。凱工書畫。素愛才。及門多英俊。著內自訟齋集。廈門金門兩志。

曹謹

曹謹字懷樸。初名瑾。河南河內人。嘉慶十二年。舉於鄉。以大挑知縣。籤分直隸。歷署平山曲陽等縣。道光十四年。揀發福建。十六年。署閩縣。兼署福州府海防同知。十七年春正月。知鳳山縣事。時臺灣班兵廢弛。總兵達洪阿頗有意整剔。選六百人。練爲精兵。歲犒錢二萬五千餘緡。巡道周凱贊之。飭府廳縣捐助其半。及姚瑩任巡道。以練兵事下各屬酌議。謹力陳不可。語在軍備志。謹既抵任。親視隴畝。至下淡水溪畔。慨然歎曰。是造物者之所置。而以待人經營者。當是時。鳳山平疇萬頃。水利未興。一遭旱乾。粒米不藝。謹乃集紳耆。召巧匠。開九曲塘。築隄設閘。引下淡水溪之水。以資灌漑。爲五門。備蓄洩。公餘之暇。徒步往觀。雜以笑言。故工皆不怠。凡二年成。圳長四萬三百六十丈有奇。潤田三千一百五十甲。其水自小竹里而觀音而鳳山。又由鳳山下里而旁溢於赤山里。收穀倍舊。民樂厥業。家多蓋藏。盜賊不生。十八年。巡道姚瑩命知府熊一本勘之。旌其功。名曹公圳。爲碑記之。已而大旱。漑水不足。復命貢生鄭蘭生附生鄭宜治曉諭業戶。捐資增鑿。別成一圳。名新圳。而以前爲舊圳。潤田尤多。二十年。陞淡水同知。士民攀轅涕泣。祖餞者數千人。旣履任。慈祥惠民。興利除弊。二十一年。英人犯福建。輒窺伺雞籠。鎭道併力籌防。謹以淡水沿海。沙汕延長。自雞籠以至大安。凡可以泊舟者。皆囊沙爲堵。練鄉勇守之。又以廳治薄弱。別築土城爲藩。植竹鑿濠爲犄角。二十二年。英艦入大安。謹督兵勇禦之。編漁舟。禁接濟。設哨船。邏海上。先後獲海寇三起。解郡正法。鎭道嘉之。當軍興之際。謹以班兵無用。請停防洋經費。專練鄉勇。姚瑩不許。然瑩亦知班兵之罷弱。非整飭不可。自選精銳六百人。厚給餉糈而敎訓之。欲以漸及各營。其後遂裁兵募勇。二十四年。漳泉籍民械鬭。四邑騷動。謹聞報。趣赴彰淡之交止之。駐大甲兩月餘。集耆老。陳利害。鬭稍息。治民以寬。而非法必罰。猾胥土豪。皆屏息莫敢犯。蒞治五年。日以興文敎。

崇實學。爲淡人士倡。朔望必詣明倫堂。宣講聖諭。刊孝經小學。付蒙塾習誦。公餘之暇。每引諸生課試。分獎花紅。淡水固有學海書院。工未竣。捐俸成之。增設鄉塾。淡之文風。自是盛。二十五年。以病去。淡人念其遺愛。祀德政祠。而鳳人亦建祠於鳳儀書院內。春秋俎豆。至今不替。光緒二年。福建巡撫丁日昌奏祀名宦祠。詔可。

曹士桂

曹士桂。字馥堂。雲南文山人。道光二年。舉於鄉。嗣以大挑知縣。籤分江西。歷署興安龍南等縣。二十四年。以捐辦米石。咨部議敘。二十五年十月。陞鹿港同知。越二年正月。始蒞任。旋署淡水廳事。甫三日。而大甲有漳泉之鬬。冒雨往曉諭。莊民事始息。善聽訟。有獄則斷。案無積牘。顧未嘗妄刑一人。性恬淡。無仕宦習。蔬糲自甘。淡廳固有陋規。屏不取受。事九月。以積勞病。猶力疾視事。遂卒於任。淡人士念其惠。祀德政祠。同治六年。廳紳陳維英等請與曹謹並祀名宦祠。未准。

嚴金清

嚴金清。字紫卿。江蘇金匱人。以監生捐納知縣。同治五年。署淡水同知。時政務廢弛。多事姑息。金清竭力整剔。遇事敢爲。淡自設學以來。禮樂尚缺。籌款購置。祀事孔明。復捐千金。爲紳富倡。則於竹塹艋舺各設明善堂。爲義倉。附以義塾。以爲教養之資。先是廳轄有義塚一區。久爲勢豪所佔。金清聞之。往勘。復其址。幷禁騷擾。民有訟者。立判曲直。案無積牘。衆感其便

陳星聚

陳星聚字耀堂。河南臨潁人。道光二十九年。舉於鄉。捻黨之亂。督率鄉團。以功授知縣。同治十年。陞任淡水同知。淡水地廣。延袤數百里。而銅鑼灣三角湧大嵙崁等。皆僻處內山。爲盜賊藪。刼殺頻仍。前任同知以是被劾。星聚懸賞緝捕。親赴南鄉。遂獲匪首吳阿來誅之。次第肅清。在任五年。頗多善政。光緒四年。臺北建府。裁同知。調任中路。越數月。卽授臺北知府。諸皆草創。躬任其難。而城工尤巨。方竣而遭法人之役。集紳民籌守禦。衆亦踴躍效命。及和議後。以勞卒於官。

連橫曰。吾生以來。所聞治臺循吏。若夏獻綸程起鶚。皆嘖嘖在人口中。而余年尚少。不能詳其事。又不能得其行狀。而爲之傳。惜哉。獻綸新建人。受知於大學士左宗棠。同治十二年。任臺灣道。整齊吏治。揣抑豪家。牡丹之役。參贊尤多。起鶚山陰人。歷任臺灣臺南兩府。署兵備

道潔已愛民獄多平反而皆卒於臺灣余之所聞僅此然臺自設官後二百數十年矣而舊志所傳循吏不過十數人貪鄙之倫踵相接也嗚呼非治之難而所以治者寔難古之與今猶一貉也

流寓列傳

郁永和

郁永和字滄浪浙江仁和諸生也性好游遍歷閩中山水康熙三十五年冬省中火藥局災毀藥五十餘萬斤典守負償聞淡水有磺可煑藥欲派吏往而地尙未闢險阻多水土惡鄭氏以流罪人無敢至者永和慨然請行三十六年春正月啓程至厦門乘舟二月抵郡四月初七日北上途經各番社自斗六門以上皆荒蕪森林蔽天麋鹿成群番亦馴良不殺人所至供糗糧負矢前驅爲左右衞盖其時漢人鮮至未肆侵略番得無事故無敵愾之心也既至淡水命通事張大先赴北投築屋五月初二日率僕役乘舟而入兩山夾峙中闢一河爲甘答門則關渡也水道甚隘入門忽廣如大湖渺無涯涘行十里許始至而工夫糧糈鼎鑊

自海道者亦來。張大集番酋飲。告以採磺事。與約一筐易布七尺。番喜。各運磺至。命工煑之。產磺之處爲內北社。永和往探。入深林中。忽有大溪。水若沸。石作藍靛色。熱氣薰蒸。白烟縷縷。上升山麓。是爲磺穴。觸之或倒。已而工人多病痢。厨者亦病。至無人執爨。呻吟斗室。永和氣不餒。以船送歸。顧毒蛇惡蚊。出沒戶牖。爭噬人。且苦熱。新至者亦前後病。居無何。風雨驟至。屋毀。永和自持斧伐木以支。而山水暴發。不可居。急呼蟒甲。涉水行三四里。至巖下番人家。日暮。無所得食。乃脫衣與番易雞。煑而啖之。水退。再集工人。築屋煑磺。遂竟其事。十月初七日。乃歸。至省復命。永和居臺半載。著稗海紀游番境補遺海上紀略志臺灣者足取資焉。

藍鼎元

藍鼎元字玉霖。別號鹿洲。福建漳浦人。少孤。家貧。刻意讀書。年十七。觀海廈門。泛舟歷全閩島嶼。并至浙粵。以爲此行所得甚多。旣入邑庠。讀書鰲峯書院。嗣歸里。康熙六十年朱一貴之役。族兄廷珍爲南澳鎮總兵。奉命出師。會水師提督施世驃伐臺。鼎元遂參戎幕。多所籌畫。文移書札。皆出其手。著東征集三卷。其討論機宜。經理善後。尤中肯要。事平。歸撰平臺紀略。而論之曰。臺灣海外天險。較內地更不可緩。而此日之臺灣。較十年二十年以前。又更不可緩。前此臺灣祗府治百餘里。鳳山諸羅皆毒惡瘴地。令其邑者尚不敢至。今則南盡郎嶠。北窮淡水。雞籠以上千五百里。人民趨若鶩矣。前此大山之麓。人莫敢近。以為野番嗜殺。今則群入深山。雜耕番地。雖殺不畏。甚至傀儡內地。蛤仔難崇爻卑南覓等社。亦有漢人敢至其地。與之貿易。生聚日繁。漸闢漸遠。雖屢禁不能使止也。地大民多。則綢繆不可不密。今郡治有水陸兵五千餘人。足供調遣。鳳山南路一營。以四五百里山海奧區民番錯雜之所。下淡水郎嶠盜賊出沒之地。而委之一營八百九十名之兵。固已難矣。諸羅地方千餘里。淡水營守備僻處天末。自八里坌以下尚八九百里。下茄苳笨港斗六門半線皆奸宄縱橫之區。沿海口岸皆當防汎戍守。近山一帶又有野番出沒。以八九百里險阻叢雜之邊地。而委之北路一營八百九十名之兵。聚不足以及遠。散不足以樹威。此杞人所終夜憂思而不能寐者也。以愚管見。劃諸羅縣地而兩之。於半線以上另設一縣。管六百里。雖錢糧無多。而臺之番餉歲徵銀八九千兩。草萊一闢。貢賦日增。數年間巍然大邑也。半線縣治設守備一營。兵五百。淡水八里坌設巡檢一員。佐縣令之所不及。羅漢門素為賊藪。於內門設千總一員。兵三百。下淡水新園設守備一營。兵五百。郎嶠極南僻遠。亦設千總一員。兵三百。使千餘里幅員。聲息相通。又擇寔心任事之員。爲臺民培元氣。但勿加以刻剝。二三年可復其故。均賦役。平訟獄。設義學。興敎化。獎孝弟力田之彥。行保甲民兵之法。聽開墾以盡地力。建城池以資守禦。此亦尋常設施爾。而以寔心行寔政。自覺月異而歲不同。一年而民氣可靜。二年而疆圉可固。三年而禮讓可興。而全臺不久安長治。吾不信也。臺灣山高土肥。最利墾闢。利之所在。人所必趨。不歸之民。則歸之番。歸之賊。卽使內賊不生。野番不出。又恐禍自外來。將有日本荷蘭之患。不可不早爲綢繆者也。平居無事。燕雀處堂。一旦事來。噬臍何及。前轍未遠。可不爲之寒心也哉。其後增設彰化縣及淡防廳。陞澎湖通判爲海防同知。添兵分戍。皆如其言。雍正元年。貢成均。三年。分修大淸一統志。六年。授廣東普寧知縣。有惠政。因忤上吏褫識。閩督鄂爾準諗其才。延入幕府。時臺番作亂。陳治臺十事。十年冬。爾準爲申被誣始末。召見。命署廣州知府。未幾卒。年五十有四。鼎元著書多關臺事。其後宦臺者多取資焉。

陳夢林

陳夢林。字少林。亦漳浦諸生。多從名士大夫游。馳驅楚越滇黔間。戎馬江湖。俯視一世。康熙五十年。諸羅知縣周鍾瑄初修邑志。聘任筆政。志成。稱善本焉。當是時。淸人初得臺灣。不事經理。文恬武嬉。偸安旦夕。夢林憂之。乃著論曰。天下有宏遠深切之謀。流俗或以爲難而不肯爲。或以爲迂而不必爲。其始爲之甚易而不爲。其後乃以爲不可不爲而爲之。勞費已什百千萬矣。明初漳潮間有南澳。泉屬有澎湖。爾時皆遷其民而墟之。且塞南澳之口。使舟不得入。慮島嶼險遠。勞師而匱餉也。及嘉靖間倭人入澳。澳人復通巨寇。吳光許朝光曾一本先後踞之。兩省疲敝。乃設副總兵以守之。至今巍然一巨鎮矣。澎湖亦爲林道乾曾一本林鳳之巢穴。萬歷二十年。倭有侵雞籠淡水之耗。當事以澎湖密邇。不宜坐失。乃設游擊以戍之。至今巍然重鎮矣。向使設險拒守。則南澳不僡閩粵之師。澎湖不爲蛇豕之窟。倭不得深入寇。不得竊踞。漳泉諸郡未必羅禍之酷如往昔所云也。今半線至淡水。水泉沃衍。諸港四達。猶玉之在璞也。流移開墾。舟楫往來。亦既知其爲玉也已。而雞籠爲全臺北門之鎖鑰。淡水爲雞籠以南之咽喉。大甲後壠竹塹皆有險可據。乃狃於目前之便安。不規久遠之計。爲之增置縣邑。防守使山海之險弛而無備。將必俟亡羊而始補牢乎。則南澳澎湖之往事可睹矣。閩淅總督覺羅滿保聞其才。延入幕府。及朱一貴之役。南澳鎮總兵藍廷珍奉命出師。滿保命參戎幄。與鼎元日夜籌畫。不辭勞瘁。中宵聞警。擁盾作書。頃刻千言。其所襄助不亞鼎元。事平歸里。雍正元年。復游臺灣。數月乃去。著臺灣後游草。鼎元叙之。後卒於家。

洪壽春

洪壽春字士暉。同安人。來臺。居彰化。二林堡。爲糊紙匠以自給。得錢。輒購書。旦夕。諷誦。饔飧。屢空。晏如也。有集古串律詩四卷。知縣楊桂森見之。賦詩贈。并爲製序。又有所作若干卷。稿失不傳。

蔡推慶

蔡推慶晉江人。或曰某總戎之第六子也。來臺。居彰化縣治。灑洛不羈。嘗學畫。不得其趣。刻意覃思。一日風雨大作。隻身走山崖間。會意烟景逼肖。入神。有大憲募致千金。一語不合。拂袖竟去。居恒獨處斗室。詠歌自樂。寒暑唯著一袍。沒後。邑人瘞之八卦山上。題曰處士蔡推慶之墓。

查元鼎

查元鼎字小白。浙江海寗州人。小好學。文名藉甚。以歲貢生屢試秋闈不售。道光間。游幕臺灣。當軸爭延致之。性耿介。嬾於徵逐。稍拂意。輒去不可留。同治元年。彰化戴潮春起事。淡水同知鄭元杰禮聘之。道出後壠。被擄。幾罹於死。平生著作盡沒。元杰與廳紳林占梅鄭如梁遣人分道求之。卒免於難。繪竿笠跨犢圖。徵詩紀事。晚年僑寓竹塹。境益窮。守益堅。日與占梅輩以詩酒爲樂。著有草草草堂吟草四卷。今存三卷。未刊。卒年八十有三。子仁壽。字靜軒。能詩。工篆刻。亦卒於竹塹。著靜軒詩稿二卷。今亡。聞有百壽章。爲竹人士所得。

呂世宜

呂世宜。字西村。泉之厦門人。博學多聞。富陽周凱任興泉永道。見而奇之。居於玉屛書院。與莊中正林焜熿等有名庠序間。嗣舉鄉薦。性愛金石。工考證。精書法。篆隸尤佳。家藏碑版甚富。見有眞蹟。輙傾貲求之。當是時。淡水林氏以豪富聞里閈。而國華與弟國芳皆壯年。銳意文事。見世宜書慕之。具幣聘。且告之曰。先生之志誠可嘉。先生之能亦不可及。今吾家幸頗足。如欲求古之金石。敢不唯命是從。世宜遂主林氏。日益搜拾三代鼎彝漢唐碑刻。手摹神會。悠然不倦。林氏建枋橋亭園。楹聯楣額。多其書也。又求善工刻所臨篆隸。未竣而卒。歸葬於里。是時詔安謝穎蘇亦主林氏。以書畫名。

林豪

林豪字卓人。泉之廈門人。博覽史籍。能文章。咸豐某年領鄉薦。同治元年秋。至臺灣。居艋舺。時彰化戴潮春起事。林占梅奉檄辦團練。見而禮之。延主潛園。相與討論文史。及平。豪游府治。因就見聞所及。撰東瀛紀事二卷。以志此役始末。六年。淡水同知嚴金清聘修廳志。淡自開設以來。尚無志。前時鄭用錫曾輯志稿二卷。多疏略。豪乃與占梅商訂體例。開局採訪。凡九月。成書十五卷。未刊。而陳培桂任同知。別延侯官楊浚修之。浚文士也。無史識。多方改竄。豪大憤。撰淡水廳志訂謬。以彈之。嗣就澎人士之聘。主講文石書院。又輯澎湖廳志稿。存臺南。光緒十八年。臺灣議修通志。各廳縣皆有採訪。而澎自法役之後。建設尤多。通判潘文鳳乃再聘豪成之。凡十四卷。上之大府。豪以廈門人久游臺灣。凡夫國計盈虛。民生利弊。皆有所論。而於澎事尤關切。豪之論曰。閩海四島。金門廈門海壇澎湖。舊有富貴貧賤之分。則以廈富金貴。而澎湖獨以貧稱也。澎湖磽瘠無水。所種者地瓜花生而已。中稔之年。不免拮据。若鹹雨一下。則顆粒無存。至海濱漁利。亦必風平浪靜。始能下網。而澎之狂風。往往兼旬不息。則所謂以海爲田者。亦强爲之辭。非眞如耕者之按候可穫也。夫澎湖斥鹵。處處可以晒鹽。而民間皆食官鹽。每斤十數文。或以七八十斤爲百斤。所獲之魚。每不足抵鹽價。此外別無利可取。民安往而不貧乎。若能聽民晒鹽自食。徵其正課釐金。既可裕國。而民間又日日獲利。每歲驟增數萬金之益。乃抽其餘利。以爲書院諸生膏火。則人競於學。而科第可興矣。若能戍兵撤囘。而由澎入招募。則每歲驟增餉米數萬金。互相挹注。其材武者有進身之階。而武途可興矣。是一轉移之間。民風丕變。卽未能方駕內部。而已頓改舊觀矣。胡文忠公有言。以官養民。不如使民自養。是故就地招募。以官養之也。聽之民晒鹽。則使民自養也。是皆萬世之利。不然。民自有可富可貴之資。而不爲經理。地瓜花生。僅足餬口。並無富强之業。年復一年。則亦終跼蹐於貧苦而已。豪歸後。居於金門。著書以老。

梁成枬

梁成枬字子嘉。廣東南海人。少負氣。嘗以事忤文宗。將繩以法。遂出走。歷游吳楚。戎幕落落無所合。憤而渡臺。爲棟軍掌書記。當是時。巡撫劉銘傳方倚棟軍以治番。私牘公務。日或數至。主文者每辭不達意。至是壁壘一新。銘傳奇之。詢主將以文出誰手。告之。且薦其才。光緒十二年。東勢角置撫墾分局。檄主之。先是漢番隔絕。番怒則殺人。窮則來孅。既孅而又殺人。則諉過他族。當事者時不能懲辦。終亦無如何也。諸番僻處深山。不相往來。恒合數社用一通事。出好興戎。胥賴其口。而通事每挾番自重。爲之耳目。故牛酒之費無窮。而騷擾益甚。成枏乃建利誘勢禁之議。嚴乘障之防。定互市之法。諸番非媾則尺縷溢鹽無所從得。乃稍稍就撫。既又躬歷諸部。拊循其疾苦。納番女爲妾。習其語言。諸番皆暱愛。呼爲阿公。十三年。萬社番丁殺人。居民多避亂。銘傳檄與屯戍共擒之。萬社爲中番之雄族。大地險。各部均受指揮。衆議難之。成枏奮然獨往。至則召其大酋責之。曰。吾向與若約。毋殺人。歲給牛酒鹽布。爲若溫飽。殺人則抵罪。今而負約。吾亦失信於大府。行且投劾去。後至者必盡絕互市。亦見女曹饑凍。枕藉死爾。聲色俱厲。大酋懼。求救。曰。女能以殺人者畀我。則免戾。否則兵且至。夫除一暴而安衆。良計無逾於此者。大酋奉命縶之出。遂斬以狥。諸番聞之。皆震伏。成枏既與諸番習。頗欲置產於此。遂闢罩蘭之野。墾草樹藝。役諸番如家人。歲入可千金。而中央番族。亦稍馴矣。割臺之役。攜其番妾。蒼黃內渡。盡喪其貲。詩文亦散落。嗣客死香港。越數年。其門人林資修爲述其事如此。幷繫以論。論曰。臺灣土番。古稱難治。往時大府亦嘗用兵。至則散匿深菁。毫無踪跡。乃轉緣岸附木。狙擊芻糧。及其惰歸。每中厥伏。再舉失利。亦稍厭矣。夫以彼族之野。手無寸鐵。家少餘儲。非有假寇兵而齎盜糧者。彼何敢逞。而番輒夜郎自大。謂漢與我等爾使譯者能開陳利害亦當少警頑迷而乃張彼虛聲墜我士氣斯亦木腐蟲生之驗也故番非難治也未得其方爾不揣其本而齊其末方寸之木可使高於岑樓惜乎梁先生之未竟其用也

連橫曰古之所謂士者爲國而已爲民而已爲自信其道而已是故或言而用焉或言之而不用焉或始不能用而後乃用焉究之皆有益於邦家也臺灣爲新啓之土利盡東南士大夫之來游者莫不視爲金穴飽攫而去未能建一功畫一策也夫規近者不足以經遠泥古者不足以制今藍陳諸子苦心孤詣獨論長治之計可謂賢矣若夫成枬之治番尤佼佼也

鄉賢列傳

連橫曰士爲四民之首讀書稽古不能治國平天下亦當鄉里稱善人若其枉道曲文頑嚚比周則名敎之賊也臺灣開闢以後風淳俗美士之出入庠序者多硜硜自守而祀於鄉賢祠者五人是則古之君子沒而祭於社也詩曰有覺德行四國順之有以哉

王鳳來

王鳳來臺邑寧南坊人。字瑞周。號竹山。乾隆二十七年。以歲貢補漳平縣學訓導。既至。整飭規條。日示諸生以敦倫樹品之道。士樂就之。秩滿入京。歸會臺變。上書制府陳征討策。事平。復北上。奉旨揀發雲南。尋丁父艱。服闋。遵例補蘇州督糧水利同知。漕運固多陋規。積弊既久。任事者多罔庇分肥。鳳來悉革除之。復督採捍海塘石。檄勘太倉州水災。再監漕務。署總捕篆。雖位卑官小。而以利國便民爲心。一時稱善吏焉。嗣陞刑部安徽司員外郎。改河南懷慶府知府。有政聲。召見。下旨褒嘉。尋遷兵部武選司員外郎。歷官三十餘載。年六十有五卒。嘉慶十一年。臺灣縣學教諭鄭兼才上書請祀鄉賢祠。閩浙總督據以入告。詔可。

陳震曜

陳震曜字煥東。號星舟。嘉義人。後居郡治。少聰敏。博通經傳。嘉慶十五年。以優行貢太學。召試。二十年。回省。歷署建安閩清平和等教諭。道光五年。調省監理鰲峰書院。助修通志。訪刻先儒遺書。士論歸之。省垣貢院素湫隘。潦濕薰蒸。就試者每中病。震曜請於鄉人士。募貲拓建。增號舍千餘。并董工役。將一載而成。六年。任同安訓導。又倡修邑志。嘗曰。安上治民。有司之職也。造士徵文。教官之責也。余位雖卑。亦一邑之木鐸。豈堪見誚於儒宗哉。十二年。張丙亂。隨軍渡臺辦理團練撫䘏諸務。奉旨以州同用。亂平。數上書制府。陳利弊。臺灣戍守素用班兵。調自福建各標。地方民情既多扞格。而結黨滋事。有司終莫如何。有警復不足備戰守。震曜議減戍兵。添募鄉勇。書曰。各省兵丁俱屬土著之人。惟臺灣開闢之初。戶口僅數十萬。沃野千里。民願爲農。彼時招募土著之兵。亦無有應之者。加以鄭氏甫平。續有小醜。恐土著在伍。或有通匪之虞。此當時調遣內地班兵戍臺之深意也。今臺屬四縣三廳。約計三百餘萬人。土地不加。丁口日繁。其無田可耕。乏經紀者亦多。若招募充伍。臨以號令之嚴。化其桀驁之氣。平時資以緝捕。有事用以守禦。人地熟悉。未嘗不收臂指之效。查內地班兵調臺。惟漳泉語言相似。餘則鄉談各殊。路途東西。又全不辨。既難緝盜於平時。自難剿匪於有事。核其所能。則充武署雜差。或排列汛塘。備數而已。倉猝號召。僅執器械。守城陴。未聞其能義勇獨自出郊戰勝也。有養兵之名。而無養兵之寔。經百數十年。奉行調遣。習焉不察。夫養兵既少寔效。則匪類易滋事。地方易蔓延。偶聞警報。茫然不知。今日小汛歸大汛。明日大汛歸城郭。唯有緊閉城門以待賊至。置鄉民於度外。聽匪類之脅從科派。富民曠日持久。烏合嘯聚。小醜成魁。非疾呼綢繆。自備資斧。招募義勇。飛稟大軍救援。而亂未能平也。先後情形同出一轍。可勝痛哉。查臺水陸之兵不下二萬餘名。年需軍餉二十餘萬。養兵不爲不厚。而束手無策若此。溯自康熙年間至今。亂十數次。未有不賴土著義勇而能報捷者。卽近四十年而考之。乾隆五十一年林爽文一案。臺民爲義勇者。南北不下數十萬人。議敍賞給之義民首亦千數百員。乾隆六十年陳周全一案。嘉慶十一年蔡牽一案。議敘官職之義民首俱不下數十員。可見臺民能爲義勇。以從軍未嘗不可充兵而敵愾也。是故欲求長治久安之策。遇有班兵出缺。准就土著挑補。每營數百之兵。但得鄉壯數十名。用以勦捕。資以禦侮。則海疆軍制。日有起色。不似從前之僅能守城守汛已也。又議添募屯兵書曰。臺灣僻處海隅。成臺悉用內地之兵。語言不通。道路不熟。水土不服。險要不知。每逢勦捕之時。必藉鄉勇屯番爲前導。查乾隆五十二年。生番拒逆。熟番助捕。五十三年。福中堂入告。以沿山未墾之地。准其耕爲屯田。平時錄爲屯丁。有警調爲屯兵。拔其頭目。奬爲屯弁。自設立四十餘年。番人恭順。聽地方官調遣。戰守奮勇可嘉。但屯地多荒。屯餉不裕。屯兵亦不能多募。竊思全臺陸路戍兵共有九千七百九十七名。似可酌減一千數百名。留其糧餉及撫卹眷口之款。可添募屯兵一千數百名。分配臺灣道府四廳四縣十衙門。按月點驗一次。給以糧餉。秋令每月操練一次。冬令每月操練二次。軍裝器械鉛藥。官爲購備。與操練犒賞。剿捕飯食。即於徵收臺地屯租款下動支。操演之後。軍器存貯道府廳縣之庫。每季巡查地方之時。各衙門酌定數班。輪值調遣。若有剿捕之時。則全隊統帶。可資捍禦。戰勝之寔效。較之戍兵。尤爲得力也。書上。總督韙之。又議郡治拓建外城。添造礮臺。亦採其策。先是震曜在鄉。鳳山知縣重其人。聘主鳳儀書院。鳳邑僻處南隅。文風不振。既至。日集諸士講經。間爲詩文。自是鳳人始勵學。既奉巡撫命。委同鳳嘉兩知縣督辦採訪冊。送省補修通志。震曜以臺灣府縣各志地圖。舊多疏謬。山川莊社。誤置尤多。建議先繪里堡分圖。次繪廳縣分圖。然後統繪全圖。并倣國史館一統圖之法。布畫格線。橫直各三十。其後新圖遂稱善焉。事竣。彰化知縣楊桂森聘修邑志。時鹿港施黃許三姓。族大丁多。負隅罔法。動則列械以鬬。久爲閭閻之害。震曜上書。請嚴辦。以鹿港爲全臺濱海適中之地。戶可萬竈。爲彰邑一大市鎮。而至今猶無城池。何以保人民。何以固險要。上書請建一城。築一寨。又以鳳山轄地遼濶。行政未周。議劃下淡水南岸至瑯𤩝一帶。新建一邑。其後沈葆楨巡臺。則採其議。而設恒春縣。故其所著書。皆足資臺事。非泛泛也。十五年。選授陝西寗羌州州同。十七年九月。抵任。寗羌固夷地。民間素鮮讀書。既至。月集紳耆訓勵。告之以彝倫。課之以文學。數月之後。風俗丕變。州境當南北棧之交。爲秦隴入蜀孔道。久廢不治。行旅苦之。乃親自勘工。勸民助修。在任十數年。廉潔慈惠。州民愛如父母。二十四年七月。代理城固縣令。三十年。因病歸家。宦囊蕭瑟。唯携書籍古帖十數笥。多爲漢唐石刻。震曜精經術。好宋儒學。治家嚴。一遵古訓。習醫。晚益覃深。採輯古今名方及論醫之法若干卷。少與邑士張青峯陳廷瑜十數人在寧南坊呂祖廟建引心文社。一時文風大振。後改爲書院。咸豐二年。卒於家。年七十有四。著小滄桑外史四卷。風鶴餘錄二卷。海內義門集八卷。歸田問俗記四卷。東海壺杓集四卷。皆未刻。同治十三年。欽差大臣沈葆楨訪求遺文。別錄副本携去。光緒八年。臺人士請祀鄉賢祠。詔可。

鄭崇和

鄭崇和字其德。號怡庵。金門人。年十九來臺。課讀於淡水廳竹塹。遂家焉。淡爲新闢之地。民少讀書。崇和勸勵之。富家子弟多就學。奉師厚。故修脯亦豐。嘉慶十年。蔡牽犯淡水。土匪竊發。崇和適在後壠。奉檄募鄉勇防守。事平。當道嘉之。淡屬閩粵雜處。分類械鬭。歷年不息。崇和又奉檄彈壓。召兩造父老。力陳利害。仇始解。竹塹多山。野土番輙出殺人。歲且數十。崇和乃集壯丁。據形勢。鳩資設隘。以保衞行人。樵蘇便之。二十年。歲飢。發粟平糶。而家亦富矣。當是時。竹人士議建文廟。崇和慨然出巨款。命次子用錫董工。廟成。行釋菜禮。竹塹文風之盛。始於此。崇和好宋儒書。尤守紫陽家訓。及門之士多達材。道光七年卒。年七十有二。九年。邑人請祀鄉賢祠。十二年。詔可。次子用錫亦有名。

鄭用錫

用錫字在中。號祉亭。少遵父訓。以力行爲本。道光三年。舉進士。家居讀書爲樂。淡自開闢以來。尙無志乘。乃集弟友纂稿。藏爲後法。文獻以存。六年。孫爾準巡臺。至竹塹。用錫請建廳城。并董工役。旣竣。敘同知銜。嗣改京秩。十四年。入都供職。籤分兵部武選司。翌年。授禮部鑄印局員外郞。兼儀制司。每逢祭時。恪恭從事。十七年春。歸。鄉里黨有舉。輙致其財力。故人稱善士焉。禁烟之役。英艦窺大安港。用錫自募勇捍衞。捕虜數人。事聞。賞戴花翎。又獲烏草洋匪。大吏嘉之。咸豐三年。林恭吳磋以次起事。而漳泉又分類械鬭。全臺俶擾。奉旨偕進士施瓊芳等辦團練勸捐。兼以倡運津米。給二品封典。當是時。械鬭愈烈。延蔓百數十里。殺人越貨。道路不通。用錫親赴各莊。力爲排解。著勸和論以曉之。曰。分類之害。甚於臺灣。尤甚於淡之新艋。臺爲五方雜處。自林爽文之後。有分爲閩粵焉。有分爲漳泉焉。閩粵以其異省也。漳泉以其異府也。然同自內地播遷而來。則同爲臺人而已。今以異省異府各分畛域。法所必誅。矧更同爲一府。而亦有秦越之異。是變本加厲。非奇而又奇者哉。夫人。未有不親其所親而能親其所疎。同居一府。猶同室。兄弟之至親也。乃以同室而操戈。更安能由親及疎而親隔府之漳人。親隔省之粵人乎。淡屬素敦古。新艋尤爲菁華所聚之區。游斯土者。嘖嘖稱羨。自分類而元氣剝削殆盡。未有如去年之甚也。干戈之禍愈烈。村市半成邱墟。問爲漳泉而至此乎。無有也。問爲閩粵而至此乎。無有也。蓋孽由自作。釁起鬩墻。大抵在非漳泉非閩粵間爾。自來物窮必變。慘極知悔。天地有好生之德。人心無不轉之時。　生長是邦。自念士爲四民之首。不能與在事諸公竭誠化導。力挽而更張之。滋愧寔甚。願今以後。父誡其子。兄告其弟。各革面。各洗心。勿懷夙忿。勿蹈前愆。旣親其所親。亦親其所疎。一體同仁。斯內患不生。外禍不至。漳泉閩粵之氣習。默消於無形。譬如人身血脈。節節相通。自無他病。數年以後。仍成樂土。豈不休哉。衆得書感動。鬪爲之息。乃刻石於後壠。以示後者。用錫旣爲一方之望。尤盡力農畝。家日殖。歲入穀萬石。晚年築北郭園自娛。頗有山水之樂。好吟詠。士大夫之過竹塹者。傾尊酬唱。風靡一時。至今文學猶爲北地之冠。八年。卒於家。年七十有一。著北郭園集。多制藝。詩亦平淡。又有周易折中衍義一書。未刻。或言其師所著而用錫輯之也。同治十一年。詔祀鄉賢祠。至今子孫猶守其業。

鄭用鑑

用鑑字明卿。號藻亭。用錫從弟也。道光五年。貢成均。性眞摯。重然諾。設塾課徒。以德行爲先。文藝爲次。及門陳維英輩皆傑出。主明志書院講席垂三十年。誨人諄諄。至老不倦。素樂善。捐修淡水學宮。佐用錫纂志稿。咸豐二年。以籌運津米加內閣中書銜。同治元年。舉孝廉方正。著易經圖解易讀三卷及詩文。未刊。六年卒。年七十有九。光緒二年。福建巡撫丁日昌奏祀鄉賢祠。詔可。子八人。次子如城。旌表孝友。

文苑列傳

連橫曰。美哉。臺灣。我宗。啓之。我族。居之。發皇光大。氣象萬千。固天然之文界也。遙望群山。蜿蜒數百里。危峰絕巘。峻極於天。高至海拔一萬三千餘尺。視泰岱若兒孫。而東控大洋。西臨巨澥。風濤噴薄。蛟嘯龍鳴。珍禽怪獸之翔游。奇花異木之蔚茂。璀璨陸離。不可方狀。天之蒼蒼。其正色耶。三光在上。照見興亡。使生長是邦者。能舉當前之變化。而蘊蓄之。發之胸中。驅之腕底。以自成其文。豈不偉歟。而二百數十年來。莘莘學子。競爲制藝。以趣科名。遂使天然之文。委之而莫能收拾。豈天之特降其奇。將有所待耶。抑以曠古未開之秘。而俟後人之穿鑿歟。横不敏。弱冠以來。勉學爲文。而望道未見。不能有所成就。拳拳之心。固未息也。子桓有言。文章經國之大業。不朽之盛事。以彼其人。尚有此志。況横之丁此時會者哉。洪鐘毀棄。釜瓦雷鳴。道術將爲天下裂。苟不出而葆之。唯見淪胥以亡。爾烏乎。文運之衰。至茲極矣。倉頡之字。孔子之書。人且唾棄。吾又何暇治文哉。夫見異思遷者。佞士之巧也。居今懷古者。篤學之勤也。詩曰。風雨如晦。雞鳴不已。當此文運絕續之時。一髮千鈞。爲任甚重。臺灣文士。其有起而肩之乎。此横之所大望也。夫以臺灣之文。含英蓄華。鬱久必發。固不慮其滅也。然無以開之。則莫之能繼。譬如大甲之水。奔流停滯。越山絕澗。趣平原。吞巨岸。沛然而放之海。又如玉山之雲。起於膚寸。蓬蓬勃勃。上騰天衢。不崇朝而雨潤南北。故曰。積之久者力必宏。取之厚者物必大。此吾以知將來之文也。是諸子者。亦爲文苑之秀。故次於傳。而吾尤望於後起之儁也。

王　璋

王璋字昂伯。臺灣縣人。善文。康熙三十二年。舉於鄉。爲邑士登賢書之始。臺灣初啓。府志未修。璋豫求文獻藏諸家。三十四年。巡道高拱乾議修志。聘任分修。璋與邑貢生王璟生員張銓等十四人入局任事。志成。拱乾大喜。臺灣文獻之存。璋有功焉。嗣出任雲南宜良縣。潔己愛民。丁母艱將歸。百姓籲留。巡撫璋素服從間道旋。服闋。任湖廣房縣。尋陞主事。遷監察御史。以骾直聞。後卒於官。王喜亦縣人。佚其字。康熙二十七年鄉貢。手輯臺灣志稿。搜羅頗富。及拱乾創修府志。多採其語。

王之敬

王之敬字篤夫。一字蓮峰。自號竹冠道人。居臺灣縣治。爲太學生。工詩文。兼擅書畫。每下筆悉入妙品。當道器之。許遠字程意。孫朱壼字非叔。均邑庠生。徐元字凱生。盧周臣忘其字。皆縣治人。各精書畫。

張　鈺

張鈺字質堅。號彬園。臺灣縣治人。幼攻舉子業。屢試不售。遂棄而習武。中雍正十三年武闈。然其爲人光明磊落。毫無齷齪態。通六藝。善草書。工畫。尤精繪龍虎。大幅巨幀。蓬勃有生氣。懸之壁間。風雲坌湧。人多寶之。

陳必琛

陳必琛字景千。自號一崕道人。居臺灣縣治。爲邑武生。工八分書。山水人物亦臻其妙。而丹青尤佳。宦臺者多求其輿地風俗圖以資考察。雅好彝器。凡古昔金石篆刻。靡不鑒別無訛。手製琴箏簫管。各中音律。當道重之。卒年七十有二。

王克捷

王克捷字必昌。諸羅人。乾隆十八年舉於鄉。二十二年成進士。爲臺人士登禮闈之始。好詞翰。通群籍。著臺灣賦一篇。其辭曰。緬瀛海於鴻濛。環九州而莫窮。覽形勝於臺郡。乃屹立乎海中。叢岡鎖翠。巨浸浮空。南抵馬磯。北發雞籠。綿亘二千餘里。誠泱泱乎大風。爾其蒞東寧。扼安平。鯤身蟬聯而左抱。鹿耳蟠轉以右迎。沙線沈礁。廻紫瀾於曲港。雷硠擺浪。撼赤嵌之孤城。則瞿塘之峽。不足擬。又何論乎蜀道與太行。若夫市肆塡咽。阡陌縱橫。泉漳數郡。資粟粒之運濟。錦蓋諸州。分蔗漿之餘。贏蜃蛤魚鹽。在在殷裕。瓜茄薑芥。種種早生。寔海邦之膏壤。宜財賦之豐盈。溯夫天造草昧。遐裔荒墟。南北土酋。穴處巢居。迨有明之宣德。遣中官以乘桴。遭風偶泊。始識其途。嗣是以後。狡焉思啓。狡繁有徒。曾一本竊據於澎島。林道乾遁跡於草湖。繼以思齊之嘯聚。荷蘭之詭圖。洎乎鄭氏。乃凌險而負嵎。建官署。開方鎭。以比擬於扶餘。因利來便。順風長驅。陷七郡。破潮粵。略溫台。徇東吳。旌旗所指。霧合雲鋪。熊蹲四世。虎視。方隅。維我仁廟。皇靈震疊。命將專征。克塽讋慴。遂按圖而設版。復定賦而計甲。闢四千載之方輿。安億萬姓於畚鍤。慶文敎之誕敷。群入學而鼓篋。或挽車而騎牛。或操舟而理楫。重洋開渡。舸艦帆聯。樂土興歌。人民踵接。蓄茲邦之廣衍。兼四省而延袤。作南服之藩籬。挺一方之奇秀。其山則祖龍省會。五虎門東。沿江入海。徑渡關潼。突起雞嶼。峻嶒巃嵸。過南崁。矗龜崙。烟霏霧結。繡錯雲屯。大武雙高而作鎭。木崗特立而稱尊。更有巍峨瑩澈。如冰如雪。是名玉山。奇幻特絕。隨霽色而偶呈。忽雲封以變滅。若其磅礴蜿蜒。駢羅連蜷。或如龜龍浮游於海上。或如鸞鳳軒翥於天邊。數六六之群島。盼九九之危巓。非人跡所能遍。亦圖經所未鐫。其水則源泉百派。自東徂西。九十九道之溜。二十八重之溪。極潆洄以紆折。迨放海而皆齊泚泚淺淺瀦澤渟淵汨汨涓涓疏吠距川大甲大安大肚之深廣蚊港笨港東港之洄漩海翁窟風高浪湧虎尾溪水湍沙濺況黑港與白洋更譎怪之萬千他如蛤仔難之產金寒潭難入毛少翁之出磺沸土重煎赤山著木而烟起火山徹夜而光燃大岡絕巘綴纍纍之牡蠣外海異香浮臭臭之龍涎山朝支麓溫泉沸鑊水沙連嶼藉草浮田茄荖網石湖穿海八里坌月窟湧泉又若鐵樹插於樹間十圍連抱藤橋懸於木杪一線遙牽是又載籍之所未編者也乃林有鸛而無鶴山有豹而無虎走獸飛禽蕃育茲土畫眉鵪鴿以白見珍彩囊翟雉其文足取鳩候氣而鳴六雞應時而稱五倒掛夜棲翻飛雷舞麞麂祁祁麋鹿麠麠暨山馬與野牛各成群而相伍若夫螺蠔之屬固難備舉風氣之殊亦可附著蟬未夏而先鳴燕經秋而不去訝蜥蜴之有聲悵鸚哥之不語蛩唧唧以夜吟竟四時之無序感物類而躊躇忽愴懷於羈旅乃其海物維錯尤爲充斥難悉厥名獨辨其色則有鯔烏鯉紅鰶紫鰛白赤海金精烏頰黃翼青鱓投火黑鯛噴墨錦魴花鯩金梭如織又有香螺花蛤魚蟹虎鯊白蟶塗魠麻虱龍蝦臺澎所產厥味多佳既漁於水亦樵於山楠筍始生而合抱蕭朗高大而螺澎屬野番所盤踞惜運致之維艱至若山荔埔柿土杉水松赤鱗黃目交標九芎番樹白

樹之植。悉雜出於山中。猴栗象齒。屋材最美。林余娑羅。名狀俱詭。見鐵樹之開花。愛仙芝之有子。烏栽頻取以薪蒸。綠玉遍插於庭圮。竹凡數種。刺竹密比。石竹長枝。箭竹如矢。麻竹柔脆。琴竹文理。卉木之花。色色鬬妍。荷開獻歲。菊吐迎年。桐繞春城而布錦。梅放午天而擲錢。繡球攢簇。素馨蔓延。貝葉之稱疑假。曇花之種早傳。番茉莉移來異域。七里香辟除瘴烟。扶桑本出於東海。水仙名託於臺員。厥草維夭。半是藥苗。先春而發。凌冬不凋。唯內地之所少。爰遍訪夫蒟蒻。水藤代韋而堅韌。通草作花而夭嬌。葉張七紘。聊充耳目之玩。蘆開一捻。可卜颱颶之飄。更有番茶作飲。白麴爲醪。齒草洗齒。茜草染毛。羞草含羞。荖草老饕。若其刈莞蒲以織席。編絲茅而索綯。群居萃處。曾無慮夫風雨之飄搖。果蓏之實。別種非一。番檨熟於盛夏。西瓜獻於元日。牙蕉子結數層。鳳梨香聞滿室。又如菩提果。波羅蜜。釋迦果。金鈴橘。尤中土所罕見。而莫悉厥有。檳榔生此遐方。雜椰子而間栽。夾扶留以代糧。饑餐飽嚼。分咀共嘗。婚姻飾之以成禮。詬誶得之而怨忘。爲領略其滋味。殆恍惚夫醉鄉。爰稽習尚。競事侈靡。土沃民逸。大抵如是。逐末既多。務本漸弛。工針繡而棄枲菅。輕菽粟而艷羅綺。群尚巫而好鬼。每徵歌而角技。思易俗以移風。賴當途之經理。蔣集公績懋撫綏。陳清端澤流遐邇。茹冰璧以率屬。則林荔山之操、履持玉尺以衡才。則夏鈞莊之造士。又或留心風物。雅意典章。孫司馬揮毫珠玉。袁司訓積書宮墻。皆有造於斯土。稱盛世之循良。若乃僧衣作賦。沈文開萍踪坎坷。蝶夢名園。李正青塵緣參破。景寓公之清標。足廉頑而立懦。況寧靖之闔室偕殉。陳丑之傷親。白沈永華之女。懸帛柩側。續順之配。受帶堂陰。當王化之將曁。忠孝節義。已大著乎人心。故前者有謝燦之妻。矢死從一。繼有方壠之婦。受迫不淫。自是以來。志載如林。寧止五妃之墓。宜表五忠之祠。足欽也哉。載考番俗。約略可紀。罔識歲時。弗知甲子。以蟾圓爲一月。以稻稔爲一祀。僅有生名。從無姓氏。贅婿爲嗣。隨婦行止。凡樵汲與耕穫。屬女流之所理。乃其少長相隨。則側立以俟。老病無依。則相率同視。比屋親睦。或庶幾乎仁里。而其編藤束腰。展足鬪捷。貫耳刺唇。文身爲俠。聽鳥音而卜出。佩大匏以利涉。偶細故之睚眦。驚野性之不帖。乘醉抽刀。斷脰穿脇。復有傀儡生番。食鮮茹血。蒙頭露目。手持寸鐵。伏林莽以伺人。賽髑髏而稱傑。且聞遠社番婦。能作咒詛。犯之則死。解之則蘇。喝石能走。試林立枯。傳疑之語。豈其然乎。近郭熟番。漸知禮制。童子入學。亦解文藝。壯者服役。奔走更替。類混沌之未鑿。尙率眞而無僞。伊昔吳越。當周之時。猶稱南夷。卽在吾閩。値漢之世。亦屬荒裔。旣歸版圖。遂號名都鄙臺灣之疆域擅九土之奧區高原下隰畇畇膴膴飲食往來衎衎于于合閩南與粵北胄厲禁以爭趨保聚教誨亟藉良謨昌黎守潮子厚守柳風行草偃何需遲久如彼瓊州亦在島上文莊忠介後先相望苟氣習之不拘豈人地之可量顧其地時震而海常吼論者僉曰驚濤之溢湧幾視斯土若等於浮漚不知地廣而厚海深而幽其震其吼蓋陽氣不舒陰氣有餘之所由唯開闢之未幾故節宣之未周方今風會宏敞聖治廣被久道化成百物咸遂海不揚波地奠其位馬圖器車物華呈瑞人傑應運而齊出矣謹就見聞按圖記輯俚詞資多識愧研鍊之無才兼採摭之未備聊敷陳夫土風用附登於邑志先是有陳輝者亦撰臺灣賦一篇而詩尤工舊志載之輝府治人乾隆三年舉於鄉

馬琬

馬琬字琰伯號梅村臺灣縣人祖廷對歲貢生父中萊拔貢生皆寓籍諸羅琬亦歲貢性恬淡喜飲酒樂書史翛然自得而敦品勉學鄉人重之乾隆三十二年澎湖通判胡建偉始創文石書院延主講席居澎八載多士獲益善事母母年且百歲猶能繪水墨蘆雁琬亦習焉屢薦鄉闈不售晚年益肆情詩酒間作水墨畫自題以見志

莊敬夫

莊敬夫號桂園。臺灣縣治西定坊人。以水。墨。繪事。著名。凡山水人物花鳥。意到筆隨。各臻其妙。每有作得者輒秘爲家珍。以是人爭倣之。然無有及其工者。嘉慶初年卒。徐恢纘字遜齋。亦西定坊人。邑增廣生。工山水花鳥人物。性剛介。不屑逢迎。素精醫術。濟人多。里黨稱之。林覺字鈴子。亦縣治人。曾作壁畫。見者稱許。遂刻意研求。善繪花鳥。而人物尤精。嘉慶間薄游竹塹。竹人士爭求其畫。今猶保之。

陳思敬

陳思敬字泰初。父鵬南。爲臺邑歲貢生。出就連江訓導。思敬家居鎭北坊。及長。歸祖籍。補同安庠生。乾隆十八年副榜。素承父志。樂善好施。事繼母孝。頻往來臺灣。一日赴鳳山。聞莊舍有讀書聲。詰之。粤人也。歲以油米助之。思敬固知醫。自設藥肆。以療貧氓。一鄉稱善士焉。著有鷄山遺稿。

林朝英

林朝英字伯彥。臺邑人。乾隆五十四年。貢成均。以貲授中書銜。樂襄地方義舉。嘉慶初。倡修縣學文廟。並董工役。自費萬金。廟成。有司奏聞。下旨嘉獎。建坊賜重道崇文之匾。坊在龍王廟前。林清之變。其黨有與相善者。書函往來。潛示不軌。朝英非之。報書諫止。痛陳利害。事敗。索黨人。發朝英書。嘉之。召入見。以病固辭。朝英工墨畫。瀟洒出塵。書亦奇秀。多作竹葉形。善彫刻。竹頭木癭。一經其手。靡不成器。家建小亭。顏曰一峰亭。額三字大徑尺。筆力勁秀。悉爲朽木所成。光緒十二年。某夜被盜。聞爲淮軍所竊。邑人士至今猶惜之。

王士俊

王士俊字熙軒。淡水竹塹樹林頭莊人。始祖世傑以開墾致富。至是中落。士俊勤苦讀書。嘉慶間入泮。設塾於家。鄭用錫輩皆出其門。著易解若干卷。今亡。或云其友竊之。郭菁英字顯相。亦竹塹人。廩膳生也。與弟成金俱有名。成金字貢南。嘉慶二十四年。舉於鄉。家富藏書。多主講明志書院。以振興文敎爲念。後授連江敎諭。未任而卒。

黃驤雲

黃驤雲字雨生。淡水頭份莊人。父清泰。字淡川。原居鳳山。性孝友。少習舉業。有文譽。林爽文之役。募勇守城。以平琅璚功。補福州城守營把總。嘉慶十一年。任竹塹守備。署艋舺都司。總兵武隆阿重之。擢鎭標中營游擊。改參將。遂居淡水。清泰。以書生。習武。望子。能文。驤雲少時。即肄業於福州鰲峰書院。不十年而文益邃。二十九年舉於鄉。道光九年成進士。籤分工部。十七年分校京闈。取士多得人。張丙之變。適歸省。巡道平慶令作書勸諭閩粤莊民。及平。補都水司主事。洊升營繕司員外郎。子五人。長延祐舉人。次延祺少慧。工書。嘗雙鈎大龎姑壇記入石。編修何紹基見而推許。卒年二十餘。

陳改淑

陳改淑字以文。澎湖通梁社人。性和粹。口必擇言。而落拓名場。訓蒙自給。晚年尤喜種菊。工琵琶。時就花間彈之。音調清越。嘗游江南。遍歷名勝。以善奕著。名著有楂客紀游詩集。稿佚不存。

呂成家

呂成家字建侯。澎湖東衛社人。少聰慧。善琴箏。屢試不售。遂絕意功名。置一齋。嘯臥其中。圖書花鳥。呼酒談棋。翛然自適。晚年尤耽吟詠。通判吳性誠時與倡和。別後猶寄詩問訊。積成卷帙。素敦內行。兄弟數人。白首相處。怡怡如也。子姪皆業儒。卒年七十有一。

蔡廷蘭

蔡廷蘭。字香祖。號秋園。澎湖雙頭鄉人。父培華。字明新。以篤學設教里中。里人稱之。廷蘭少慧。好學。年十三入泮。嗣食餼。道光十一年。風災。粒米不藝。汀漳龍道周凱自廈來振。廷蘭作急振歌上之。一見傾心。旣而督學臺澎。遂膺首選。充十七年拔貢。二十四年成進士。出爲郯江知縣。澎之科第自玆始。後爲江西知府。有政聲。卒於任。初廷蘭秋試。遭風至越南。越人禮之。送歸。著越南紀程炎荒紀略二書。後余乃得其詩集。長短凡百十有五篇。

魏宏

魏宏。臺灣府治西定坊人。學問淹博。文才甚捷。而遠於事情。世以書癡目之。故其爲文輒自圈點。應試亦然。恒被黜。道光二十七年。南通徐宗幹任臺灣道。兼提督學政。獎掖文學。遇才士尤禮待。月試海東書院。宏屢冠其曹。値夏熱。伏案讀書。每苦其辮。卽斷之。已而院試。家人慮被斥。以假辮縫帽裡。令帶之。宏入場危坐。及試題下。振筆直書。時五月盛暑。汗涔涔滴衣上。卽棄其帽。諸生見而大譁。宗幹適出視。至宏前。取文觀之。宏曰。我文甚佳。公識之否。宗幹點首。又指其鬚而詰之曰。吾以髮爲累。已薙去。公留此不更苦耶。宗幹默然。而諸生環笑不止。邀之入內。文成。宗幹大喜。置第一。翌年科試。復第一。補廩膳生。當是時。海道艱危。臺人士之應鄉闈者。須於小暑前內渡。過此恒遭不測。往來既艱。費又重。以故老師宿儒多不赴。省中人輕之。至加侮蔑。謂諸生爲臺灣蟳。以其無黃也。宏聞之。大憤。詣學院。請與省中人角優劣。許之。卽赴鳳池書院月課。學使觀其文。推爲壓卷。然慮損省中士面目。抑爲第二。獎之甚厚。一時省中士無不駭異。遂不敢復輕臺人。以是文名大噪。或謂宏曰。吾子此舉。壓倒多士。固榮於領鄉薦者。宏欣然應曰。吾非好與省中士爭勝負。亦聊以洩臺人之憤爾。今幸不恥辱。則領鄉薦復何用。遂買舟歸。以歲貢終。是時有方春錦。亦府治人。與宏齊名。

彭培桂

彭培桂字遜闌。泉之同安人。少隨父來臺。居於淡水槺榔莊。咸豐六年以覃恩貢成均。設教於鄉。及門多俊士。竹塹巨室爭聘之。著有竹裡館詩文集。子廷選。亦能文。道光二十九年拔貢。朝考一等。請降教諭。巡道徐宗幹賞之。曾選其文。刊於瀛洲校士錄。著傍榕小築詩文稿。未刊。今皆散失。

陳維英

陳維英字迂谷。淡水大隆同莊人。少入泮。博覽群書。與伯兄維藻有名庠序間。性友愛。敦內行。咸豐初元舉孝廉方正。九年復舉於鄉。嗣任閩縣教諭。多所振剔。閩縣有節孝祠久圮。捐俸重建。已而工部尚書廖鴻荃告歸。聞之。造謁維英。辭。鴻荃請入見長揖。欲踰維英。瞪眙不知所措。鴻荃曰。公新節孝祠。惠及閭里。吾當爲親謝。蓋其母亦祀祠中也。秩滿。捐內閣中書。分部學習。歸籍後。掌教仰山海學兩書院。同治元年。戴潮春之役。淡北震動。與紳士合辦團練。以功賞戴花翎。晚年築室於劍潭之畔。曰太古巢。著鄉黨質疑偸閒集。未刊。時府治有黃本淵。亦以是年舉孝廉方正。以善書聞。余曾求其事迹而不可得。

吳子光

吳子光字芸閣。廣東嘉應人。年十二。畢大小經。始學科擧文。數試不售。乃渡臺。寄籍淡水。兵備道徐宗幹見其文。頗相期許。同治四年。擧於鄉。遂游搢紳間。同知陳培桂議修廳志。聘任筆述。嗣館三角仔莊呂氏家。呂氏爲彰化望族。家富好客。藏書多。子光雅愛古人。又嗜阿芙蓉。擁書讀。自以爲樂。顧爲人憤懣。胸中磊塊。時流露筆墨間。名其文曰一肚皮集。謂採朝雲戲東坡之語。呂氏爲刊行。附小草拾遺一卷。又著三長贅筆經餘雜錄。稿存呂氏。然其文駁雜。反不若考據之佳。光緒初年卒。呂氏以師禮葬之。

陳肇興

陳肇興字伯康。彰化人。少入邑庠。涉獵文史。彰邑初建。詩學未興。士之出入庠序者。多習制藝。博科名。道光季年。高鴻飛以翰林知縣事。聘廖春波主講白沙書院。始以詩古文辭課士。鴻飛亦時蒞講席。爲言四始六義之教。間及唐宋明淸詩體。一時風氣所靡。彰人士競爲吟咏。而肇興與曾惟精蔡德芳陳捷魁廖景瀛等尤傑出。咸豐八年。舉於鄉。所居曰古香樓。讀書詠歌以爲樂。戴潮春之變。城陷。肇興走武西堡牛牿嶺。謀糾義旅。援官軍。幾頻於險。集集爲內山要隘。民番雜處。俗強悍。不讀書。肇興竄身其間。激以義。聞者感動。夜則秉燭賦詩。追悼陣沒。語多悽愴。題曰咄咄吟。事平。歸家。設教於里。及門之士多成材。著陶村詩稿六卷。咄咄吟二卷。合刻於世。

黃敬

黃敬字景寅。淡水干豆莊人。干豆或作關渡。故學者稱關渡先生。少孤。母潘氏守節。性純孝。勤苦讀書。安溪舉人盧春選來北設教。敬事之。授周易。咸豐四年歲貢生。嗣授福淸縣學教諭。以母老辭假莊中天后宮爲社塾。先後肄業者數百人。當是時。港仔墘曹敬亦聚徒講學。皆以敦行爲本。游其門者多達材。人稱爲二敬。北臺文學因之日興。敬爲人謹飭。一言一動。載之日記。至老不倦。束修所入。悉以購書。或勸其置田。曰。吾以此遺子孫。勝於良疇十甲也。著易經義類存編二卷。易義總論。古今占法各一卷。觀潮齋詩一卷。未刊。其序易曰。易因卜筮而設。聖人欲人於事。審可否。定從違。察吉凶。以謹趨避。特爲假借之辭。聊示會通之意。故體則兼該靡盡。用則泛應不窮。無論人爲何人。尊卑貴賤皆可就此以占。事爲何事。大小輕重皆可依此以斷。豈一二義類所得泥而拘乎。唯其爲書廣大精微。擴而充之。義多浩渺。研而究之。義又奧幽。前聖之言。非必故爲詭秘以待後人。深求易本懸空著象。懸象著占。道皆虛而莫據。辭易混而難明。欲爲初學者講。不就其義以整其類。則說愈繁而旨益晦。譬如登山仰止。徒嘆其高。莫得尋其徑路。譬如入海望洋。徒驚其濶。莫得覔其津涯。執經習焉不察。開卷茫乎若迷。將易所以教人卜筮。欲啓之以明。反貽之以昧。欲命之以決。反滋之以疑。曰言。易而易不可言矣。夫易之數本於天也。天非以人爲驗。無以知天。易之辭憑乎理也。理非以事爲徵。無以見理。茲編之所解者。悉遵本義。主乎象占。以卜筮還之。而於各卦之義。各爻之義。復采古來人事相類者與爲證明。或係前人。或由己見。皆敬小窓閒坐所讀。苦無端倪。欲以課虛責實庶幾得所持守。誌而不忘耳。卷帙既成。不忍恝然廢棄。爰顏之曰義類。存編以示子弟任輩。俾之便習此經。因以兼通諸史。不無稍有裨益。雖所引著其事未必與其義適符。而望影藉響以爲比類參觀。亦足知類通達。況由是觸類以引而伸。充類以至於盡。推類以概其餘。覺義雖舉一二人之類。可作千萬人想。義雖舉一二事之類。可作千萬事觀。化而裁之。推而行之。神而明之。何致拘泥鮮通。不能兼該泛應。有負於易爲卜筮之書也哉。

吳鴻業

吳鴻業。字希周。淡水艋舺人。博覽群書。工琴。精秦漢篆刻。顏其居曰拜石山房。敦行寡言。皆雅趣。顧善畫。嘗繪百蝶圖。設色傳神。栩栩欲活。一時名士如臺灣黃本淵。淡水鄭用錫。陳維英輩。皆爲題詠。凡二十餘人。淡水同知雲南李嗣業爲之弁首。而鴻業亦自序曰。少讀唐人詩。至王右丞宮詞。初不解滕王蛺蝶圖如何搨得。一日春花爛發。隱几沈吟。瞥見隔籬敲拍。栩栩然來。促筆起而摹之。鬚眉間隱然欲動。一聲呼絕。爲蒙師驚斥。頗敗興。不果成。迨成童後。尤有嗜畫之癖。凡山水人物花卉禽蟲。見一名筆。必購致之而後快。地之遠近。價之廉昂。弗恤也。然徒爲好事者借作粉本。於余結習所喜。終未得其一班。今春與黃友閱芥子園所詳蝶訣。亦自信前輩之不余欺。獨怪天地間。一種活色生香。自然意趣。如待按圖而索。爲足以畫其形神。窮其變幻。則使滕王榻本至此猶存。吾不知畫有今古。將蝶亦有今古乎。而後悔向之緦緦然必求搨本者。癡耶。夢耶。醉耶。迷耶。夫搨滕王固日在吾目中矣。吾乃傍蜂衙以相約。牽蛛網以爲招。散鋪花具。虛貯氷壺。至則滿抱入懷。如百摺仙裙。在水晶屏裡臨風綽約。搖曳多姿。不數日則狎如海鷗。依如籠鳥。適爾疏放。招之卽來。身輕能作掌上舞。令人想趙飛燕入昭陽時。余於此領略。漸已見慣渾閒。一旦脫然散之。則陣陣交飛。橫若雁字。徐徐緩度。妥若鶯梢。有尋花問柳之致。在咫尺千里之間。余不覺狂呼大叫曰。滕王告我矣。滕王授我矣。無如索畫蝶者。戶屨日多。甫脫稿。輒攫去。不更存以自鏡。亦烏知其合格否也。乃於歌吟篆刻之暇。都爲一册。作百蝶圖。自春三旬有一日。至夏季二十五日。百七十四日。得玉腰奴約略百十數。計其中襯以花草澤以丹青。一一皆倣前人筆法。此雖小技乎。亦足以醫疏懶之一端矣。獨是王摩詰畫以詩傳。米元章畫以書重。至欲合詩畫而稱三絕。則鄭博士尤擅名家。余不敏。覓韻抽毫。彌滋愧歉。幸賴當代鉅公。不以塗鴉見擯。留題棐几弁簡生光。加以一二知友。嗜痂同癖。延譽墨莊。兼收衆體。俾得藉親一字之師。幷搨雙鉤之帖。則拋磚引玉。不可謂非余之厚幸也。不然者渲染烘託一畫工能之矣。我自村裡來。特有大法眼。在鴻業畫蝶傳之門人。皆無其精。而百蝶圖藏之家。後流落爲里人洪雍平所得。

王獻琛

王獻琛字世希。號寶堂。臺南府治人。讀書赴試。久不得售。乃爲鎭署稿識。性廉隅。能作水墨畫。而畫蟹尤得其神。饒有江湖之興。書亦疏放。光緒十五年卒。年六十。

楊克彰

楊克彰字信夫。淡水佳臘莊人。讀書精大義。從貢生黃敬學。受周易。覃思鉤玄。得其微蘊。顧尤工制藝。掃盡陳言。每一篇出。同輩傳誦。光緒十三年。以覃恩貢成均。數赴鄉闈不售。侯官楊浚見其文。歎曰。子文如太羹玄酒。味極醰醇。其不足以薦群祀也宜哉。故終不遇。設敎於鄉。及門數十人。四方師事者亦數十人。每社課。執筆修削。日數十篇。無倦容。艋舺黃化來具禮致千金。請設函丈於燕山宗祠。不赴。或問之。曰。吾上有老母。足以承歡。下有妻子。足以言笑。讀書課徒。足以爲樂。使吾昧千金而遠庭闈。吾不爲也。而化來請之益堅。歲晋聘書。克彰觀其誠。乃許之。宗祠距家六七里。每夕必歸。進甘旨。視母已寢。始行。風雨無間。途中背誦所讀書。手一燈踽踽行。里人見之。知楊先生歸也。克彰設教三十年。及門多達才。而江呈輝、黃希堯、謝維岳、楊銘鼎尤著。嗣爲學海、登瀛兩書院監督。知府陳星聚聞其文行。欲舉爲孝廉方正。辭。十六年。大府議修臺灣通志。飭各縣開局採訪。與舉人余亦皋纂淡水縣志。嗣任臺南府學訓導。翌年。陞苗栗縣學教諭。苗栗初建。士學未興。竭力獎之。越數年。調臺灣縣學教諭。乙未之役。避亂梧棲。倉皇內渡。而老母在家。每東向而望。軍事稍敉。趣歸故土。奉以行。母年已八十。居同安。未幾卒。克彰哭之慟。越數月亦卒。年六十有一。著周易管窺八卷。未刊。子五人。次仲佐、維垣、潤波均讀書。能世其業。

臺灣通史卷三十五

臺南　連雅堂　撰

孝義列傳

夫人肖天地之貌。懷五常之性。聰明精粹。有生之最靈也。然而人之所以爲人者。以其有德慧術智。尤貴其有仁心。仁者何。愛也。能愛其親者謂之孝。能愛其群者謂之義。孝義之行。天下之大本也。是故朝廷旌之。里黨式之。亦欲以爲人範而已。連橫曰。痛哉吾少孤。又逢喪亂。煢煢在抱。不能讚述先德。心良愧。始吾曾祖父以商富。嗣爲匪人所構。家中落。先大父清貧自守。家有菓園。歲入錢數十千。又一井。泉甘。汲者投一錢。日亦得數十文。衣食賴之。先君少純孝。承嚴志。不慕榮華。及長經商。守以信。勤苦刻勵。不十數年。家乃日殖。先大父耄耋。美鬚眉。體健容晬。冬不衣裘。夏不衣葛。雞鳴而起。誦古文辭數篇。琅琅若金石。優游卒歲。無所苦。先君善色養。侍奉慇懃。故先大父年八十有三。無病而終。初先伯父沒。遺孤僅數歲。撫之成人。爲授室。而諸姑之寡者。贍其家。視甥如子。衣之食之。戚黨之貧乏者。靡不周之。顧自奉甚薄。而扶危濟困。殫巨金不稍惜。粤人凌定邦爲城守營餉事。後死。有巨款未能償。先君素與善。念其孥。慨然出二千金與之。喪始得歸。同治六年。大歉。穀價踴貴。先君採洋米千石平糶。窮者日以兩升。恤之。耗財數千金。越年。凶又如之。城東舊社陂溉田多。奸人王國香謀據其利。諸佃譟而逐之。國香方交通官場。訟之縣。逮諸佃下獄。諸佃恐。先君聞其事。糜千金爲營救。訟始息。芋仔埔爲濱海之區。地瘠民窮。婦孺輩相率赴東門外。拾遺穗。必過吾鋪門。往反二三十里。所得僅藷碎菜甲。聊以果腹。先君見而歎曰。是無告之人也。日以千錢頒之。受者或疑曰。持此以買粽可飽。莫不歡呼而去。爲任恤。類如此。先君治家肅。持己恭。待人誠。處事謹。平居燕處。未嘗有疾言厲色。內外之人。無不敬焉。光緒十九年。全臺採訪孝友。鄉人士列狀以聞。巡撫邵友濂題請旌表。奉旨建坊。入祀孝悌祠。二十年六月二十有四日卒。壽六十有二。痛哉。橫年十三時。就傅讀書。先君以兩金購臺灣府誌。授橫曰。女爲臺灣人。不可不知臺灣事。橫受而誦之。頗病其疏。故自玄黃以來。發誓述作。冀補舊志之缺。今吾書將成。先君音容如在其上。乃以學殖淺陋。不能追識十一。以告我後人。是橫之罪也夫。是篇所載。皆屬孝義之士。徽音。芳躅。沒世。不亡。而人。之所。以。翹然。於萬。物。之。上。者。胥是。道。也。

蕭明燦

蕭明燦泉州安海人。生踰歲而孤。永歷九年。鄭師伐泉州。墜安平鎭。安平卽安海也。明燦方五歲。與母相失。號泣於塗。叔祖某攜之來臺。居赤嵌城。稍長。始知失母之故。行求漳泉各屬不能得。乃與家人訣別。曰此行。不。見。母不復還也。渡海而往。遍歷閩南。副遇延平。族人。諗其母依倚以居。大喜。趣迎歸。備極孝養。里黨稱之。比之朱壽昌云。

侯瑞珍

侯瑞珍臺灣府治寧南坊人。性淳厚。少孤。事母孝。邑人。稱之。擧爲鄕飮賓。母沒時。瑞珍年六十矣。廬墓終喪。壽七十有四卒。乾隆十四年。奉旨旌表。建坊於上橫街。

陳仕俊

陳仕俊字子慶。臺灣府治東安坊人。素好善。康熙五十七年。大旱。米價騰貴。窮民無所得食。卽出。穀。二。千。五。百。石。分。四。坊。以。振。存。活。甚。衆。又嘗建橋施棺。五十九年。捐置園地爲義塚。子應魁邑貢生。捐金四百。請修本縣學宮。人以爲能繼善行。

劉日純

劉日純字子安。嘉義查畝營莊人。籍平和。始祖茂燕爲延平郡王部將。從伐南京。陣沒。王念其功。命其子求誠入臺。贍以田宅。及長。墾地於查畝營莊。數年。闢田數百甲。遂家焉。日純其四世孫也。性謹嚴。嗜學。攻書。嘗作書自箴。其言曰。士生世間。不可自慢。其處己也。當師孔子忠信篤敬之言。其處物也。當存曾子臨深履薄之懼。其接人也。當學莊子呼馬呼牛之意。與人無忤。克己自持。庶乎可以無過。日純既席先人遺業。又善貨殖。創白糖廍於溫厝廍莊。販運南北洋。獲利豐。擁貲百數十萬。顧性好施。舍濟人之急。里黨有事。必出而解之。嘉慶十四年。漳泉械鬭。蔓延數十莊。殺人越貨。文武官且袖手。或以爲利。日純憫之。與店仔口莊總理吳六秀。番社莊總理林光義。吉貝要莊屯弁段鐸約。躬赴鐵線橋各堡。集耆老。曉譬大義。衆從之。乃出其貲。葬死。殤醫。創病。存鰥寡。鬭始息。二十一年。大饑。米貴至千錢。日純發廩以濟。道光初。京津凶饑。莩載道。日純以白米千石往振。直督奏聞。奉旨賜惠及津門之扁。日純好文學。重士。設家塾。聘名儒。以教子弟。竝集英俊。肄業供膏伙。有子六人。皆有聲庠序。次子思勳尤有名。思勳字景梅。少好學。以歲貢生授福建將樂縣訓導。廉潔自持。時學官多貪貨。墜師道。思勳矯之。遇歲試時。謝其結禮。寒畯之子。獎以花紅。以是士林推重。歸里後。以身作則。事兄敬。字弟慈。躬行儉樸。士之出入其鄉者。無不禮而送之。里黨之人。無不惠焉。道光十二年。張丙之變。嘉義各莊所在騷動。而鐵線橋堡當赴郡之衝。股首張古擁衆數千。謀北上。至莊外十里。不敢入。遣旂首以刀爲贄。曰古將有事於嘉義。願假道。恐公有以督過之。謹待於境上。唯公命之。思勳曰可。我堡之一草一木。如有疏虞。不女逮也。飭左右與百金。其人唯唯。古斂衆行。張丙之役。鐵線橋堡無敢擾者。二十四年。漳泉復鬬。鹽水港爲泉人互市之所。而大竹園莊亦族大丁多。數年不息。思勳集兩造解之。出數千金爲築鹽水港新街之橋。以示睦。思勳既家居。勸農造士。鄉人有爭畔者。齊趨門下。求斷曲直。一時無訟。咸豐九年卒。弔者數百人。葬之日。遠近至者數千。長子達元以誅嚴辨功。賞戴花翎。

丁克家

丁克家。福建晉江丹棣鄉人。年十三。來臺省父。父賈於鹿港。久違膝下。見之甚喜。遂居焉。已而父老病偏枯。臥床不起。精神亦紊亂。飲食便溺需人護持。嘗穢染枕席。克家日夕侍左右。夜寐於旁。聞聲卽起。莫敢懈。如是十數年。所居曰菜園。鄰人失火。左右皆燬。克家大驚。負父出。而火已阻門。不敢越。止於庭中。未幾火熄。所居獨存。人以。爲孝行之報。又數年父卒。哀戚逾。常。克家既授室生子。經營舊業。每以不得多讀書爲憾。延師課授。禮之有加。六子壽泉以光緒十年。登進士。餘子亦多入庠。年六十餘卒。有子七人。孫二十有一人。明詩習禮。至今不替。初光緒六年。彰人士以克家純孝。禀請有司旌表。奉旨建坊。入祀孝悌祠。

鄭用鈺

鄭用鈺。字燊亭。淡水之水田人。用錫從弟也。生數月母卒。長嫂乳之。數歲知其事。每念母輒流。涕。故事。父極孝。常依膝下。稍長家漸裕。兄弟同財。待長嫂如母。別置田宅爲養贍。嘉慶二十年。里中歲歉。發穀平糶。二十三年。淡廳初設學校。倡建學宮。捐巨款。道光六年。築城課督尤力。每有義舉。輙樂襄。咸豐三年卒。年六十。光緒十四年。全臺採訪總局彙報孝友十五年。巡撫劉銘傳題請旌表。詔祀孝悌祠。是時新竹受表者三十人。曰鄭如恭。字堯羹。用鈺之長子也。曰鄭廷珪。字君達。北門街人。增生。曰鄭用謨。字訓廷。水田人。曰陳大器。字子圭。泉之惠安人。寄籍邑治。曰鄭如松。字友生。號蔭波。用錫之長子也。道光十七年優貢生。二十六年舉於鄉。曰鄭如城。用鑑之次子也。以監生捐同知銜。曰鄭秉經。字貞甫。水田人。附貢生。戴潮春之役。以功奏保候選教諭。曰楊忠良。字森諒。曰陳紫垣。例貢生。曰陳廷榮。字石泉。曰吳士敬。字以讓。同治九年舉人。曰林文瀾。字澄波。曰陳淸淮。字汝泗。同知銜。曰陳淸光。字汝煌。淸淮之弟也。曰高滄浪。字澄雅。曰陳敬義。均北門街人。曰高廷琛。字英甫。城內穀倉口街人。曰曾呈澤。樹林頭莊人。曰潘榮光。新埔街人。及子淸漢。曰李聯超。錫金之子也。曰張首芳及子耀輝。曰陳緝熙。曰翁林萃及弟英。曰黃朝品。曰鄭如蘭。別有傳。

李錫金

李錫金字謙光。泉之晉江人。年十四。來臺居淡水之竹塹。傭於某商家。顧念父母俱沒。歲時乏祀。每風雨泣告主人。請豫給五年辛金。爲親修墳。主人嘉其孝。許之。洎長與昆弟營生。家漸裕。又以伯兄早死。撫侄如子。延師課讀。多成材。咸豐中。艋舺分類械鬬。蔓延將及竹塹。與鄭用錫赴各莊。竭誠勸導。患乃息。已而歲歉。辨平糶。素好任恤。里黨稱之。同治四年卒。光緒六年。福建巡撫勒方錡題請旌表。入祀孝悌祠。八年建坊於新竹北門外之湳仔莊。有子十人。長聯超。字汝前。號華谷。少習禮儀。事親孝。母陳氏遘病。聯超適在外。心怦怦動。驟歸。家人訝之。侍湯藥。莫敢稍遑。及沒。喪祭盡禮。尤善事老父。有弟九人。偶有不合。曲意求全。父在時。

曾給家產。悉以沃疇讓諸弟。而自奉甚薄。課讀二十餘年。及門多成名。光緒二年卒。十七年。奉旨旌表。子祖琛。字蔭亭。設教於鄉。以尊德性勵風俗爲本。故其治家肅。持身恭。男女皆知禮節。邑有義舉。輒任其事。乙未之役。避兵內渡。越數年。沒於故里。子七人。希曾。歲貢生。師曾。舉人。餘皆讀書爲世用。祖訓。字愜業。號警樵。聯超之從子也。少失恃怙。能自立。與鄉人士合設竹梅吟社。以事吟詠。光緒二十年。以歲貢生任臺灣府學訓導。子良臣。弟祖澤。字樹業。號鐵樵。素敦內行。博學能文。以優行貢成均。未幾卒。子濟臣。少福。李氏。自錫金以來。孝友傳家。子孫蕃衍。至今猶爲望族。

張首芳

張首芳。字瑞山。泉之同安人。爲厦門巨商司記室。事親孝。凡可以說親者。無不先意承志。兄及兩弟皆賈大洋洲。久不歸。唯異母弟百川在家。遇之無稍別。故能成其業。父沒後。來臺。居艋舺。嗣移舊港。以商起家。子二人。長耀輝。居里。年十四。欲東渡省父。謂弟安邦曰。女在厦奉母。吾赴臺事父。各勤其職。毋稍懈。遂侍父習經紀。力任艱鉅。貿易日進。素好善樂施。舍安邦自厦來。招與同居。及死無後。以四子鴻聲承之。舅氏陳文欽老而無子。迎養於家。又爲立嗣。

奉禮祀。人稱其德。光緒十五年。首芳與子耀輝俱旌孝友。而繼室陳氏亦旌孝婦。里黨欽之。孫金聲。字廸吉。附生。曾掌明志書院。以文名。

陳緝熙

陳緝熙字維禎。號沙莊。泉之惠安人。移居淡水中港街。後遷廳治。讀書明義理。靡有干謁。道光二十五年恩貢。父錫疇附生。旌表孝友。沒時。母林氏哭之慟。遂致失明。緝熙善事親。跬步不離。時述故事以成色笑。兩兄俱弱而病。後亦雙瞽。弟少不更事。緝熙以一人扶持其間。治家有法。課督子姪。勉以孝弟。鄉里稱之。先是道光二十四年。漳泉械鬭。居民紛紛謀避地。緝熙趨邀諸紳。出勸止。故無害。咸豐元年。艇匪犯竹塹。偕官紳設法防禦。地方以安。三年。漳泉又鬭。與鄭用錫設局安撫。四年。閩粵亦鬭。蔓延愈烈。請於淡水同知朱材哲。出爲諭解。同治元年。戴潮春之役。與林占梅合籌防堵。已而大甲被圍。卽率鄉勇往救。隨克彰化。以功奏獎五品藍翎。候選教諭。九年卒。年六十有四。光緒十五年。旌表孝友。

翁林萃

翁林萃字雲史。淡水北門街人。父福幼育於林。故複姓。淡水廳志稱其孝。萃少失怙。善事母。

長兄早世。無出。事嫂盡禮。又以長子嗣之。性渾厚。好施與。每有義舉。輒有力焉。戴潮春之役。以功賞藍翎。候選同知。卒年五十有五。弟英。字史貞。亦孝友。以辦理腦務。家日殖。卒年四十有九。均蒙旌表。

黃朝品

黃朝品。字鏡堂。泉之晉江人。同治十三年。爲臺灣城守營把總。嗣調竹塹。遂家焉。少失恃怙。事庶母維謹。伯兄主持家政。欺其少。輒促分家。力諫不可。僅得薄田數畝。良疇美屋。兄悉有焉。朝品遂入行伍。自食其力。勤苦刻勵。家漸裕。已而兄產蕩盡。父子相繼沒。寡嫂無依。迎歸奉養。以次子爲嗣。仲嫂守節撫孤。子壯而殞。遺兩孫俱稺。亦育之成人。養生送死。無憾。邑人稱之。初竹塹隆恩官莊委辦者。每多索佃人。自私。朝品獨照例徵收。無所擾。貧乏不能納者。且爲墊完。故佃人德之。光緒十六年旌表。十八年卒。年六十有三。

鄭如蘭

鄭如蘭。如香。谷新竹水田莊人。父用錦。附生。早卒。母張氏育之。如蘭讀書。知大義。事親孝。張氏有疾。延醫診視。方藥必證以醫書。嘗而後進。沒時喪葬盡禮。同治五年。奉旨旌表節孝。如蘭建坊以志。如蘭家固裕。又儉樸。然遇地方義舉。則出而倡辦。家畜童婢。遇及笄者必遣嫁之。故人多其德。光緒十五年。以辦團練功。由增生授候選主事。賞戴花翎。後加道銜。旌表孝友。子神寶亦有名。

洪騰雲

洪騰雲字合樂。亦晉江人。道光四年。隨父渡臺。居淡水之艋舺。年十三。及長習賈。爲米郊。淡爲產米之地。艋舺適扼其口。帆船貿易以此出入。而騰雲工籌算。與泉厦互市。數年之間產乃日殖。顧樂襄義舉。光緒七年。巡撫岑毓英議建大甲橋。命各屬紳商輸助。騰雲捐工七十名。橋成。大府嘉之。已而捐建艋舺義倉。置義塚。遇有災害則出以振。臺北初建。新築考棚。騰雲獻地。竝捐經費。十三年春。巡撫劉銘傳奏請嘉獎。賜急公好義之匾。建坊北門。子五人。長輝東。納貲爲候選同知。輝東之子文光。廩膳生。又次以南。附生。

薛應瑞

薛應瑞。澎湖內垵社人。素好善。嘗築東衛西嶼兩義塚。又以北山至中墩。中墩至潭邊。海港阻隔。涉厲維艱。自造兩石堤。費貲數百兩。俗名蟳廣汐。語其形也。至今遂爲通津。通判王穫副將葉相德各錫匾。辛齊光字愧賢。亦澎湖人。居湖西社。嘉慶六年歲貢生。十八年欽賜舉人。家富。好善。事母孝。倡修文石書院及郡城試寓。又造湖東西溪兩石橋。港底尾書院崎兩石路。行人善之。先是應瑞所造蟳廣汐石隄。至是多損。齊光修之。建福德祠於旁。以為行旅止息。遇貧困者。周之。貸而不能償者免之。以此義聲聞里中。嘗主講文石書院。訓諸生寔踐終日不倦。卒年七十有六。

方景雲

方景雲字振青。號省齋。澎湖瓦硐港人。少補弟子員。家貧。性耿介。與人交必盡誠。衆咸推之。遇不平事。得一言立解。故終其身北山十三鄉無訟。素以維持風化為任。里有陋俗。必力革之。嘗集父老禁淫戲。禁賭。禁盜。禁贅營兵。禁澳甲濫受投詞。禁婦女入廟焚香。至今猶遵其約。女適同社儒家子呂某。少而寡。媒來議醮。景雲正色曰。豈有為景雲女而改事二姓者哉。招女歸。令守節。其持正多類此。景雲既留心風教。又負膽力。同治初。有奸民貪緣武弁。踞節孝祠。將設局捐派。衆莫敢抗。景雲入陳有司。請撤回。奸民懼。啗以重利。叱之去。竟罰其款三百緡。充祠費。衆呼快。而奸民以計不得行。甚恨。未幾。景雲至郡。武弁覯之。佯為恭敬。飲以酒。

歸而暴卒。景雲不事生產。喜涉獵說部。得錢輒購書。頗有任俠之風。卒年四十有九。

張仲山

張仲山字次岳。籍晉江。少隨父來臺。居彰化。戴潮春之役。與衆守城。及平。以功賞藍翎。任戴案抄封委員。兵燹之後。繼以大疫。仲山捐款周恤。購藥以濟。人感其惠。顧爲善益力。歲製綿襖百襲。以給貧民。彰化縣署自遭兵後。久廢弗治。暫假白沙書院辦事。官民不便。及同治十二年。知縣孫繼祖議築。而款絀。仲山出勸輸。并董工役。八月而成。淸時監獄不潔。入者半病死。亦新建之。通水於井。以供盥沐。囚人喜之。光緒五年。山西凶。大府募振。仲山輸米二百五十石。復集戚黨。計得二千石。總督卞寶第手書樂善好施之額以贈。越二年卒。子晏臣、舜臣。

林全籌

林全籌字備五。彰化林圯埔人。父新景業農。與陳集賢有怨。是時林圯埔以林陳爲大族。各負勢力。不相下。既又爭賤抄封田。新景爲佃首。集賢不敢褫。潛告於官。以新景抗納官租。謀不軌。集賢族人希亮爲保安局總理。亦稟新景不法。彰化知縣欲捕辦。命役不敢往。乃命集賢圖之。集賢佯言曰。文武官期以明日會林圯埔。新景懼。夜逸。將入山。集賢預伏以待。開鎗擊之。斬其首。大呼曰。吾奉官命。誅此賊。無與衆事。翌日以首解縣。林氏聞有官命。不敢出。時全籌年二十有一。訓蒙在家。弟碧瓜次盧次春生。春生方十有二歲。全籌既。痛父死。非命。指天。誓曰。謀復仇。而集賢自殺新景後。勢愈熾。弟若侄又以搢紳交官府。豪右一方。全籌隱忍蓄志。日夜伺隙。不得逞。乃乞援於南北投之族。得二百餘人。期以元旦入林圮埔。襲集賢而屠之。除夕。碧瓜飲酒醉。語洩。集賢戒嚴。族人至。聞有備。不敢發。全籌大恨。指弟而哭曰。仇不。得。報矣。如是十年。里有老婦林氏者。嫁陳姓。性和睦。兩家子弟皆親之。咸豐四年八月朔。集賢過其家。婦留飲。談瑣事。命從者歸。兩家相距百餘武。春生年已二十有三。頗有力。見集賢與婦語。而旁若無人者。大喜。走告母曰。報仇。之日。至矣。母驚詰。具以告。持一小刀出。母曰。汝年少又弱。非敵也。不濟。汝必死。且俟汝兄歸。不從。途遇全籌。曰。報仇之日至矣。復走。母追至。曰。汝弟非老奴敵。將奈何。全籌且驚且恨。曰。事已至。此兒請往。其濟。父之靈也。不濟。即以死。繼之。行及義倉前。而春生已刺集賢倒地矣。先是春生值集賢將歸。伏路隅。集賢素負力。持一竹烟筒。揚揚而行。春生自後刺之。集賢反掖於地。春生堅抱之。保長陳文彩。集賢族人也。聞鬬聲。出視。舉杖將擊春生。而全籌至。再以刀刺集賢。刃入於地。兄弟大喜。歸告父靈。乃各竄全籌匿阿罩霧莊爲族人訓蒙集賢死其子籲於官是時鹿港林某爲林圯埔抄封委員深感全籌之孝爲請於官以集賢素狡猾且受戴潮春之命盜賣倉穀養奸徒其罪不容於死官納之事始寢

連橫曰吾居臺中聞林剛愍公復仇事神爲之王既又聞林全籌者手刃奸人以報父怨未嘗不爲之起舞夫復仇大事也孝子仁人始能爲之而懦夫多以忍死亦天下之無勇者禮君父之仇不共戴天是不願與同履此土也若乃反顏事敵以獵富貴而猥曰智伯以國士待我噫是誠犬豕之不如矣

勇士列傳

連橫曰縱橫之世士趣公仇恥私鬪故人多尚武以捍衛國家及漢猶承其烈然而覇者忌之法家禁之芟夷蘊滅俾無遺種所以供禽獮者一姓之鷹犬爾若其眷懷私利懸賞殺人則正義之賊也君子誅之臺灣爲海上荒島我先民之來相宅者皆抱堅毅之氣懷必死之心故能闢地千里以長育子姓而我延平郡王又策勵之遺風鼓盪至今未泯以吾所聞黃

棄寺僧之事尤其著者。而事多隱滅。莫獲示後。則舊史之罪也。今舉其知者著於篇。

曾切

曾切。綠林之豪也。出沒淡水間。或云彰化人。少失怙。事母孝。故尤敬節婦。聞有飢寒者。卽分金與之。切爲盜。每使人知。先以粉畫壁上爲圈。夜卽至。雖伏人防之。莫能免。然其所盜者多土豪墨吏。而濟困扶危。人多其德。里有少婦。夫死家貧。鄰人愛其色。議以五百金納爲妾。婦不從。每夜哭。切聞之歎曰。是當全之。顧安所得金。當是時。大隆同陳遜言攬辦料館。致富。切登其屋。抉兩瓦。縋而下。天寒夜黑。遜言方臥榻弄烟。一燈瑩然。見切至。延之坐。切亦就榻弄烟。遜言微問曰。子此來有何需。曰然。出鑰與之。切啓匱出千金。復臥而弄烟。遜言曰。夜深矣。我命人將往何如。曰無須。卽出口號。有一人自屋下裹金去。切亦猱之上。旦日至婦家。告其姑曰。汝婦賢。胡可賣。然汝爲貧計。不得不如此。今吾以五百金贖汝婦。又以五百爲衣食費。汝其善視之。婦聞言。欲出謝。切不顧而去。越數夕。遜言獨坐。有物墜庭中。聲甚厲。急呼家人爇炬視之。見一布囊。上繫小箋曰。前蒙厚惠。得了一事。今獲此物。敬以相酬。伏維笑納。啓之。則烟土二十也。價可數百金。切身頎而長。貌溫雅。目光烱烱。左手爪長寸餘。每爲盜。以湯柔之。束以皮。嘗一日爲官所捕。切踰地上。但搖左手曰。小人文弱。何敢爲盜。官笑釋之。或告之曰。以子之材。何不入行伍。取功名。而自屈若是。切慨然歎曰。今之擁節鉞者。多昏瞶。誰復能於風塵中識壯士哉。自是忽不見。或曰。切塟母後去之閩中。

莊豫

莊豫嘉義人。疏財仗義。爲綠林豪。顧犯法。懸捕急。人多匿之。遂潛居梅仔坑山中。里有紀彪者。子七人。均精拳術。每魚肉鄉閭。無敢語。語則被辱。雖訟亦不得直。彪之三子曰傻。見近村郭琬女美。欲妾之。命媒往。琬曰。吾女欲嫁士流。且不爲人妾。幸謝公子。傻怒曰。士流寧值一錢。且嫁吾。足以光門楣。今乃拒我。吾必得之。集佃十數人。揚械至琬家。強奪之。琬倉猝不知所爲。隨之哭。路人皆憤。顧無如何也。歸途遇一人。曰。胡不愬諸官。琬曰、官多昏瞶。寧管人閒事。苟愬亦無如彪何也。曰。然則愬之莊豫爾。琬曰。豫何人。豈今之有大勢力者乎。曰。非也。豫俠士。能平不平。往必獲濟。遂從之入山。可十數里。曰。至矣。時天已昏黑。茅屋中微露燈光。四圍多古木。境甚幽寂。其人先扣門。內應曰。來者非阿摩乎。曰。然。琬見一少年。瘦峭。目光炯炯而氣慨凜然。卽伏地泣訴、豫怒曰、是奴欲落吾手。吾赦之數矣。今若此。翁稍坐。吾取汝女歸。

卽起入。是夜傻得女。欲犯之。女大哭。傻怒鞭之。忽聞屋上有人語曰。傻今夕花燭。何不請而翁飲。吾來索喜酒也。傻叱曰。汝何人。賊乎。彪聞驚曰。豫也。止家人勿聲。而豫已下立簷前。彪曰。豚兒今夕納妾。妾遽別其家。作嬌啼爾乃驚及足下。曰。恐非嬌啼。殆求免死爾。彪變色曰。卽死何干汝事。汝豈爲郭來耶。曰然。彪曰。我家非屈於人者。汝既來。能決一勝負乎。豫笑曰可。彪持刀擊之。七子幷進。而豫已躍立案上。探丸中二。紀傷目。立仆。復呼曰。新郎胡不進。傻揚刃而躍。又探一丸。中其陰。亦仆。餘莫敢進。豫乃語彪曰。今日若出吾鏢。則汝家無噍類矣。今告汝速以女歸。彪知不敵。從之。豫負女於背。約以布。一躍而逝。夜半抵家。璩得女大喜。拜謝去。傻自負傷後。遂不能人。而彪亦不敢再暴於鄰里。嘉義知縣某素貪墨。罷官歸。裝數十具。中有小篋。以三人列械行。豫諗爲珍寶。直前推三人。皆跌數十步外。奪篋行。護勇追之。莫能及。豫既得巨金。散窮民。惠者衆。光緒八年春正月。巡道劉璈移鎭。派兵數營。分防鹿麻產斗六門半天藔埔尾等處。四路併進。又飭知府袁聞柝會師梅仔坑。蓋豫已集衆將舉事矣。官軍一至。豫早遁。而搜捕甚急。每至一地。不敢留。朝止而夜行。如是數月。一日至所狎妓許。妓飲之。醉就枕。偵者已入。豫欲起。酒毒不能興。探丸亦不得。蓋妓早受官賂也。至署自承。遂被戮。臨刑語人曰。吾素未讀書。不知吾之所爲。視古人何若也。

詹阿祝

詹阿祝粵族也。家住苗栗罩蘭莊。地近山。時與番鬪。故其人多勇。阿祝爲木工。每單身入深林中。歷十數番社。番不敢害。旣爲馬臘邦社通事。數年。逋番鎌頗多。番索之。阿祝憤謀所以併其地。游說鄉里丁壯。得四百人。約共生死。皆曰諾。當是時馬臘邦族大勢强。爲一方雄。而地又險隘。乃議潛襲之。擇勇者十數人。藏短刀。佯爲伐木者。阿祝固與番狎。旣至。番款之。出牛酒以犒。番歡飲大醉。席地臥。阿祝與十數人者亦雜處其間。夜半突起。持一木杵。自擊殺番斃七八人。衆亦出刄。番驚寤。欲格鬪。而天昏月黑。多被殊。流血濺地上。計所殲番六十餘人。餘悉驚竄。阿祝遂併其地。召子弟開墾。馬臘邦社旣破。乞援於白毛阿冷大小南勢諸社。衆可千人。謀恢復。阿祝陷圍數日。食漸盡。力又不敵。乃率衆出。番要之。互鬪。各死傷十數人。事聞。北路撫民理番同知以阿祝貪佔番地。移彰化縣捕辦。下獄。其衆謀救之。賂知縣以免。當是時。撫巡劉銘傳方行撫番之策。以棟軍統領林朝棟爲中路營務處。光緒十一年。阿祝面求朝棟討番。而莊人之遭害者。亦日來告訴。許之。四月。朝棟率棟軍千人至罩蘭。以鄭以金爲副統領柳泰和別率千人爲後援阿祝任偵探出入番社窺敵情時群番合勢頗振朝棟諭降不從五月分兵三道而入八月初七日至馬臘邦十二日進擊番力抗棟軍不利且陷圍得援始免十二年銘傳自率親軍一百練勇三千屯兵三千進討九月破之乃張隘路以屯兵三百五十人扼守自是番不敢出是役也阿祝尤勇敢殺番特甚軍中皆呼曰壯士

阿蚌

阿蚌亦粵族忘其姓家住彰化龍眼林地與番界兄弟五人燒炭爲生一日阿蚌病痢輒如厠既歸弟四人均爲番所殺馘首去阿蚌撫屍大慟哭欲死顧念不報仇非男子携短刀尋血跡而行數里見前面有番十數人行歌互答甚自得也乃走間道越其前已而日暮番就谷底宿各枕石臥以布覆首鼾聲大作阿蚌從山上瞰之乃取一堅木潛行至其間力擊之凡十二人皆腦破無一抵抗者阿蚌亦馘其首及弟首以歸會莊人來援驚喜備至阿蚌曰吾今雖殺番得報弟仇死無憾吾且再入社殲其族以絕後患公等其助我否衆曰可分爲二隊各佩刀持鎗裹數日糧至則屠之阿蚌所殺尤多番聞其名皆震伏後卒於家

貨殖列傳

連橫曰。臺灣爲農業之國。我先民之來者。莫不盡力畎畝。以長育子孫。至今猶食其澤。而經營商務。以操奇贏之利者。頗乏其人。以吾思之。非無貨殖之材也。政令之所囿。官司之所禁。雖有雄飛之志。亦不得不雌伏。國中以懋遷有無而已。吾聞鄭氏之時。販洋之利。歲入巨萬。而茫茫南土。孰非漳泉人之所闢者。堅苦遠厲。積日纍年。故能握彼商權。以張勢力。然自鄭氏亡後。漳泉人之出洋者。清廷且視之如寇。歸者有罪。海天萬里。北望咨嗟。是無異自戕其手足。而欲與人決鬪也。夫國雖以農爲本。而無商以通之。則男有餘粟。女有餘布。利不足以及遠。物不足以相供。而貨殖之途塞矣。抑吾聞之。乾嘉之際。郡中商務特盛。貿易之船。充積港內。北至津沽。南達嶺嶠。挹彼注玆。以增富裕。一時號稱百萬者十數人。而三郊爲之紐。三郊之中。而李勝興。蘇萬利。金永順。又爲之領袖。多財善賈。雄視市廛。凡地方有大繇役。莫不出而輸助。可謂能知公義者矣。海通以來。外商日至。而臺人與之貿易。以吾所聞。非無二三傑出之才。足與抗衡。而斗筲之子。數典忘祖。遂不能悉舉其人而傳之。惜哉。

陳福謙

陳福謙少名滿。鳳山苓雅寮莊人。莊瀕海。與旗後望。耕漁並耦。僅一寒村。福謙家貧。習刺舟。勤苦耐勞。數年積貲數十金。乃販米。往來各村中。早作夜息。又數年得數百金。兼販糖。糶賤糴貴。善相機宜。與人交。持以信。以是生意日大。設順和行於旗後。以經營之。鳳山產糖多。配至香港上海。轉販東西洋。其利每爲外人所握。而運費亦繁。福謙以日本消糖巨。派人查之。知有利。同治九年。自配至橫濱。與日商貿易。十三年。設棧於此。以張販路。其糖分消東京等處。歲約五萬擔。臺糖之直配日本。自福謙始。已又分棧於長崎神戶郡治及東港鹽水港。亦各有其業。兼販布疋五穀阿片。當是時。通商口岸輪船尙少。乃自購夾板以行。不爲外商所牽制。嗣以白糖三萬擔販英京。臺糖之直配西洋。亦自福謙始。福謙既富。擁貲百數十萬。凡中國新設公司。皆認巨股。故其產日殖。然雅善用人。各棧當事。畀以大權。計其盈餘。賞賚極厚。而英偉之才。足以任事者。則不次擢之。故人爭效命。苓雅寮人。尤受其惠。比戶殷庶。福謙好善。多義舉。行旅之道。其鄉者。解衣推食。濟其窮乏。故終歲無盜賊之警。亦無爭鬭之患。遠近感其德。卒年四十有九。

李春生

李春生福建厦門人。少入鄉塾。家貧不能卒業。改習經紀。年十五。隨父入耶蘇教。信道甚篤。遂學英語。爲英人役。間讀報紙。因得以知外國大勢。同治四年來臺。爲淡水寶順洋行買辦。淡水爲臺北互市之埠。出口之貨以煤腦米茶爲大宗。而入口則煤油市疋。春生懋遷其間。商務日進。先是英人德克以淡水之地宜茶。勸農栽種。敎以焙製之法。以是臺北之茶聞內外。春生寔輔佐之。既而自營其業。販運南洋美國。歲卒數萬擔。獲利多。光緒十三年。臺灣建省。巡撫劉銘傳暫駐臺北。乃於城外大稻埕新闢市廛。而規模未備。春生與富紳林維源合築千秋建昌二街。略倣西式。爲民倡。洋商多僦此以居。十六年。設蠶桑局。以維源爲總辦。春生副之。種桑於觀音山麓。未成而銘傳去。其事遂止。十七年。臺北鐵路成。以功授同知。賞戴花翎。春生雖居闤闠。而盱衡時局。每以變法自强之說。寄刊各報。至今猶矍鑠也。

黃南球

黃南球字蘊軒。淡水南莊人。今隸苗栗。苗栗近內山。群番伏處。殺人爲雄。南球集鄉里子弟數十人討之。番害稍戢。會巡撫岑毓英視臺。聞其事。召見。委以撫番。及劉銘傳至。尤亟亟於番政。檄募鄉勇二百從征大嵙崁。嘗一夜連破十八處。威震番界。以功賞戴藍翎。授五品銜。南球既出入番地。知其土腴。請墾南坪大湖獅潭等處。縱橫數十里。啓田樹藝。至者千家。已復伐木熬腦。售之海外。產乃日殖。而番地亦日闢矣。

連橫曰。外舅沈德墨先生爲臺灣商界巨子。慘澹經營。以興腦業。其勞多矣。先生名鴻傑。泉之安溪人。年十三。隨父赴廈門學賈。稍長習航海貿易東南洋。至則習其語。凡日本越南暹羅爪哇呂宋新嘉坡。遠至海參崴。靡不游焉。漳泉人多習水。狎波濤。冒瘴癘。以拓殖南嶠。故輒瀕危險。而志不少挫。數來臺灣。販運糖茶。賈於天津上海。而獲其利。同治五年。寄籍郡城。遂家焉。素諳英語。與英人合資建商行。既又與德人經營。採辦洋貨。分售南北。而以臺貨赴西洋。嗣爲紐西蘭海上保險代理店。臺南之有保險自此始。初臺灣產糖。多製法未善。乃自德國購機器。擇地新營莊而試辦焉。集集爲彰化內山。自匪亂後。腦業久廢。先生知其可爲。入山相度。建寮募工。教以熬腦。既成。配歐洲。歲出數萬擔。大啓其利。至者愈多。而集集遂成市。鎭。當是時。歐洲消腦巨。市價日昂。臺邑林朝棟方以撫番握兵權。亦起腦業。謀合辦。不成。遂雍遏之。然各國以腦歸官辦。有阻通商。群向總署詰責。奉旨改制。許民經營。而先生遂以臏業起家。暮年稍替。

列女列傳

列女之名。始於劉向。蔚宗後書。乃入正史。其所記載。非盡貞節。而劉知幾刺之。誤矣。夫蔡琰之才。猶是文苑之選。若班昭之學。少君之賢。曹娥之孝。龐娥之勇。揚徽閨閫。足爲女師。固非僅以貞節著也。臺灣爲新闢之土。間靈之氣。雖不盡鍾婦人。而揆藻揚芬。衡金式玉。豈無二三秀出之媛。足以蜚聲彤管。惜乎史多闕文。而懿德遂不傳爾。延平郡王爲臺烈祖。夫人董氏勤儉恭謹。日率姬妾婢婦紡績。幷製甲冑諸物。以佐軍用。王之治戎。有功必賞。萬金不吝。而家中婦女不令少怠。故長幼皆敬命。永歷八年。王赴廣南。次平海衞。清軍猝入厦門。鄭芝莞無設備。師驚而潰。董夫人獨懷神主以奔。珠玉寶貨。悉棄不顧。王以此賢之。每與軍事。多所匡輔。王薨之後。時誡子孫。撫䘏民庶。厚養將士。毋墜先業。故臺人咸受其惠。烏乎。豈非所謂女宗者歟。陳參軍夫人洪氏。小字端舍。亦同安人。賦質幽閒。有齊眉舉案之風。尤長詞翰。參軍治國。日不暇給。文移批答。多出其手。頃刻而就。措語用筆。與參軍同。受者至不能別。季女某幼秉母教。習文史。年十八爲監國世子克𡒉夫人。克𡒉治國明毅果斷。有乃祖風。親貴皆憚。及遇害。夫人欲殉。董夫人勸之不從。兄夢緯亦勸之曰。女娠未震。盍存孤以延夫祀。不猶愈於死乎。夫人對曰。他人處常。可毋死。妹所處者變也。縱生孤。孰能容之。遂縊於柩側。與監國合葬洲仔尾。臺人哀之。是又從容就義。百折不移。可以貫金石而泣鬼神者矣。明亡之際。諸鄭議降。寧靖王以身殉國。五妃偕死。合葬於承天郊外桂子山。至今猶傳其烈。烏乎。東都撮土爾。而賢婦才媛。烈女義妃。一時併萃。謂非閒靈之氣。多鍾於婦人歟。夫夫婦之道。人之大倫。男子治外。女子治內。古有明訓。臺灣三百年來。旌表婦節。多至千數百人。雖屬庸德之行。而茹苦含辛。任重致遠。固大有足取焉者。夫人至不幸而寡。家貧子幼。何以爲生。而乃躬事縫紉。心凛冰霜。日居月諸。照臨下土。卒之老者有依。少者有養。以長以教。門祚復興。其功豈不偉歟。又或變起倉卒。不事二天。慷慨相從。甘心一殉。貞烈之氣。足勵綱常。斯又求仁得仁者矣。昔子輿氏謂可以託六尺之孤。可以寄百里之命。臨大節而不可奪者。是爲君子。余觀節婦所爲。其操持豈有異是。惜乎其不爲男子。而男子之無恥者。且愧死矣。是傳所載。多取舊志及其所知。其不詳者。則闕訪焉。

魯王公主

明魯王女朱氏。聰慧知書。工刺繡。適南安儒士鄭哲飛。生一男三女。哲飛沒。姑挈子東入臺灣。依寧靖王以居。及清軍克澎湖。寧靖王將死。朱氏欲自裁。王曰。姑存子幼。胡可死。興滅繼絕。事固有重於死者矣。朱氏涕泣從命。奉姑別居。衣食不贍。勤操女紅。深夜始息。含辛茹苦。垂十餘年。女嫁。姑亡。子且繼沒。遂持齋獨處。節操尤堅。卒年八十餘。邑人欽之。以爲女師。

懷安侯夫人

懷安侯沈瑞之妻鄭氏。禮官斌女也。三藩之役。延平郡王經伐潮州。瑞降。疏封懷安侯。移之東寧。居永康里。以斌女妻之。經薨。克𡊮幼。行人傅爲霖謀叛。侍衞馮錫範睨瑞富。謂與謀。欲籍其家。逮瑞及弟珽於理。瑞曰。馮虛之言。何可爲獄。唯瑞生死出自藩恩。夫何言。而錫範必欲殺之。斌請赦其女。逆於家。告以故。女曰。父母愛兒深恩罔極。然兒已爲沈氏婦。非父母所得而專愛也。況當此存亡之際。夫叔被罪。姑妯在堂。豈可安居外家。爲人所笑乎。爲霖既磔。瑞亦將死。以一巾繫荷包。飭人持歸。曰。此物爲夫人所繡。歸以爲念。生死異路。永將此辭。遂與珽投環死。鄭氏既歸。見祖姑金氏。姑滿氏。皆經於堂。瑞之二妹及妾于氏崔氏亦已死。踰哭曰。老夫人與夫人先行。媳婦請相從也。遂請斌乞收屍。克塽許之。鄭氏引禮治喪。停柩於堂。別市一棺。父母咸勸之。對曰。無亂人意。兒已許之矣。豈可負於地下。遂絕粒。布奠三日。謝別眷屬。從容自縊。臺人聞之。莫不感歎。閩浙總督姚啓聖上其事。誥封一品夫人。歸諸柩於北京。以禮葬之。

傅璇妻

黃氏棄娘。天興州人。堂壯之女。年十九。適傅璇。璇父爲霖。爲行人。以叛被逮。父子俱受極刑。家屬發配。棄娘兄銓爲之營救。獲免。當璇繫獄時。棄娘猶望其生。及正刑。決意以殉。銓多方慰之。泣對曰。今日之事。子爲父死。妻爲夫亡。不再計矣。遂自縊。

謝燦妻

鄭氏宜娘。天興州人。年十八。適謝燦。燦遠賈。三載始歸。尋病卒。宜娘旦夕哭。將以身殉。鄰嫗慰之曰。姑老家貧。且無兄弟。何可死。不如自計。宜娘曰。未亡人唯知從一而已。遂投環死。天興知州嘉其節。建坊於禾藔港街。

王曾儒妻

鄭月娘。泉之南安人。年十九。適萬年縣儒士王曾儒。踰年而曾儒卒。翁以貧欲速嫁。月娘請稍緩。越數日。告其翁。請附葬。翁勸止之。對曰。吾夫病劇時。吾既以死許之。義不可易。遂自經。翁從其言。同縣王尋妻阮氏。名蔭娘。籍漳州。年十六來歸。尋隸行伍。常在外。未幾病沒。仲兄至。蔭娘請以姪爲嗣。仲微知其意。防之甚密。越數日。從容自縊。時永歷三十七年也。歸淸之後。有司上其事。奉旨旌表。均祀節孝祠。

辜湯純妻

林氏。逸其名。臺灣縣治人。年二十。適辜湯純。居東安坊。結縭未久。而湯純卒。無出。撫其妾兩子爲已子。以至成人。事姑孝。宗黨稱之。沒後有司疏請旌表。雍正五年入祀節孝祠。里人念其德。建廟於所居附近。曰辜孝婦廟。其後以黃寶姑祔。寶姑亦東安坊人。字邑人某。未嫁。某賈於嘉義。戴潮春之役。不得歸。遂客死。訃至。家人秘勿知。寶姑微聞之。起居如常。越數日。淩晨易衣出。至法華寺。稽首佛前。默祝親壽。乃自投於寺外半月池。屍浮水上。顏色如生。城中官紳多往弔。以旌其烈。

楊茂仁妻

余氏。臺灣縣治人。嫁楊茂仁。生三子。夫卒。年二十有二。痛絕復甦。環顧三子在側。呱呱泣。長者甫離襁褓。幼未滿二旬。乃撫屍而哭曰。與其舍生以殉死。毋寧撫孤以存祀。然家甚貧。衣食不給。織紉爲活。茹苦自甘。越二十餘年。諸子俱長。授室有孫五人。皆入泮。卒年六十有三。雍正五年。與林氏俱受旌表。是時入祀節孝祠者八人。曰張氏。洪之廷之妻。曰陳氏。鄭斌昇之妻。均縣治人。守節撫孤。曰袁氏。順娘。魯定甫妻。年十六。曰郭氏。益娘。曾國妻。年十八。曰趙氏。李宋妻。年二十二。皆夫死身殉。曰紀氏。險娘。惠之女。許字吳使。未嫁夫死。自縊以殉。年十八。

陳守娘

陳守娘。臺灣府治經廳口人也。嫁張氏。夫死守節。而夫妹少艾。作倚門粧。縣署某客時至其家。見守娘而艷之。囑通款曲。姑利客多金。誘之不從。脅之亦不從。百端凌辱。任其凍餒。而守娘。矢志靡他。操持益堅。一夕。母女共縛守娘於凳。以錐刺其陰。大號而斃。守娘之弟來。臨見而異之。里人亦嘖嘖不平。遂鳴之官。知縣王廷幹以客故。欲寢其事。見者大譁。噪而起。礫石以投。廷幹踉蹌走。乃上其案於府道。母女論罪死。初守娘藁瘞於昭忠祠後。衆欽其節。多往祭。屢著靈異。官以其惑民。爲改葬之。

李時燦妻

王賈娘。鳳山人。嫁李時燦。五載而寡。時燦無昆弟。而姑已老。煢煢無依。賈娘勤操女工。克盡其孝。守節五十餘年。邑人稱之。乾隆間旌表。又有李鳳妻董氏。黃忠妻成氏。黃奬妻李氏。盧從妻曾氏。張元魁妻黃氏。均縣人。守節奉姑。照烈旌表。

金仁妻

黃明娘。鳳山人。年十七適金仁。越三年。仁卒。無子。夫弟尙幼。而翁姑老。忍死以養。七載姑亡。而翁又病。明娘奉事備至。久而不懈。及翁沒。夫弟稍長。喪葬旣畢。病且篤。母家欲延醫。不從。曰。吾忍死十餘年。爲翁姑爾。今大事已畢。吾可無憾。遂不藥而卒。同縣黃研妻王氏。夫亡無子。持喪至大祥。自縊以殉。年方十六。黃尙妻吳氏。年十八。夫沒無出。殯殮方畢。赴水而死。陳某妻顏氏。爲强暴所逼。不從而死。人以爲烈。其後均蒙旌表。

大南蠻

大南蠻。諸羅目加溜灣社番大治之妻也。嫁後。治家勤儉。事姑相夫。克盡厥職。年二十。夫死。

社番聞其美，爭議婚。大南蠻欲變番俗，誓不再適，引刀而語曰：婦髮可剕，婦臂可斷，婦節不可移也。躬耕食貧以養其子，守節三十七年。有司上其事，奉旨旌表。

連橫曰：嗟乎！大南蠻一番婦爾，而守節不嫁，以全其身，謂非空谷之幽蘭也歟？其志潔，其行芳，嚼然而不可浼，夷也而進於道矣。

陳清水妻

李氏，嘉義元長莊人。年十八，適陳清水，生三子。越三載而清水沒，守節撫孤。長子紹華入庠，猶勉以砥行立名，人稱其德。卒年五十有四。同縣王氏，下洋厝莊人。年十八，適陳必快。數歲而寡，撫育遺孤。翁姑賢之，委以家政。王氏善處理，內外整然。卒年七十有五。又有吳慶榮妻高氏、劉源由妻江氏、蕭世華妻李氏、蔡天照妻吳氏、陳仲卿妾王氏，均以守節撫孤，奉旨旌表。

汪劉氏

劉氏，彰化汪某之妻也。雍正九年，大甲西番亂，焚殺居民，衆多走避。事急，告其婦余氏曰：義不可辱，各自爲計。遂自刎。余氏方抱屍哭，番猝至，亦觸垣死。乾隆三年，奉旨旌表，樹碑東門。

題曰。汪門雙節。

傅氏

傅氏彰化水沙連堡車輄寮莊人。年二十六失偶。子泉基方五歲。悉心撫育。衆欽其節。莊近林圯埔。俗强悍。睚眦必報。而傅氏以德感人。鄉里有事。輒聽曲直。幾無訟。盜賊未有入其莊者。同治四年九月三日卒。年五十有七。衆念其德。立碑紀事。舉人林鳳屯題曰。賢德可嘉。

楊邦重妻

李氏彰化人。年二十。適楊邦重。越四載夫沒。矢志守節。家貧子幼。勤操女紅以爲衣食。含辛茹苦。四十餘年。始終不渝。鄰里稱之。同治元年卒。年六十有九。十二年。紳士蔡德芳稟請旌表。有司據以入告。詔可。是年彰化請旌節婦凡百二十人。皆祀節孝祠。

陳玉花妻

鄭氏彰化人。崇本之女也。適陳玉花。賦性柔婉。伉儷甚篤。玉花入邑庠。未久病沒。鄭氏大慟。遂以身殉。邑人士咸欽其烈。出殯之日。衣冠而送者百數十人。同治十二年。與鹿港施林氏。犂頭居莊徐九宣妻林氏。布嶼堡張廷煥妻沈氏。林圯埔街李捷三妻張氏。布嶼堡張源忠妾黃氏。均題准旌表。皆烈婦也。又有貞婦黃氏。鹿港施衍忠妻呂氏。縣治李媽基妻方氏。下坂莊楊舒益妻。亦蒙旌表。

楊舒祖妻

洪氏。彰化縣治人。八歲。爲楊舒祖養媳。及笄合巹。克諧克順。已而夫沒。翁姑亦逝。撫育幼子。備嘗困苦。幸有妯娌相依。得藉女紅以活。及子長授室。家亦稍康。人以爲苦節之報。光緒十二年。邑人士採其行事。與王陳氏等百五十有九人。均題請旌表。

吳茂水妻

石錦娘。彰化沙連堡林圮埔街人。年十四。爲里人吳茂水養媳。性和順。克孝翁姑。翁姑愛之。俟其及笄。將卜吉成婚。而茂水忽病沒。錦娘年方十六也。慟不欲生。翁姑勸之。乃勉強治喪。旦夕哭。聞者墜淚。一日歸寧。母念其少。欲嫁之。錦娘慨然對曰。生爲吳氏之人。死爲吳氏之鬼。何嫁爲。不辭而返。同治元年。戴潮春之役。各地俶擾。有賊入其家。見錦娘美。欲犯之。同行叱之曰。是貞婦也。胡可侮。賊乃掠其物而去。未幾。交綏卽中彈斃。人以爲報。群賊相戒不敢再入其門。一家無害。光緒十二年。鄉紳陳上治等上其事。奉旨旌表。入祀節孝祠。其後雲林知縣謝壽泉亦表其閭。是年烈婦陳氏㕵蒙旌表。陳氏大肚西堡人。年十七。許字牛罵頭莊蔡懷選。未聘而沒。訃至。家人秘莫知。陳氏微聞之。一慟而絕。家人救之。誓不欲生。入夜卽仰藥。死。

郭榮水妻

洪阿嬌彰化縣治人。許字郭榮水。未聘而沒。阿嬌聞訃哭。絕粒三日。遂以身殉。彰人士嘉其貞烈。爲作詩歌。以示於世。光緒十五年。題請旌表。入祀節孝祠。縣人施氏生員林錦裳之妻也。夫死之後。亦以身殉。十六年。題請旌表。

吳氏女

吳氏女彰化人。爲韓嫗嗣子康論養媳。嫗故娼家。得女美。將居爲奇貨。女不從。輒箠之。歸家泣告。母劉氏亦再醮婦。遂以迫媳作娼訟於官。而嫗亦以嫌貧奪婚訴之。官集兩造。仍以女屬嫗。嫗益無忌憚。有差夥吳水者與嫗通。時宿其家。見女少艾。屢挑之。不從。一夕闖入女室。女號救。衆至始得脫。水自是恨女。與嫗謀所以虐之之法。夜持刑具來。嫗以鐵梏女手。褫其衣褲。繫髮於椿。各持棍擊。女抵死不從。水怒。以棍椓入陰中。又以双剸其腹。女遂死。時道光七年春正月二十有一日亥刻也。是夜劉氏夢女被髮流血來告。覺而異之。昧爽奔視。果見屍。請官詣驗。拔其椓。噴血數尺。見者慘目。事聞知府鄧傳安。爲白其冤。并請旌。而水棄市。嫗論絞。聞者稱快。

何子靜妻

林氏。福建侯官人。性端莊。姿容妙曼。年二十。適何子靜。子靜來臺。爲棟軍前營司會計。遂居彰化。年少好色。出入勾闌中。林氏婉諫。不聽。已而果病。侍奉湯藥。不稍懈。子靜遂死。撫屍大慟。卽飲阿芙蓉膏以殉。年二十有四。時光緒十五年八月某日也。棟軍統領林朝棟上其事於巡撫。題請旌表。十九年奉旨入祀節孝祠。

林楊氏

楊氏。彰化縣治人。歲貢生春華之女也。性端莊。讀書習禮。年十六。許字臺邑阿罩霧莊林資鏗。棟軍統領朝棟之長子也。未聘而卒。楊氏聞訃。大慟春華卒以奔喪。遂不歸。翁姑憫之。爲擇靜室以居。問省之外。未嘗一出閨門。裙布荊釵。不施膏澤。澹如也。乙未之役。朝棟謀內渡。楊氏拜辭曰。未亡人。不卽從夫於地下者。以繼嗣未立。爾今猝遭變故。蒙犯霜露。何可以弱少爲堂上憂。是夜自經於床。僕婦林氏頂橋仔頭莊人。婺也。亦從死。里黨聞之。咸爲嗟歎。朝棟乃以三子賚鏗之子正熊嗣之。

余林氏

林春娘淡水大甲中莊人。父光輝業農。爲余榮長養媳。榮長年十七。赴鹿港經商。溺死。時舅沒姑在。無他子。哭之慟。春娘年十二。未成婚。願終身奉事不他適。姑痛稍殺。進飲食佐理中饋。早作夜息。奉命維謹。已而姑目疾。翳不能視。春娘以舌䑛之。焚香虔禱。未半載而愈。顧復患拘攣。侍床蓐。躬洗濯。或徹夜不寐。姑勸之息。春娘從之。猶時起省視。姑顧而歎曰。得婦如此。老身不憂無子也。及卒。哀毀逾常。家貧。日事紡織。撫族子爲嗣。旋沒。再立之。娶婦復沒。乃偕育幼孫。平居燕處。未嘗有疾言厲色。里黨之人。靡不敬之。道光十三年奉旨旌表。及戴潮春之役。同治元年夏五月初六日。王和尚糾衆攻大甲。斷水道。城人無所汲食。洶洶欲走。乃請春娘禱雨。雨隨降。衆大喜。嬰城固守。二十一日。和尚又合何守戴如川江有仁等來攻。衆可萬人。環圍數匝。水道復斷。城中絕汲數日。春娘復出禱雨。時和尚壓城而軍。居上風。轟擊幾不支。忽大雨。反風。濠邊茅舍發火。衆驚潰。義勇開門出擊。破之。圍始解。當是時。兩軍相爭以大甲爲扼要之地。淡北安危。繫於此城。故輒遭圍困。而守禦益堅。十一月。林日成以衆來攻。勢張甚。連戰旬日。水道屢斷。二十六日。春娘三出禱雨。雨降。士氣倍奮。圍復解。事平。城人禮之如神。三年卒。年八十有六。婦巫氏亦以節稱。

連橫曰。吾讀東瀛紀事。載大甲林氏禱雨之事。甚奇。吾以爲藉作士氣爾。繼而思之。至誠之道。可以格天。桑林之禱。豈虛語哉。是故愚者可以生其智。弱者可以振其勇。訥者可以伸其辯。昧者可以張其明。補天浴日之勳。固人所能爲也。然非林氏之貞孝。則不可以對鬼神。況可邀倖萬一哉。

李聯城妻

曾氏。淡水竹塹人。適李聯城。年二十有五而寡。李氏爲竹塹望族。子弟多習禮。卒年八十有五。聯城之弟聯春。娶邱氏。總兵鎭功之女也。亦寡。卒年六十有四。聯靑妻何氏。年二十有二寡。卒年三十有一。祖仁妻王氏。年二十有八寡。卒年三十有八。祖澤妻鄭氏。年二十有四寡。卒年三十有三。開廷妻蘇氏。年十八來歸。而開廷多病。越二年歿。蘇氏矢志殉之。光緒十六年十二月。均蒙旌表。里人以爲李門六節。

王家霖妻

黃氏淡水人。嫁艋舺士人王家霖。夫死守節。卒年七十有四。奉旨旌表。光緒八年冬十月。建坊於城內東門街。而王大權妻謝氏。大隆同街人。亦守節旌表。

陳周氏

周氏淡水人。嫁芝蘭二堡北投頂莊陳某。夫死奉姑。撫育幼子。克勤克儉。里黨稱之。道光三十年旌表。咸豐十一年。其孫文華建坊莊內。

鄭徐二氏

鄭氏淡水人。大佳臘堡大隆同街陳某之繼室也。夫死自經。其娣徐氏亦殉夫。光緒十六年。均奉旨旌表。建坊街隅。里人稱爲陳門雙烈。

徐陳氏

陳氏淡水大稻埕人。適徐某。某業儒。家貧。數年病卒。陳氏拮据以葬。既畢。更衣仰藥殉。知縣葉意深聞之。赴奠於家。邀其族人爲之立後。殯之日。邑人士執紼者數十人。意深之言曰。婦女守節。國有旌典。況此爲烈婦。尤可以勵薄俗。爲上其事。

呂阿棗

阿棗姓呂氏。新竹北門街人。父障生三女。皆美。而阿棗尤麗。性貞潔。不苟言笑。母劉氏倡也。家雖中貲。猶以二女爲錢樹。富人大賈。出入其門。酣飲恒歌。自暮達旦。阿棗心弗善也。獨處一室。邑有魏某。見而說之。以巨金賂劉。欲爲梳櫳。阿棗泣諫曰。女子雖愚。孰無廉恥。其忍爲此態者。爲衣食爾。今吾家幸得稍溫飽。奈何猶爲此事。以貽鄰里羞。必欲兒效兩姊。雖死不從。劉怒鞭之。又陰與魏謀。欲强之。阿棗微知其計。防之甚密。然猶恐被辱。剪髮毀容。茹齋奉佛。屏不見人。一日有尼自遠方來。狀貌魁偉。使人謂阿棗曰。聞汝有志修行。而苦無師。倘能從吾游。密授秘法。則成佛不難也。阿棗正色曰。吾守吾身。爾何行之修。又何法之授。奇語野尼。無詐吾也。其人慚而去。劉見其志堅。務必挫之。誘之以利。臨之以威。終不動。阿棗慮難免。遂以光緒十九年二月二十有六日。沐浴更衣。焚香禮佛。夜深自縊。年二十有三。瘞之日。鄰翁李祖琛。世家也。令子弟具瓣香送之。且揚言曰。女子守貞。國有旌典。而今出自倡門。尤足以爲坊表。所謂出淤泥而不染者也。衆聞之。執紼者數百人。墓在治東蜂窠山。

許裕妻

林氏。澎湖人。許裕之妻也。年二十而寡。遺孤翰冲。翰賓。食貧撫育。備嘗辛苦。翰冲及長。從戎。以平朱一貴功。加都司。翰賓亦克自成立。鄉里以爲母教。雍正十三年。覃恩貤封恭人。卒年九十有四。祀節孝祠。

蔡欽妻

謝氏。澎湖奎壁澳人。適蔡欽。年十八寡。遺腹生一子。又殤。家貧屢空。里婦以其少。多勸之醮。謝氏不從。指天而誓曰。婦人不幸。夫亡。命也。有子。守之。無子。死之。亦命也。吾處今日有死而已。里婦知不可奪。始止。後立一子。以存夫祀。人欽其節。

郭克誠妻

林氏。澎湖東西澳人。年十九。適郭克誠。姑李氏。性嚴厲。子婦四人。唯林氏得其歡心。克誠兄弟析居後。姑以林氏孝順。仍就養。克誠亦仰體母意。澳中咸以孝稱。內外無間。及克誠死。林氏年方三十。遺孤僅十齡。勤操女紅。以供衣食。姑年老多病。善怒。諸婦少有近者。林氏奉事益謹。疾革。執其手曰。爾事我如此。可謂孝矣。我無以報汝。唯願爾婦事爾亦如此。我心始慰。林氏能以婦職而兼子識。以母道而兼父道。可謂賢矣。

吳循娘

吳循娘澎湖港尾鄉人。少爲蕭春色養媳。已而春色病沒。翁姑以家貧。欲配少子。循娘正色曰。媳婦平日與小郎以嫂叔相呼。名分已定。今若此。是亂倫也。寧死不從。而翁姑持之堅。至加箠楚。卜日備物。將强合之。循娘見事急。中夜仰藥而死。年二十。時光緒十二年某月日也。

劉正娘

劉正娘澎湖水垵澳人。幼字許天俊。及長喪明。天俊守約。介媒議婚禮。正娘不可。依母以居。徹其環珥。守貞至老。卒年七十有六。人稱孝女。

高悉娘

高悉娘澎湖東衛社人。少爲呂旺養媳。未婚而旺死。喪葬既畢。翁姑憐其穉。欲嫁之。悉娘惻然對曰。吾爲呂氏婦。不爲呂氏女。儻不見諒。當從亡夫於地下。家人悲其志。許爲立嗣。辛勤執婦道。鄰里稱孝。卒年五十有七。

黃廣生妻

林氏澎湖赤嵌澳人。字黃廣生。未聘而廣生死。遂告父母。至其家。躬視含殮。孝事翁姑。三年之喪既畢。自縊以殉。

劉氏女

劉氏臺灣鎭總兵廷斌之女也。隨任臺陽。父沒。眷屬十七人。以道光八年春。買舟內渡。至海遇盜。盡殺之。女以麗免。一客附舟。哀求盜。擠於岸。虜女及橐至安海。買巨宅居之。凡十餘年。生四子。無有知者。盜亦不疑。一日女赴觀音寺禮佛。儀從烜赫。僧以富家婦也。躬自獻茶。女顧之。輒瞤眙。及歸省。遇害事。知爲附舟客。越日復往。命僧導觀寺內屏人與語。卽授一牒。戒毋洩。僧夜走數十里。入泉州。投牒知縣。且告群盜聚飲期。遣役捕之。盡得一鞫而服。悉誅之。並縶四子。問何以處之。女曰。吾忍辱十數年。爲仇未報。爾若豈子哉。遂手刃之。而後自經。有司以聞。奉旨旌表。

連橫曰。吾讀史。每至復仇之事。未嘗不慷慨起舞。豫讓之義。聶政之武。人多稱之。而求之巾幗。則龐娥以後。數人而已。嗚呼。若劉女者。可謂能智能勇者矣。身陷盜穴。從容不驚。卒能親報大讎。而刃其孽。何其烈耶。世之懦夫。可以立矣。

臺灣通史卷三十六

臺南　連雅堂　撰

邱逢甲列傳

邱逢甲字仙根。又字仲閼。彰化翁仔社人。後隸臺灣。社處大甲溪之旁。土番部落也。粵籍居之。故其俗尙武。負氣。而逢甲獨勤苦讀書。年十三入泮。時吳子光設教呂氏之筱雲山莊。藏書富。逢甲負笈從。博覽群籍。遂以詩文鳴里中。灌陽唐景崧以翰林分巡臺灣道。方獎掖風雅。歲試文生。拔其尤者。讀書海東書院。厚給膏火。延進士施士浩主講。於是逢甲與新竹鄭鵬雲。安平汪春源。葉鄭蘭。肄業其中。未幾聯捷成進士。授兵部主事。爲崇文書院山長。及景崧陞布政使。邀其至。時以文酒相酬酢。臺灣詩學爲之一興。光緒二十年。朝鮮事起。沿海籌防。景崧署巡撫。二十一年春三月。日軍破澎湖。北洋亦師熸艦降。議割臺灣以和。時臺灣舉人會試在北京。上書都察院。請止。不聽。紳士亦群謀挽救。逢甲爲首。函電力爭。皆不報。四月。

和議成。各官多奉旨內渡。而景崧尚留。誓與臺灣共存亡。逢甲乃議自主之策。衆和之。五月朔。改臺灣為民主國。建元永清。旗用藍地黃虎。奉景崧為大總統。分電清廷及沿海各省。檄告中外。語甚哀痛。當是時。義軍特起。所部或數百人。數千人。各建旗鼓。拮抗一方。而逢甲任團練使。總其事。率所部駐臺北。號稱二萬。月給餉糈十萬兩。十三日。日軍迫獅球嶺。景崧未戰而走。文武多逃。逢甲亦挾欵以去。或言近十萬云。

連橫曰。逢甲既去。居於嘉應。自號倉海君。慨然有報秦之志。觀其為詩。辭多激越。似不忍以書生老也。成敗論人。吾所不喜。獨惜其為吳湯興。徐驤。所笑爾。

吳徐姜林列傳

吳湯興。粵族也。家於苗栗。為諸生。粵人之居臺者。多讀書力田。負堅毅之氣。冒危難。不稍顧。而湯興亦習武。以義俠聞里中。乙未之役。臺灣自主。各鄉皆起兵自衛。湯興集健兒籌守禦。及聞臺北破。官軍潰。禡旂糾旅。望北而誓曰。是吾等效命之秋也。衆皆起。遂與生員邱國霖。吳鎮洸等。募勇數營。就地取糧。富家多助餉。架一櫓。置大鼓其上。有事擊之。以聞。立法嚴明。

當是時。徐驤。起於苗栗。姜紹祖。起於北埔。簡精華。起於雲林。所部或數百人數千人。湯興皆馳書合之。徐驤者苗栗諸生也。紹祖世居北埔。家巨富。爲一方豪。年方二十。散家財募軍。得健兒五百。率以赴戰。夏五月二十日。日軍略新竹。至大嵙崁。莊民伏險擊。退據娘仔坑。棟軍統領林朝棟援臺北。次新竹。知縣王國瑞請以前隊衞城。而湯興亦集提督首茂林總兵吳光亮棟軍傅德陞謝天德所部各調五百。與紹祖北進。二十有三日。次楊梅壢。途遇日軍。併力攻之。日軍稍却。二十有五日。邱國霖以七百人戰於大湖口。無援而歸。日軍追之。迫新竹。王國瑞逃。紹祖力戰不屈。所部多死傷。被俘。日軍囚諸庭。問誰姜紹祖。其家人猝應曰。余。推出斬之。故紹祖得生。驟歸北埔。再集佃兵。又赴戰。遂死。日軍既得新竹。將南下。苗栗知縣李烇與湯興謀戰事。遣徐炳文赴臺中告急。而徐驤力守頭份。故日軍不能進。閏五月初五日。日軍分三路而下。一由新竹大道。一出安平鎭。一援三角湧。新埔人邱嘉猷扼守竹圍。廻環重疊。礮不能擊。死傷百數十人。其援三角湧者。又爲黃曉潭蘇力蔡國樑黃國添張龍安等沿途伏擊。掘地窟以陷馬足。日軍苦戰。又沒百數十人。得援始免。降將余清勝道由小路以攻。拒戰數日。而三角湧始破。日軍至老嵙崎。徐驤之兵又伏擊之。追至新竹城外數里而回。

當是時。蒼頭特起。士氣頗盛。臺灣府知府黎景嵩遂欲進規新竹。以副將楊紫雲率新楚軍二營。傅德陞一營。鄭以金一營。會師往戰。而葫蘆墩人陳瑞昌亦募勇五百。願爲前鋒。富家助以餉械。踴躍而進。分攻新竹。環其三門。礮及城中。徐驤所部尤奮勇。日軍力守。故不陷。初湯興以餉事與李烇齟齬。且互詰帮辦軍務劉永福命苗紳解之。不從。前敵又告急。永福不能往。命幕僚吳彭年率黑旗兵七百名。副將李維義佐之。至彰化。景嵩請以維義援頭份。而彭年亦趣赴苗栗。六月十八日。日軍大隊至新竹。合攻筆尖山。二十日。又由香山頭份之後夾擊。徐驤力戰。紫雲陣沒。維義敗回。日軍乘勢攻苗栗。苗栗無城。不足守。黑旗管帶袁錦清帮帶林鴻貴皆戰沒。彭年收餘兵。退大甲。湯興徐驤俱入彰化。七月初五日。日軍涉大甲溪。破葫蘆墩。略臺中。揀東堡莊豪林大春賴寬豫設國姓會。集子弟千人。拒戰於頭家厝莊。莊人林傳年少精火器。潛伏樹上。應彈而踣者二十餘人。終被殺。放火焚莊。彭年檄彰化知縣羅樹勳赴援。相持一日夜。日軍復至。臺中遂破。初七日。彭年誓師。分署各隊。以湯興徐驤合守八卦山。越二日。黎明。日軍攻山。別以一隊撲黑旗營。湯興拒戰。徐驤亦奮鬪。而礮火甚烈。不能支。湯興陣沒。其妻聞報。亦投水死。徐驤奔臺南。彭年戰死山麓。黑旗將士多殲焉。先是雲林知縣羅汝澤募簡精華黃榮邦林義成援彰化。方至而城破。遂歸故里。初十日。日軍陷雲林。進據大莆林。鋒銳甚。永福檄副將楊泗洪往取。精華義成各率所部助。日軍却。泗洪追之。中礮死。管帶朱乃昌奪屍歸。酣戰至夜。榮邦義成伏蔗林中以擊。遂奪大莆林。殺傷過當。乃昌亦血戰死。永福以都司蕭三發代領其衆。又檄簡成功統義軍。成功精華之父也。驍勇能戰。遂合官軍克雲林。日軍入山。遇覆殲焉。其由大道者。退據北斗。十六日。三發趣諸軍取彰化。阻於日礮。分駐樹仔脚。連戰俱捷。而餉絀。請濟。永福無策。僅括千五百兩以與之。附近莊民多蒸飯供軍。故不餒。方彰化之陷。徐驤走臺南。永福慰之。命入卑南募兵。得七百人。皆矯健有力者。趣赴前敵。駐斗六溪底。十五日。日軍大隊猛攻樹仔脚。諸軍開壁出。互殺傷。徐驤復從間道夾擊。乃退據北斗。以是不能越溪而南。方是時風雨暴作。山水汎濫。黑旗諸軍輒乘夜奇襲。海豐崙人陳戇番謀內應。以防備嚴。未敢動。彰化諸軍攻圍久。彈藥將罄。八月初六日。榮邦誓師決戰。中彈死。義成再進。亦殊傷。十三日。日軍大舉以擊三發之營。徐驤精華援之。相戰數日。彈丸盡。退於他里霧。日軍復迫之。徐驤方食。趣諸軍出。回顧曰。今得彈丸千。猶足以持一日夜。顧安所得者。奮双而前。左右數十人從之。欲伏險以擊。中彈踣。躍起而呼曰丈夫爲國死可無憾諸皆受傷莫能興雲林復陷嘉義亦破而林崑岡起焉崑岡字碧玉漚洪莊人嘉邑諸生也設教鄉中素好義能爲人排解至是聞前敵疊敗集曾文溪以北莊人而告之曰臺灣亡矣若等將何往吾欲率子弟衛桑梓若等能從吾乎應者百數十人推新營莊生員沈芳徽統之而己爲佐遣人赴臺南請軍器僅得舊銃數十桿邀戰於鐵線橋崑岡持棉牌握利刄勇士數人從之踴躍而進日軍稍却復戰於溝仔頭殺一中尉沿途莊民亦持械拒戰忽合忽逝二十有三日日軍大進崑岡指天而誓曰天苟不欲相余今日一戰當先中彈而死衆皆感泣鳴鼓出彈貫其胸握刄坐長子亦戰死越五日莊人乃收其屍倔强如生年四十有五

連橫曰乙未之役蒼頭特起執戈制梃授命疆場不知其幾何人而姓氏無聞談者傷之昔武王克殷殷人思舊以三監叛周公討之讀史者以爲周之頑民卽殷之義士固不以此而泯其節晉文定王王賜陽樊陽人不服晉師圍之倉葛大呼曰德以柔中國刑以威四夷宜吾之不服也晉師乃去讀史者以爲倉葛之知義而晉文之秉禮復不以此而諱其言夫史者天下之公器筆削之權雖操自我而褒貶之旨必本於公是篇所載特存其事死者有知

亦可無憾。後之君子。可以觀焉。

吳彭年列傳

連橫曰。乙未之役。臺人建國。奉巡撫唐景崧爲大總統。布告內外。一時豪傑竝起。枕戈執殳。慨然有衞桑梓之志。洎景崧逃。臺北破。南中又奉劉永福爲主。永福固驍將。越南之役。以戰功著。至臺以後。碌碌未有奇能。唯其幕僚吳彭年以一書生。提數百之旅。出援臺中。鏖戰數陣。竟以身殉。爲足烈爾。彭年字季籛。浙江餘姚人。年十八爲諸生。工詩文。賦氣豪邁。欲追傳介子班定遠之志。流寓廣州。遂家焉。乙未春。以縣丞需次臺北。劉永福聞其才。延爲幕客。當是時軍書旁午。彭年任記室。批答文移。多出其手。暇又爲詩歌。與士大夫唱和。多慷慨悲壯之語。及臺北破。永福持殘局。所部曰黑旗。以善戰聞。夏五月。臺灣府知府黎景嵩集北歸散勇。編爲新楚軍。與苗栗義民吳湯興徐驤力戰。圖恢復。而餉絀。電請永福接濟。永福困無以應。既而湯興以爭餉事。與苗栗知縣李烇齟齬。兵愈敗。且互詰。永福慮臺中有失。議提兵往。彭年慨然請行。率七星旗兵七百。副將李唯義佐之。閏五月二十九日。至彰化。景嵩以唯義統新楚軍。分舊部之半赴苗栗。六月十五日。彭年亦從苗栗人之請。率屯兵營管帶徐學仁黑旗兵管帶袁錦淸。帮帶林鴻貴提兵往。翌日。駐大甲。十八日。新楚軍前統領楊紫雲在頭份莊戰死。唯義敗回。時部下兵薄。方召募未成。日軍猝至。不能戰。又不得不戰。彭年騎馬略陣。馬悲鳴不行。易馬再出。躬自陷陣。吳湯興徐驤助之。奮呼力戰。彈如雨下。袁錦淸林鴻貴皆戰死。彭年收兵。歸大甲。二十三夜。苗栗破。吳徐率勇入臺中。彭年回彰化。電臺南告急。永福檄堅守。援且至。初鹿港紳商議籌餉助軍。及聞苗栗破。臺中危。恐彰化難守。遂多走避。亡何敗兵索餉。環府門而譁。景嵩不能解。請彭年兼統之。彭年張軍幄。朝將校。曉譬大義。軍心稍定。再電臺南。不應。復哀之。復曰。氣盛卽勝。八月初日軍已渡大甲溪。募勇亦多至。然悉無餉械。不能戰。城僚議棄城走。彭年力止之曰。公等固無恙。其如土地何。且吾又何面目以見臺人乎。遂誓死。疊電告永福。疑懼。復曰。兵來禦之。死守無恐。彭年歎曰。吾與臺事毫無責守。區區寸心。寔不忍以海疆重地拱手讓人。今劉帥諭我死守。誠知我也。是日。移營負險面溪。附近莊民日蒸飯供軍。次日。放兵巡哨。遇日軍結筏渡。却之。而臺南援兵踵至。氣稍振。已而諜報葫蘆墩危。初五日。日軍繞溪而至。揀東堡莊豪林大春賴寮豫設國姓會。集子弟千人。

拒戰於頭家厝莊。互殺傷。彭年聞警。調彰化知縣羅樹勳趨救。相持一日夜。日軍復至。樹勳退走。臺中遂破。初六日。駐牛罵頭。越日。以兩隊攻彰化。彰城小如斗。八卦山當其東。俯瞰城中。山破則城亦破。故守禦多重此山。晚旱雷兵二百自南至。欲布雷於大肚溪畔。而旱雷由海運鹿港。越兩日始至。而城已失矣。初七日。彭年誓軍。以王得標率七星旗兵三百守中寮。劉得勝率先鋒營守中莊。孔憲盈守茄苳脚。李士炳沈福山各率所部守八卦山。初九日。黎明。日軍以一中隊涉溪。攻黑旗營。又以一中隊擊其背。彭年出禦。而大隊已從間道直搗八卦山矣。吳湯興徐驤扼守開礮。擊多不中。日軍冒險登山。吳徐不能支。遂敗走。當是時。彭年大戰於大肚溪。遙望八卦山已樹日旂。急率全軍回救。至南壇巷。手刄逃卒二人。衆奮勇奪山。至麓中彈墜。親兵四人翼之。亦死。李士炳沈福山俱歿於東門外。死者幾五百人。日軍入城。景嵩樹勳各微服逃。初彭年將赴彰化。介其宗人吳敦迎爲理軍糈。及城破。敦迎出途遇彭年屍。命其傭阿來瘞之。密識其穴。安邑庠生陳鳳昌義士也。聞彭年戰死甚壯之。灑酒爲文以祭。越數年。爲之負骨歸鄉。發穴時。衣帶猶存。血痕尚斑斑也。至粵。其家居順德。唯一老母。髮已白。妻前逝。遺二孤。俱幼。家無餘貲。但依親友以存。吁。又可哀也。

連橫曰。如彭年者。豈非所謂義士也哉。見危授命。誓死不移。其志固可以薄雲漢而光日月。夫彭年一書生爾。唐劉之輩。苟能如其所爲。則彭年死可無憾。而彭年乃獨死也。吾望八卦山上。猶見短衣匹馬之少年。提刀向天而笑也。烏乎壯矣。

唐劉列傳

唐景崧字維卿。廣西灌陽人。以編修轉部。性豪爽。飲酒賦詩。遨游公卿間。光緒九年。法蘭西謀併越南。中朝出師救之。而黑旗兵捍禦尤武。黑旗者。欽州劉永福也。少爲太平軍部曲。敗後。逃黔桂間。糾集黨徒。闖入越南。官不能制。當是時。法人在越。狼瞻虎噬。侮慢子女。越南君臣拱手唯命。曰恐社稷之不血食。永福憤之。起兵與戰。大勝於紙橋。禽其渠帥。又勝於諒山。越王大喜。封義良男。授三宣提督。威名大震。清廷以兵部尚書彭玉麟督師兩廣。提督王德標馮子材出關援之。景崧以永福義士。上書政府。請說之效命。既往。造軍門。握手道平生。曰。淵亭勞苦。公如肯歸國。當以專閫相待。朝廷望公切也。永福亦念宗邦。深欲建功自贖。許之。十一年。和成。入京。溫旨嘉慰。授南澳鎭總兵。記名提督。景崧亦以功任臺灣兵備道。臺爲海中興區人材蔚起。景崧雅好文學。聘進士施士浩主講海東書院。庠序之士。禮之甚優。道署舊有斐亭。葺而新之。暇輒邀僚屬爲文酒之會。又建萬卷堂。藏書富。太夫人能詩。每一題成。主評甲乙。一時臺人士競爲詩學。十七年。陞布政使。駐臺北。臺北新建省會。游宦寓公。簪纓畢至。景崧又以時最之。建牡丹詩社。飭纂通志。自爲監督。未成而遭割臺之役。二十年春。日本以朝鮮之故。進兵漢城。布告開戰。清廷以臺灣爲東南重鎮。命永福率師防守。幫辦軍務。六月。至臺南。巡視沿海。駐旗後。八月。上省。與景崧議戎機。清廷以奉省各軍疊敗。召之北上。永福以所部力弱。不足赴戰。上書總理衙門。略曰。福越南勁旅。寔有數萬。入關之初。祇准帶來千一百人。此皆揀選於平時者也。到粵以來。頻遭裁撤。今僅存三百人。奉旨渡臺。始募潮勇千名。分爲二營。烏合之衆。倉卒成軍。以之言戰。何能禦侮。法人之役。寔爲前車。到臺以後。極力籌商。而臺灣孤懸海外。口岸紛多。防不勝防。必須南北聯爲一氣。始可言守。福有舊部三千。皆經歷戰之士。又有稗將數人。足寄心膂。意欲招之至臺。扼守南隅。兼爲北援。前曾咨商閩粵督憲。懇切哀求。繼復商之臺撫。均不允准。當此之時。既無糈餉。何能募軍。興言及此。不禁痛哭。今兩奉特旨。命福北上。非敢遲延赴敵。寔因所部無人。自請罷斥。又近規避。非夙志也。福一介武夫。荷蒙優渥。位至方面。誓命報國。萬死不辭。爲今之計。請回粵中招集舊部。然後北行。竝以福交與北洋大臣節制。一切軍情不至阻隔。詔以永福仍駐臺灣。九月。邵友濂奏請辭職。以景崧署巡撫。旣受事。整剔軍政。以永福守臺南。棟軍統領林朝棟守臺中。而福建水師提督楊岐珍亦率軍駐北。土客新舊凡三百數十營。每營三百六十人。需餉孔巨。奏請協濟。旋奉部撥五十萬兩。南洋大臣張之洞許助壹百萬兩。以次劃滙。而戰守急矣。二十一年春二月。日軍破澎湖。守將周振邦逃。奉省亦軍敗艦降。詔以北洋大臣李鴻章爲全權議和。日廷索割臺灣。臺人聞之。奔走相告。哀籲請止。三月二十有二日。景崧電奏曰。三次電奏。一次電詢總署和議情形。均未奉復詳行。紛傳割遼。臺竝派某爵率兵船卽日來臺簽押。李鴻章希圖了事。斷不可行。必不得已。查外國近年聯二三國爲同盟密約。我可急挽英俄。或請外國從公剖斷。不可專從李鴻章辦法。割臺。臣不敢奉詔。且王靈已去。萬民駭憤已極。勢不可遏。朝廷已棄之地。無可撫慰。無可約束。日人到臺。臺民抗戰。臣不能止。臣忝權臺撫。臺已屬日。卽交繳辦法。仍用臺撫之銜。不特爲臺民笑。更爲日人笑也。如必割臺。唯有乞請迅簡大員。來臺辦理。此外尙有一綫可冀挽回。伏乞聖照熟思。揆今時勢。全局猶盛。尙屬可。爲何至悉爲所索。列聖在天之靈。今日何以克安。臣不勝痛哭待命之至。不報。臺人。遂議。自。主。各官多送眷囘。行李塞途。無賴見之。以爲盜餉。遏而奪之。中軍參將方元良聞報馳往彈壓。覩敗箱。又以爲餉被刼也。亟鳴鎗。應彈而踣者十數人。衆大譁。持械鬭。元良被殺。蜂擁至撫署。署兵開鎗。踣者又十數人。景崧聞變出。止撫標管帶李文魁自外入。握刀進。歷階而上。景崧驚喝曰。胡爲者。刀未離鞘。旋納入。對曰。來護大帥。應聲間已迫近身側。景崧以令授之曰。速召六營來。文魁持令出。大呼曰。大帥令我兼統六營矣。躍馬去。提督楊岐珍率兵至。衆始散。四月。烟臺換約。詔飭守土官撤囘。岐珍率所部歸厦門。景崧電詢永福去就。復曰。與臺存亡。而自主之議成。五月初二日。紳士邱逢甲率人民等公上大總統之章。受之。建元永清。檄告中外。景崧亦分電各省大吏曰。日本索割臺灣。臺民不服。屢經電奏不允割讓。未能挽囘。臺民忠義。誓不服從。崧奉旨內渡。甫在摒擋之際。忽於光緒二十一年五月初二日。將印旗送至撫署。文曰臺灣民主國總統之印。旗用藍地黃虎。不得已允暫主總統。由民公舉。仍奉正朔。遙作屏藩。商結外援。以圖善後。事起倉猝。迫不自由。已電奏。竝布告各國。能否持久。尚難預料。唯望憫而助之。翌日。又以大總統之銜告示臺民曰。日本欺凌中國。大肆要求。

此次馬關議款。賠償兵費。復索臺灣。臺民忠義。誓不服從。屢次電奏免割。本總統亦多次力爭。而中國欲昭大信。未允改約。全臺士民。不勝悲憤。當此無天可籲。無主可依。臺民公議自主。爲民主之國。以爲事關軍國。必須有人主持。乃於四月二十二日。公集本衙門。遞呈請余暫統政事。再三推讓。復於四月二十七日。相率環籲。五月初二日。公上印信。文曰臺灣民主國總統之印。換用國旗藍地黃虎。竊見衆志已堅。群情難拂。故爲保民之計。俯如所請。允暫視事。卽日議定改臺灣爲民主之國。國中一切新政。應卽先立議院。公擧議員。詳定律例章程。務歸簡易。唯臺灣疆土。荷大清經營締造二百餘年。今雖自立爲國。感念舊恩。仍奉正朔。遙作屏藩。氣脈相通。無異中土。照常嚴備。不可疏虞。民間如有假立名號。聚衆滋事。藉端仇殺者。照匪類治罪。從此清內政。結外援。廣利源。除陋習。鐵路兵船。次第籌辦。富强可致。雄峙東南。未嘗非臺民之幸也。初六日。日軍登鼎底澳。越三貂嶺。景崧檄諸軍援戰。不利。基隆遂失。迫獅球嶺。臺人請駐八堵。爲死守計。不從。李文魁馳入撫署。請見。大呼曰。獅球嶺亡在旦夕。非大帥督戰。諸將不用命。景崧見其來。悚然立。而文魁已至屏前。卽擧案上令架擲地曰。軍令俱在。好自爲之。文魁側其首以拾。則景崧已不見矣。景崧旣入內。攜巡撫印。奔滬尾。乘德商輪船逃。礮臺擊之。不中。文魁亦躡景崧後。至厦門。謀刺之。事洩。爲清吏所捕。戮於市。臺南聞景崧逃。臺北破。議奉永福爲大總統。不從。强之。始移駐臺南。設議院。籌軍費。行郵遞。發鈔票。分汛水陸。訓勵團練。各地魁桀收而用之。以援助前敵。於是告示於民曰。日本要盟。全臺竟割。此誠亘古未有之奇變。臺灣之人。髮指眥裂。誓共存亡。而爲自主之國。本帮辦則以越南爲鑒。迄今思之。追悔無窮。頃順輿情。移駐南郡。本帮辦亦猶人也。無尺寸長。有忠義氣。任勞任怨。無詐無虞。如何戰事。一擔肩膺。凡有軍需紳民力任。誓師慷慨。定能上感天神。慘澹經營。何難徐銷敵焰。六月。日本臺灣總督樺山資紀寓書永福。勸解兵。復書不從。於是日軍破新竹。取宜蘭。進迫苗栗。又輒以戰艦窺臺南。命幕僚吳彭年率七星旗兵趣援。方至而苗栗陷。大戰於彰化。彭年陣沒。將弁多死。臺南餉械已絀。再命幕僚羅綺章渡厦門。陳援各省。辭甚哀痛。七月。日軍破雲林。別以一軍略埔里社。鋒銳甚。沿途民軍據守力戰。相持三十餘日。殺傷略當。嘉義始陷。永福深自悲痛。八月二十有三日。日軍登枋蓉。入恒春。取鳳山。南北俱逼。所距不過百里。而接濟久絕。永福知事不可爲。介英領事歐思納致書樺山資紀。求成。是時日艦大集於澎湖。歐思納往見副總督高島鞆之助。不許。約永福至艦議欵。否則開戰。終不住。而日軍又破旗後矣。九月初二日。黑旗兵在白沙墩獲英人間諜二。解至署。永福邀入內。商出亡。其人則爹利士船主柁師也。入夜。永福視安平礮臺。乘之以去。日艦八重山追之。至廈門。搜其船不得。初四日。日軍入城。景崧既歸。遂居桂林。而永福嗣為碣石鎮總兵。

連橫曰。世言隋陸無武。絳灌無文。信乎兼才之難也。夫以景崧之文。永福之武。並肩而立。若萃一身。乃不能協守臺灣。人多訾之。顧此不足為二人咎也。夫事必先推其始因。而後可驗其終果。臺為海中孤島。憑恃天險。一旦援絕。坐困愁城。非有海軍之力。不足以言圖存也。且臺自友濂受事後。節省經費。諸多廢弛。一旦事亟。設備為難。雖以孫吳之治兵。尚不能守。況於戰乎。是故蒼葛雖呼。魯陽莫返。空拳隻手。義憤填膺。終亦無可如何而已。詩曰。迨天之未陰雨。徹彼桑土。綢繆牖戶。為此詩者。其知道乎。

後序

雅堂夫子既作臺灣通史將付剞劂璈讀而喜之已而歎曰嗟乎夫子之心苦矣夫子之志亦大矣始璈來歸之時夫子方弱冠閉戶讀書不與外事既而出任報務伸紙吮毫縱橫議論又以其餘力網羅舊籍旁證新書欲撰臺灣通史以詔之世顧時猶未遑也越數年去之厦門游南嶠鼓吹擯滿瀕於危者數矣事挫而歸歸而再任報務復欲以其餘力撰通史每有所得輒投之篋而時又未遑也中華民國既建之年夫子矍然起慨然行以家事相屬長揖而去遂歷禹域入燕京出萬里長城徘徊塞上倦游而歸歸而復任報務茶餘飯後每顧而語曰吾平生有兩大事其一已成而通史未就吾其何以對我臺灣於是發篋出書積稿盈尺遂整齊之每至夜闌始息如是三年而書成又二年而後付梓嗟乎夫子之心苦矣夫子之志亦大矣臺自開闢以來三百餘載無人能爲此書而今日三百餘萬人又無人肯爲此書而夫子乃毅然爲之抱其艱貞不辭勞瘁一若冥冥在上有神鑒臨之者而今亦可以自慰矣然而夫子之念未已也經綸道術煥發文章璈當日侍其旁以讀他時之新著

大正庚申元夜歸連門沈璈少雲氏敘於稻江之棠雲閣

图书在版编目（CIP）数据

台湾通史：影印版 / 连横著. —影印本. —北京：台海出版社，2013. 9
台湾历史系列丛书
ISBN 978-7-5168-0288-5

Ⅰ. ①台… Ⅱ. ①连… Ⅲ. ①台湾省—地方史 Ⅳ. ①K295.8

中国版本图书馆CIP数据核字（2013）第215110号

台湾通史（影印版）

著　　者：连　横
台湾历史系列丛书　　策　　划：吴艺煤　马　铁
责任编辑：姜　航　　责任印制：蔡　旭
出版发行：北京市朝阳区劲松南路一号　　邮政编码：一〇〇〇二一
电　　话：（〇一〇）六四〇四一六五二（发行，邮购）
传　　真：（〇一〇）八四〇四五七九九（总编室）
经　　销：全国各地新华书店
印　　刷：北京高岭印刷有限公司
本书如有破损、缺页、装订错误，请与本社联系调换
开　　本：一十六
字　　数：五七〇千字　　印　　张：八十一
版　　次：二〇一三年九月第一版　　印　　次：二〇一三年九月第一次印刷
书　　号：ISBN 978-7-5168-0288-5
定　　价：一六八〇元（精装普通版）